建築施工

原田 志津男
小山 智幸
位田 達哉
藤崎 俊博
小山田 英弘
桜井 悦雄
伊藤 是清
浦野 登志雄
上田 賢司
古賀 一八
共著

理工図書

《序文》

『設計から施工まで』といった言葉の通り，建築は施工という行為により実現される。

建物は設計事務所で作成される設計図書の通りに作られると思われがちであるが，実際の建築現場ではこれらの図面は「スケッチのようなもの」といわれるように，これだけでは建物を具現化することはできない。現場の事務所で作成される施工図や原寸図をはじめ，詳細かつ膨大な量の図書に基づいて建物は形になっていくものである。工事が進むにつれて設計変更もしばしば行われる。建物は，現場で設計者と施工者が施主（発注者）の意向を尊重しながら協力し合って，最良の形に造り上げていくものである。

電気製品や自動車などの一般的な工業生産が環境の整った工場でなされるのに対し，建築生産は季節や天候などの影響を受けやすい屋外の建築現場で行われる。また，一般的に，前者があらかじめ大量生産されて販売されるのに対し，建築は基本的に一品生産であり，契約・発注がなされ，一部あるいは全部の支払いが行われてからはじめて工事が開始される。建設費は住宅レベルで数千万円，大規模な建物では数百億円に達することも珍しくない。しかしながら，建築生産を産業としてみた場合には，その規模は大きいが，流動的で安定しないといった特徴がある。

このような背景のもと，建築施工に関わる技術者には，所定の時期に所要の質と量の資材や人員を確保し，契約通りの品質の建物を確実に造ることの出来る能力が要求される。また，天候に左右される中で決められた時期までに建物を完成させる能力，さらにコスト感覚のみならず，安全や，近年は環境に対する配慮も・・・といったように建築生産に携わる者に求められる能力は多岐にわたる。関連する法令や規格類などを熟知・遵守し，多くの作業者を指導する能力（後者は本書の範囲を超えるが）も要求される。

本書は，大学生や工業高等専門学校生が，上記のように多岐にわたる建築施工に関わる技術者に求められる能力を培うためのガイドとなるよう執筆されたものである。本書は，大学や工業高等専門学校などの初学者を対象としたものであるが，卒業後も一級並びに二級建築士などの資格試験に際しての参考書となり得ることを目標とした。本書が読者の方々に益するものとなれば幸いである。

2018年1月

原田志津男

小山　智幸

目次

建築施工

1章　概説 — 1

- 1.1　建築生産組織 — 1
- 1.2　請負契約 — 2
- 1.3　管理と監理 — 3
- 1.4　建築生産構造 — 4
- 1.5　建築生産の流れ — 5
- コラム　建設業法 — 9

2章　施工業者の選定・契約 — 11

- 2.1　はじめに — 11
- 2.2　建築積算・見積 — 12
    - 2.2.1　建築積算とは — 12
    - 2.2.2　工事数量と単価 — 12
    - 2.2.3　内訳書 — 14
    - 2.2.4　工事費の内訳 — 15
- 2.3　入札 — 16
    - 2.3.1　入札とは — 16
    - 2.3.2　入札の種類 — 16
- 2.4　請負契約（民法と業法）・契約書類 — 17
    - 2.4.1　請負契約 — 17

	2.4.2　契約書類	18
2.5	工事発注方式	21
コラム	総合評価方式	23
コラム	積算・見積の事例	24

3章　施工計画 ——— 27

3.1	本章の概要、五大管理	27
3.2	施工計画の立案	27
	3.2.1　各段階の準備および業務	27
	3.2.2　施工図	28
	3.2.3　BIM（Building Information Modeling）	28
	3.2.4　施工計画立案におけるその他の注意事項	28
3.3	現場管理の基礎　PDCAサイクル	29
3.4	品質管理（Q：Quality）	29
	3.4.1　品質管理の手法（QC七つ道具）	29
	3.4.2　品質管理におけるその他の注意事項	32
3.5	原価管理（C：Cost）	32
	3.5.1　工事費の構成	32
	3.5.2　実行予算	33
3.6	工程管理（D：Delivery）	33
	3.6.1　工程計画の注意事項	33
	3.6.2　工程管理の手法	34

		3.6.3	工程計画で用いるその他の手法	36
3.7		安全管理（S：Safety）		36
		3.7.1	労働災害	37
		3.7.2	安全管理体制	38
		3.7.3	職長・作業指揮者・作業主任者の選任	39
		3.7.4	建設業労働安全衛生マネジメントシステム（COHSMS：Construction Occupational Health and Safety Management System）	41
		3.7.5	公衆災害の防止	41
		3.7.6	安全管理に関するその他の活動・用語	43
		3.7.7	安全管理におけるその他の注意事項	43
3.8		環境管理（E：Environment）		44
		3.8.1	周辺環境の確保	44
		3.8.2	建設副産物	45
		3.8.3	マニフェスト	46
3.9		材料管理		47
		3.9.1	材料の検査	47
		3.9.2	材料の保管	49
3.10		施工管理に関連する国際マネジメント規格		51
演習問題				51

4章　仮設工事　　55

4.1		概要	55

4.2	仮設計画	55
4.3	仮設物	56
4.4	共通仮設工事	57
	4.4.1 仮設事務所・作業員宿舎	57
	4.4.2 仮囲い	58
4.5	直接仮設工事	59
	4.5.1 測量	59
	4.5.2 山留め	61
	4.5.3 乗入れ構台	61
	4.5.4 荷受け構台	61
	4.5.5 足場	62
	4.5.6 仮設通路	70
	4.5.7 防護柵	71
	4.5.8 メッシュシート、防音シート、防音パネル	71
	4.5.9 墜落防止、落下防止	72
4.6	揚重設備（荷揚設備）	73
4.7	工事用電気、給排水衛生設備工事	74
	4.7.1 工事用電気設備	74
	4.7.2 工事用給排水衛生設備	75
4.8	その他の仮設物	75
4.9	三先行工法	75
演習問題		76

5章　土工事・基礎工事　79

5.1　土工事　79

5.1.1　土工事の目的　79
5.1.2　工事計画　79
5.1.3　掘削工事　86
5.1.4　山留め工事　94
5.1.5　水替工事　105

5.2　地業（基礎）工事　107

5.2.1　基礎工事の概要　107
5.2.2　既製コンクリート杭地業　108
5.2.3　場所打ちコンクリート杭地業　114
5.2.4　砂利・砂および捨てコンクリート地業　122
5.2.5　地盤改良　123

コラム　測量と墨出し　127

演習問題　130

6章　鉄筋コンクリート工事　131

6.1　鉄筋工事　131

6.1.1　施工計画　131
6.1.2　鉄筋の発注・受入れ　131
6.1.3　配筋基準　134

		6.1.4	鉄筋の加工・組立て	144
		6.1.5	品質管理および検査	151
	6.2	型枠工事		154
		6.2.1	型枠の構成部材	155
		6.2.2	型枠の構造設計	159
		6.2.3	型枠の加工・組立て	160
		6.2.4	型枠の存知期間・取外し	161
		6.2.5	品質管理および検査	162
	6.3	コンクリート工事		164
		6.3.1	工事の選定と発注	164
		6.3.2	運搬（場外運搬）・受入れ	166
		6.3.3	運搬（場内運搬）・打込み・締固め	167
		6.3.4	養生	172
		6.3.5	品質管理および検査	173

7章　鉄骨工事　177

7.1	鉄骨工事の流れ		177
7.2	工作一般		178
7.3	鋼材の接合		179
	7.3.1	高力ボルト接合	179
	7.3.2	普通ボルト接合	182
	7.3.3	溶接接合	183

7.4　工事現場施工 — 187
7.4.1　アンカーボルトの設置 — 187
7.4.2　建方 — 188
7.4.3　建方精度 — 190
7.5　スタッド溶接 — 190
7.6　錆止め塗装 — 191
7.7　耐火被覆 — 191

8章　その他の工事 — 193

8.1　防水工事 — 193
8.1.1　メンブレン防水 — 193
8.1.2　アスファルト防水工事 — 194
8.1.3　改質アスファルト防水工事 — 196
8.1.4　合成高分子系シート防水工事 — 198
8.1.5　塗膜防水工事 — 199
8.1.6　ステンレスシート防水工事 — 199
8.1.7　ケイ酸質系塗布防水工事 — 200
8.1.8　シーリング工事 — 200

8.2　タイル工事 — 202
8.2.1　材料 — 202
8.2.2　セメントモルタルによるタイル後張り工法 — 203
8.2.3　有機系接着剤によるタイル後張り工法 — 208

		8.2.4 タイル先付けプレキャストコンクリート工法	209
8.3	木工事		210
	8.3.1	材料	210
	8.3.2	木材の性質を踏まえた加工、使用方法	212
	8.3.3	接合用金物	213
	8.3.4	継手・仕口	214
	8.3.5	壁の軸組	214
	8.3.6	小屋組	218
	8.3.7	床組	219
	8.3.8	面材耐力壁	219
	8.3.9	造作工事	220
	8.3.10	木材の防腐・防蟻処理	220
	8.3.11	枠組壁工法	221
演習問題			221
8.4	補強コンクリートブロック造工事		222
	8.4.1	材料	223
	8.4.2	鉄筋の組立て	223
	8.4.3	縦やり方	225
	8.4.4	ブロック積み	225
	8.4.5	ブロック壁体空洞部へのコンクリートまたはモルタルの充てん	226
	8.4.6	電気配管	227
8.5	建具・ガラス工事		227

	8.5.1	建具工事	227
	8.5.2	ガラス工事	230

演習問題 ———————————————————— 234

コラム　樹脂製建具 ———————————————— 235

8.6	設備工事		236
	8.6.1	電気設備工事	236
	8.6.2	機械設備工事	236
	8.6.3	ガス設備	241
	8.6.4	昇降設備	242
	8.6.5	その他	243

演習問題 ———————————————————— 243

9章　維持管理・補修 ———————————— 245

9.1	はじめに		245
	9.1.1	維持管理の必要性	245
	9.1.2	建設投資	246
9.2	保全の範囲と分類		247
9.3	劣化症状・劣化現象		248
9.4	建物調査・診断		249
9.5	鉄筋コンクリート造の劣化現象		249
9.6	ひび割れの見分け方		251

9.7	ひび割れ幅の評価方法	254
9.8	補修方法	254
9.9	耐震改修	258

10章 解体工事 — 261

10.1	はじめに	261
10.2	構造物の解体工法	263
10.3	解体に必要な条件	263
10.4	解体工事	265
10.5	廃棄物処理	266
	10.5.1 産業廃棄物	266
	10.5.2 産業廃棄物関連の法律	267
10.6	循環型社会形成のための法体系	270

1章

概　　説

1.1　建築生産組織

　建築を企画し設計，施工，使用・維持管理，解体するまでの一連の流れ・行為を工業生産という視点から位置付けたとき，これを**建築生産**と呼ぶ。建築生産組織には，一般に，主として以下の4者が存在する。

・**建築主**（施主，発注者）
　建築物を企画し，出資する者。個人，企業や，公的機関（地方公共団体や政府機関）の場合もある。完成した建築物の所有者となる。公的機関が発注する工事を公共工事と呼ぶ
・**設計者**
　建築主の求めに応じて設計し，設計図書を作成する者
・**監理者**
　建築主の求めに応じ，工事が契約書類（設計図書を含む）に基づいて正しく行われるように指導・監督・助言などをする者。国内の建築工事では，設計者が兼務することが多い
・**施工者**（請負者，受注者）
　建築主の注文に応じ，設計図書に示された建築物の工事（施工）を行う者

　4者の関係の模式図を**図1-1**に示す。建築主は通常，建築の専門家ではない。したがって，建築主は，自らが企画した建築物を実現するために必要なほとんどの作業を，多くの専門家に依頼し報酬を支払うことになる。建物完成までの期間だけをみても多大な費用と時間を要し，危険な作業も多い。そのため，万一トラブルが生じたときの被害も大きく，各者はそれぞれに大きなリスクを負いながら生産にかかわることになる。
　例えば，建築主の場合であれば，建物が予定の時期に完成しない，設計よりも性能の低い（**→瑕疵**）建物ができる，費用が膨らむ，契約相手が倒産するなどが挙げられる。一方，施工者の場合では，代金が支払われない，建築中に自然災害や火災が起きる，事故で通行人にけがをさせるなどである。
　これらのリスクが不幸にして現実のものとなったときに備えて，またそうならないように，あらかじめ，それぞれの責任と義務，権利を明確にしておく必要がある。このために関係者の間で結ばれるのが契約である。

1章 概　説

　まず，建築主の企画した内容を設計者によって図面化させるために，建築主と設計者の間で結ばれる契約が**設計業務委託契約**である。この契約にしたがって建物の設計が行われたら，次にこれを施工して建物を実現させることになる。このために建築主と施工者（請負者）の間で結ばれる契約が**工事請負契約**である（2章　施工業者の選定・契約）。請負における契約書類のなかには，完成時期，費用とその支払い時期，事故等があったときの責任分担，保証人などが明記されている。しかし，実際の工事が請負契約の通りに進んでいるかどうか，建築主は専門家ではないため確認することができないので，建築主は監理者にこれを委託することになる。このときに両者が締結する契約が**監理業務委託契約**である。国内の建築工事では，設計者が工事監理も行うことが多い。建築生産においては，これらの契約を各々の関係者が責任をもって履行することにより，建物が実現される。

　なお，上記のような設計施工分離方式に対し，設計者と施工者が同一企業の場合，これを設計施工一貫方式（設計施工一括発注方式）と呼ぶ。設計施工一貫方式では，一般に，設計から施工までの流れが円滑である，実施設計が完了していなくても工事に着手可能である，責任の所在が明確になるといった利点がある一方で，監理の役割が十分に機能しないなどのデメリットが指摘されている。

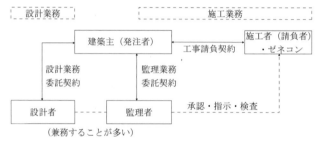

図1－1　建築生産組織

1.2　請負契約

　請負契約（あるいは単に，請負）とは，「当事者の一方が仕事の完成を約し，相手方がその仕事の結果に対して報酬の支払いを約する契約」である。この請負契約は，私的社会生活のルールを示した**民法**で定められており，建築工事における工事請負契約も民法が基本となる。民法が対象とする請負契約には，例えば衣服の仕立てなど，一品当たりの価格が相対的に低い（＝リスクが小さい）ものまで含まれる。しかし，建築工事には他の請負とは異なる特殊性（[**序文**]参照）があり，経済活動としての規模も大きいため，問題が生じた際の社会的な影響も大きいので，建築工事に特化した請負のルールを定めた公法である建設業法が定められている（[**コラム　建設業法**]参照）。具体的には**表1－1**に示すように，請負契約にかかわる民法と建設業法の規定内容はかなり異なっているが，建築主と施工者の間で締結される工事請負契約は建設業法に基づいて履行される。なお，民法は私法であるため必ずしもこれに反した請負契約を締結しても差し支えないが，建設業法は公法であるため必ず守る必要があり，違反すると罰せられることになる。

1.3 管理と監理

表1-1 民法と建設業法（請負契約関連）

項目	民法	建設業法
損害の負担	工事完成前における災害等による損害は全て請負人の負担（別の約定があればそれによる）	天災その他の不可抗力に損害及び工事施工により第三者に与えた損害の負担方法は契約書に明記する
工事中の物価変動による請負代金変更	物価変動があっても請負代金変更不可（別の約定があればそれによる）	物価変動に基づく請負代金変更は契約書に明記する
工事の実施方法	手段を問わない（下請負人にやらせてよい）	一括下請負の禁止，注文者の不適当な下請負人の変更要求可

1.3 管理と監理

　建築工事において「かんり者」と呼ばれる立場の人間は，表1-2に示すように2種類存在する。ひとつは「**管理者**」と呼ばれる立場の仕事である。「管理」は，1.1でも説明した「監理」と発音が同じで紛らわしいので，誤解を避けるため，「管」の字の読みである「くだ」を用いて「くだかん」あるいは，「管」の字の部首が竹かんむりであることから「竹（たけ）かん」と呼ばれることがある。管理とは，施工者（請負者，受注者）として請け負った工事を契約書類の通りに完成させて建築主（施主，発注者）に引き渡す，**施工管理業務**のことである。あるひとつの契約・工事において，施工管理者の職位の筆頭に挙げられるのが「**現場代理人**」である。「現場代理人」とは，工事を請負った施工者（正確にはその企業の代表者）の代行を行う者のことで，一般的には契約当事者の代わりに工事の運営・取締り全てを行う**作業所長**のことである。現場代理人は受注者の代理人として工事全般に関して広い権限と責任を持つことになる。ただし，契約内容の変更や請負代金の請求・受領などの権限は有していない。作業所では，現場代理人（作業所長）の下に，**主任**，**係員**といった名称の職員が配置されるが，これらの名称は企業によって異なり，配置される人数も受注した工事の規模などにより作業所ごとで異なる。また，施工者は自社の社員だけでなく，多くの下請負人・下請企業と契約して工事を進めていく。これらのことを踏まえて，建設業法では適正な施工を確保することを目的として，施工者に一定の資格・実務経験を有する技術者，すなわち，「**監理技術者**」および「**主任技術者**」を置くことを義務付けている。これらの技術者に関する詳細は「コラム　建設業法」で示すが，資格を有していれば現場代理人やその他の職員が兼務することができる。

　一方，工事段階で，建築主の求めに応じ，契約書の通りに建物ができるように，施工者を指導し監督などを行う者が1.1で示した「**監理者**」と呼ばれる立場の人間である。監理者が行う行為である「監理」は，「管理」と区別するため，その部首から「皿（さら）かん」と呼ばれることがある。一般に建築主は設計業務を委託した設計者に対して監理業務も委託する場合が多いが，必ずしも設計者と監理者が同一となるとは限らない。一定の規模の工事監理を行うためには，設計同様に一級建築士あ

るいは二級建築士の資格が必要となる。監理者の主な職務は施工者が提案，提出する施工計画，施工図，材料，設備および施工方法などについての検査，承認，指示などである。

表1−2 管理と監理

表記	建築工事請負契約での立場	職位	職務
管理	請負者（施工者）	現場代理人（作業所長）	・品質管理
		主任	・原価管理
		係員	・工程管理
		監理技術者*	・安全衛生管理
		主任技術者*	・環境管理等
監理	監理者	—	施工者の監督

＊建設業法で定められている施工者が配置すべき技術者

1.4　建築生産構造

　建築生産において，直接的な"ものづくり"の役割，建築工事を担うのが施工者（請負者）・ゼネコンである。ゼネコンとは，general contractor のことであり，contract は請負契約を意味する。通常，ゼネコンとは請負契約により建設工事を行う大手の総合建設業者を指す。［序文］でも述べたように建築生産においては，発生する仕事の規模や種類は多様であり，一定量の仕事が恒常的に存在することはまれである。したがって，大手建設業者においても，施工に必要な人員全てを常に雇い，資材あるいはその入手のための組織を常に保持し，機材を常に所有している，といった状態はリスクが大きく，例えば仕事はないのに賃金を支払わなければならない，さしあたって必要のない資材が倉庫に山積みになっている，など経営的に不合理な状況となりやすい。したがって通常は，工事のたびに別の組織を通じて必要な人員を確保し（というよりは必要な工事を，人員を有する組織に施工させ），資材を購入し，機材を借用する方法が一般的である。このような建築生産における生産構造の例を，**図1−2**に示す。建築主と請負契約を結んだ施工者は工事全体の管理を行い，躯体工事や仕上げ工事などにおける個々の工事は，それぞれ専門の工事業者と契約し施工させることが多い。このとき，前者を元請負人（元請），後者を下請負人（下請）と呼ぶ。両者の間には下請契約が結ばれる。大きな工事では，元請けであるゼネコンの下請にさらに下請（いわゆる孫請）が，さらにその下にも…，といった状況になり，多くの中小企業が参加する，**重層下請構造**となる。このような建築生産構造における重層下請構造は経済的な利点も多いが，その問題点も多々指摘されている。

　また，元請負人などが請け負った仕事の全てを，その下請負人にさせる行為を一括下請，あるいは丸投げと呼ばれる。一括下請は，元請が単にマージンを得るだけの不適切な状況となりやすいため，**建設業法**により，発注者が承諾している場合を除いて禁止されている（共同住宅を除く）。このほか建設業法では，「建設業の健全な発達を促進」するため，生産構造に関しても種々の規定がなされており，例えば，元請から下請への支払いが下請にとって不利な状況にならないよう，さらには下請の指導など，元請の責任が規定されている。

1.5　建築生産の流れ

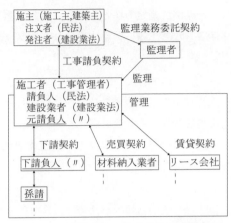

図1－2　建築生産における生産構造の例

1.5　建築生産の流れ

前節までの内容を踏まえた建築生産における基本的な流れを，一例として**図1－3**に示す。
一連の建築生産の流れを概説すると以下の通りである。

【企画】
　建築主（施主，発注者）は，その目的に応じ，資金計画を考慮しながら，いつまでに（→工期），どこに（→敷地），どのような（→用途，規模，構造など）建物を建築するのか企画する。

【設計者の選定・契約】
　建築主は，企画した建物のコンセプトを**設計図書**（図面や仕様書など）の形で具体化するために設

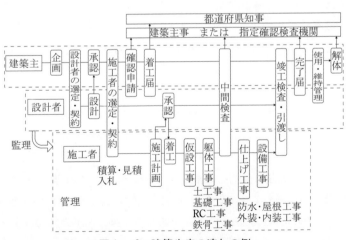

図1－3　建築生産の流れの例

計者を選定し，設計業務委託契約を結ぶ．選定方法としては，**特命**，あるいは数社へのヒアリング，公共工事（国や自治体などが発注者となる工事）の場合には公募型プロポーザル方式など条件に応じて適切な方式が採用される．

【設計】

設計者は，施主の考えを取り入れながら，法規類や社会通念なども考慮して，建築の計画，**基本設計**を行う．続いて，より詳細な**実施設計**を行って設計図書を完成させる（単価請負など，請負契約の方式によってはこの段階では完成しない場合もある［**2章 施工業者の選定・契約**］）とともに，工事費用を発注者側の立場から算出する．

【確認申請】

この段階で建築主は，建設しようとしている建物が法令に適合（例えば耐震性や容積率など）しているかどうかの確認（「**建築確認**」）を受けるため，設計図書などを**建築主事**または**指定確認検査機関**に提出する（「**建築確認申請**」）．実際には，設計者が建築主に代わって手続きを行うことが多い．これを含め，建築工事では多くの手続きを（建築主に代わって監理者や管理者が）遺漏なく適切に行う必要がある．なお，建築主事は，**建築基準法**第4条により，人口25万人以上の市などに置かれる（→主事の置かれた地方公共団体が**特定行政庁**）．

【施工者の選定・契約】［**2章 施工者の選定・契約**］

設計図書が出来上がったところで，施工（工事を行って図面上の建築物を実際の建物として実現する）を行う業者の選定に移る．施工者は，入札や随意契約等により決定される．公共工事では公金を使用することになるので選定において特に公平性・透明性が求められ，一般競争入札により選定することが法律（会計法）で定められている．また，公共工事では談合を防ぎながら良質で確実な工事を実現するために，**総合評価方式**［**コラム参照**］など種々の工夫がなされてきた．

入札において発注者は，受注を希望する施工業者に，設計図書（図面や仕様書など）を示すとともに建築現場での説明会を行い，工事の内容を周知する．なお建築工事を行うためには**建設業法**［**コラム参照**］における**建設業の許可**を得ていなければならない．受注を希望する業者らは，施主から示された設計図書などをもとに，地形や交通など現場の状況を考慮し，使用する材料の数量を拾い（**積算**），作業員の労務費や機械のリース料，さらに本社経費などを勘案して**工事費**を計算し（**見積**），参考書類として工程表や工事費の明細書などを添付して，発注者に入札書を提出する（**応札**）．応札は発注者が建設業法にしたがって適切に設けた**見積期間**の間に行う．発注者は，見積期間の終了後に**開札**し，応札額の中からもっとも価格の安い業者を選び（種々のルールがあり単純に安いほどいいわけではない．［**2章**］），これを落札業者とする．

建築主は落札者との間に**工事請負契約**を締結し，工事を請け負う施工者（＝受注者）が決定する．契約書には，工事名称や発注者名・受注者名のほかに，工期（いつまでに完成させるか），工費（いくらでつくるのか），代金の支払い方法や時期，災害時の負担などが詳細に規定されている［1.1および**コラム**参照］．

1.5 建築生産の流れ

なお，建築工事の運営方式には，1.1で示したように設計と施工を同じ業者が担当する設計施工一貫方式など，種々の運営方式があり，それぞれ一長一短がある。

【着工】［3章　施工計画］

施工者は，着工（工事の開始，起工）に先立ち，敷地・隣接建物や近隣道路の確認，近隣住民への対応（挨拶回りなど）を行うとともに，施工方針を策定して**施工計画書**を作成し，監理者の承認を受ける。施工計画書には，工種別施工計画書，基本工程表（全体工程表），総合仮設計画，施工図などが含まれる。また，一方では，実際に工事に必要な費用となる**実行予算**を作成する。さらに，必要となる資材や機材，人員や下請け業者の確保を行う。天候や，経済情勢，ときには自然災害による影響など，予測困難な事象が多く存在する中で，どの時期にどれだけの量が必要となるのかを可能な限り正確に予測し，確実に確保することが求められる。

また，着工に先立ち，地鎮祭（安全祈願祭），あるいは起工式などの式典を行う場合もある。建築主は，工事の着工前に，都道府県知事に**建築工事届**を提出する。これ以外にも，工事全体を通じて多くの申請や手続きを遺漏なく行う必要がある。

【測量・地盤調査】

敷地の形状，大きさ，高低差などを正確に測量して設計図書と照合し，施工に役立てる［4.5.1 測量］。

地盤の構成，堅固さ，地下水位などを調査し，基礎工事や土工事の基礎資料とする［5.2.1（a）調査］。地盤が軟弱な場合には**地盤改良**が行われる。

【仮設工事】［4章　仮設］

建築物をつくるためには，足場や囲い，現場事務所などの「**仮設**」（仮説ではない）が必要である。仮設は工事が完了したら撤去されることになるが，よい建築をつくるため，また工事関係者や通行人などの第三者の安全を守るために不可欠なものである。

【躯体工事】［5章〜7章］

現場に囲いが施されたら，まず，**躯体**（く体，≒構造体）の工事が始まる。地中で建物を支える**杭**が施工され，埋め戻された後，建物の地下部分を工事するための根切り，周囲の地盤を支えるための山留め，排水・止水などの土工事が行われ，建物を支える**基礎**が施工される［5章　土工事，基礎工事］。基礎の上に鉄筋コンクリートあるいは鉄骨などの躯体が施工される［6章　鉄筋コンクリート工事，7章　鉄骨工事］。

【中間検査・その他】

住宅を含め，ある程度以上の規模の建物については，工事の途中で中間検査を受けて合格しなければ次の工程に移ることができない。中間検査は，建物が完成してからでは確認できない箇所の検査を行うものであり，建築主が建築主事などに申請する。

工事は専門工事ごとに下請けとして専門工事業者が行い，工事ごとに元請けの検査と引渡し，工事代金の支払いが行われる。完了と引渡までの期間なども建設業法に細かく規定されている［**コラム**

建設業法]。

【仕上げ工事・設備工事】[8章　その他の工事]

躯体がある程度出来上がったら，外壁や内装の仕上げ，屋根防水，配管や空調関係の工事が進められる。規模の大きな建築工事では，上層の躯体工事と並行して，すでに躯体が出来上がっている下層の仕上げ工事が行われることが多い。

【竣工】

建物が完成すると，監理者と施工者による**竣工検査**が行われる。竣工検査は契約書類の通りに建物が作られているか，**不具合**がないかの確認が行われる。瑕疵とは施工者側の責任によって生じた欠陥または契約に反した品質・状況のことである。この段階で瑕疵が見つかれば手直しがなされ，確認後，建築主に建物の所有権が引き渡される（**引渡し**）。また，検査や工事の記録等もあわせて引き渡される。竣工式が執り行われることも多い。一方，建築主は，建築工事完了後4日以内に特定行政庁あるいは指定確認検査機関に申請を行い，**完了検査**を受け，**検査済証**の交付を受けた後に，建物を使用することができるようになる。完了検査は建築基準法に基づいて実施されるものである。他に消防法に基づく検査なども行われる。

【建物の使用・維持管理】[9章　維持管理・補修]

建築主は，通常，所有者として定期的な補修も行いながら長期的に建物を使用する。所有者には，例えば外壁タイルの剥落により通行人などに第三者被害を生じさせないよう，景観を損なわないよう，適切に維持管理を行う社会的責任がある。分譲マンションなどのように建築主と異なる者が所有者となる場合には，新たな所有者が管理責任を有することになる。また，**瑕疵担保期間**中に瑕疵が見つかった場合には，施工者は補修等の対応を行うことが義務付けられている。

【解体】[10章　解体工事]

建物が老朽化し供用に耐えなくなった場合や，新たな建築工事の企画など，必要が生じた場合には所有者が責任をもって建物を解体する。建設リサイクル法では，建物の分別解体や再資源化が義務付けられており，例えばコンクリート塊のリサイクル率は90%を超えている。近年では，建物を改装して改装前と同じ用途（リノベーション），あるいは別の用途（コンバージョン）に用いるなど，建物自体を再生する動きもみられる。

以上が建築生産の基本的な流れとなるが，本書の2章以降からは，建築生産の全体の流れにおける「施工者の選定・契約」から「解体」までについて記している。

コラム　建設業法

建設業法は建設業のための法律であり，同法第1条において，「この法律は，建設業を営む者の資質の向上，建設工事の請負契約の適正化等を図ることによって，建設工事の適正な施工を確保し，発注者を保護するとともに，建設業の健全な発達を促進し，もって公共の福祉の増進に寄与することを目的とする」と定義している。この目的を達成するため，**表-1**のような構成となっている。

表-1　建設業法の概要

章の表題	特筆すべき内容
総則	建設業法の目的と範囲
建設業の許可	一般建設業と特定建設業の許可，業種別許可
建設工事の請負契約	元請負人の義務，建設工事の請負契約
建設工事の請負契約に関する紛争の処理	建設工事紛争審査会の設置と対応
施工技術の確保	主任技術者及び監理技術者
建設業者の経営に関する事項の審査等	経営事項審査
建設業者団体	建設業に関する社団・財団
監督	国土交通大臣または都道府県知事の監督権限
中央建設業審議会等	中央建設業審議会の設置と運営
雑則	その他の雑則
罰則	違反時の罰則

建設技術者としては，建設業法を網羅的に知っておくべき内容であるが，特に建築士や建築施工管理技士の試験として問われることの多い3点について概説する。

1) 一般建設業と特定建設業（第二章　建設業の許可）

建設業は誰でも営むことができる訳ではなく，その請負金額や規模のほか，仕事を請け負う立場などによって必要な許可が異なる。これらの区分について下記に示す。

① 建築工事一式の場合，1件の請負金額が1,500万円未満の工事または延べ面積が150m^2の木造住宅工事，建築一式工事以外においては1件の請負金額500万円未満の工事を軽微な建設工事と呼び，この範囲の工事については，建設業の許可なく請負うことができる。

② ①で示した軽微な建設工事の範囲を超える場合には，元請下請を問わず，一般建設業の許可を受けなければならない。

③ 発注者から直接工事を請け負い（元請），かつ総額4,500万円（建築一式工事においては6,000万円）以上を下請契約して工事を実施する場合，特定建設業の許可を受けなければならない。すなわち，下請工事のみを営む者であれば，一般建設業の許可さえあれば金額によらず仕事をしてよい。なお，特定建設業の許可を受けたときは，後述する業種別許可にかかわる一般建設業の許可はその効力を失う。つまり，特定建設業の許可を受けていれば，その業種についての

一般建設業の許可は不要となる。

2) 業種別許可（第二章　建設業の許可）

建設業の許可は，一般建設業と特定建設業で同じ種目であり，**表－2**に示す29種類の建設工事種目について，それぞれの業種に分けて受けなければならない。この中でも，特に土木工事業，建築工事業，電気工事業，管工事業，鋼構造物工事業，舗装工事業，造園工事業の7種は指定建設業として定められている。

表－2　29種類の建設工事種目

工事の種類	
土木一式工事	ガラス工事
建築一式工事	塗装工事
大工工事	防水工事
左官工事	内装仕上工事
とび・土工・コンクリート工事	機械器具設置工事
石工事	熱絶縁工事
屋根工事	電気通信工事
電気工事	造園工事
管工事	さく井工事
タイル・れんが・ブロック工事	建具工事
鋼構造物工事	水道施設工事
鉄筋工事	消防施設工事
ほ装工事	清掃施設工事
しゅんせつ工事	解体工事
板金工事	

3) 主任技術者および監理技術者（第四章　施工品質の確保）

建設業者は，施工する場合には請負金額の大小，元請・下請に関わらず，必ず工事現場に施工の技術上の管理を司る者として，主任技術者を置かなければならない。特に，特定建設業の許可を受けた建設業者が元請として総額4,500万円（建築一式工事においては6,000万円）以上を下請契約して工事を実施する場合には，主任技術者にかえて監理技術者を置かなければならない。

これらの技術者になるための資格要件は複雑であるので省略するが，一級建築士，1級施工管理技士，技術士のいずれかの国家資格者は主任技術者となることができる。さらに，これらの国家資格者は，監理技術者講習（有効期限があるため要更新）を受講するなどして監理技術者にもなることができる。

教育機関で建築施工を学ぶ皆さんには，実務経験を積み，まずは一級建築士または1級施工管理技士の資格取得にチャレンジしていただきたい。

2 章

施工業者の選定・契約

2.1 はじめに

　建築物が出来上がるまでの流れは前章で述べた通りであるが，発注者（建築主）は，事業計画に基づき，多くの場合は，建築設計監理業務の委託契約を建築設計事務所と結ぶ。そして，設計図書がおおむね定まった段階で，施工業者を選定して工事を開始（着工）する。では，発注者は，どのようにして施工業者を選んでいるのだろうか？

　国や自治体などが発注者となる公共工事においては，施工業者を選定するために**入札**と呼ばれる方法を原則としている。建設工事における入札の流れを**図2－1**に示す。まず，発注者は，入札通知のうえ工事の受注を希望する施工業者へ設計図や仕様書などを交付するとともに現場説明会を開催する。施工業者は，そこで得た設計図，仕様書，情報をもとに，建築物をつくりあげるための工事に必要な数量を**積算**し，工事金額の**見積**を作成する。そして，見積書をはじめとする必要書類とあわせて発注者へ提出（入札）する。発注者は，入札期限後に入札の結果を確認（開札）し，見積金額をはじめ，施工業者の保有する技術水準や工事実績などを総合的に評価して業者を選定する。選定された施工業者は落札業者となり，工事の**請負契約**を結ぶことができる。

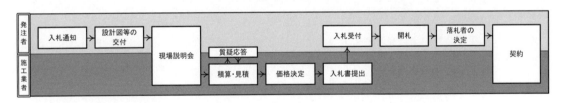

図2－1　施工業者の選定・契約の流れ（入札を行う場合）

　本章では，発注者が施工業者を選定するためのプロセスのなかで，特に理解しておくことが望ましい建築積算（2.2），入札（2.3），請負契約（2.4）について重点的に述べ，発注者が施工業者を選定し，契約に至るまでを概説する。その他，請負契約に関連して工事発注方式（2.5）についても触れる。

　なお，本章で繰り返し述べられる民法や建設業法といった法規は，定期的に見直され，社会情勢に即したものに変化していくものであることに留意すべきであり，実務にあたっては最新の法規を参照されたい。

2.2　建築積算・見積

2.2.1　建築積算・見積とは

電化製品や自動車など，工場でベルトコンベアに流れながら大量生産されているような製品は，量産体制を敷くことで合理化を図り，製造費を削減する生産方式である。このような製品ひとつあたりの費用は，生産にかかった全費用を生産台数で除すことによって概算できよう。ところが，建築物の施工にあたっては現場一品生産方式が多く，すなわち一品ごとのオーダーメイドであるため，工場での大量生産品のような費用の把握は困難といえる。同じ図面を使って同じ建築物を複数建てようとした場合でも，建物の立地条件や，物価の変動に伴った建材価格の変動，専門工の需要過多に伴う人件費の高騰など，いずれも価格を変動させうる事象が存在する。つまり，同じ建築物であっても設計・施工条件は異なるものとして考える方が自然であり，契約ごとに見積を作成しなければならないことは感覚的にも理解できるであろう。

建築積算とは，設計図書を拠り所として，建築物をつくるために必要な労務費，材料費，外注費，経費などの費用（コスト）を数え上げる（数量の拾い）ことによって，着工前にあらかじめ価格を把握することをいう。具体的には，設計図や仕様書を参照し，工事（工種）別に必要な数量を数え上げて足し合わせ（積算），各々の積算数量に単価を掛け合わせることで工事費を概算することができる。この一連の流れを工事費の見積という。

建築工事においては，公共建築数量積算基準[3]や建築数量積算基準[4]によって，工事科目や内訳細目が定められている。そして，公共建築工事内訳書標準書式[5]や建築工事内訳書標準書式[6]を用いることで，作業の共有化を図り，数え落としを防げるような工夫がなされている。

本節では，建築積算および見積を算定するために必要な，工事数量と単価，内訳書のほか，工事費の内訳について概説する。なお，具体的な積算方法については，上述の積算基準[3][4]に詳細に整理されているので，理解を深めるためにも参照を勧める。

2.2.2　工事数量と単価

費用とは，**数量**と**単価**を掛け合わせたものとして考えることができるが，状況に応じてそれらの意味は異なってくる。まず，建築積算に関連する数量と単価の定義を明確にしておく必要がある。

(1) 工事数量

建築積算における工事数量とは，職方の人工（のべ作業人数），使用する材料の数量，重機のリース日数など，人，個，枚，m，m^2，m^3，kg，t，日，月，一式など，ヒト・モノ・コトの種類によって適した単位が用いられる。建築積算においては，以下の3つの数量を使い分けることになる。

2.2 建築積算・見積

(a) 設計数量

設計数量とは，設計図書を参照して個数や寸法を数える正味の数量であり，もっとも基本的な数量である。よって，設計数量は，竣工した建築物と同数の理想的な数量となるはずである。例えば，窓ガラス，扉，衛生陶器などのように，単純に取り付けるだけの資材がこれに該当する。ところが，鉄筋や鉄骨などのように規格品の規定寸法（定尺寸法）の資材は，所定の寸法・形状から加工して用いることになるため，端材が発生してしまう。このような場合，ロスを見込んでやや高めの単価を設定して対応しなければ，材料が足りなくなるか赤字発注となってしまうため，後述の所要数量で対応することになる。

(b) 計画数量

計画数量とは，設計図書に記載のない数量である。仮設工事や土工事など，設計図書をもとに施工業者が独自に検討する施工計画に基づき算定されるものである。施工計画のための数量として理解すると良い。他の数量が設計図書の数量を落とさず（不足なく）拾い出すことが重要であるのに対し，計画数量は，施工業者によって施工計画も異なるため，各社の技術力に拠るところが大きい。

(c) 所要数量

所要数量とは，実質的な数量であり，定尺寸法から切り出した端材などのロスを含んだ数量である。これに該当するのは加工を要する資材であり，鉄筋や鉄骨などがこれに該当する。所要数量の資材を注文（発注）することで，設計数量よりも数量は増えることになるが，建築物をつくるために必要な数量である。

余談になるが，端材の発生量を減らすことは，コストや地球環境の観点からも意義のあることである。最近では，プレカットした石こうボードを現場で取り付けることで，現場加工の手間や端材の発生を抑制している事例もある。

(2) 単　価（単位価格）

広義の単価とは，単位価格の略語であり，単位あたりの価格を示す。建築積算においては，3つの単価に分類できるが，それぞれ独立した単価ではなく，使う目的にあわせて使い分ける。

(a) 単　価

狭義の単価とは，あらゆる産業で使われる一般的な単位価格である。建築積算においては，鉄筋，コンクリートといった，土工，鉄筋工，大工などの職方の賃金（労務費），材料費など細目単価の最小単位である。

(b) 複合単価

複合単価とは，労務費，材料費などの費用をまとめた単価である。材工一式や材工共（ざいこうとも）と呼ばれる方式であり，労務費，材料費，その他経費を合計したものである。工種別の費用を算定する際に用いられるため，工事を受注した施工業者である元請が専門工事業者へ下請発注す

る際には，この複合単価が用いられることが多い。
(c) 合成単価

合成単価とは，床，壁，天井といった部位別に費用を算定したものである。複合単価を集計したもので，部位別に複数の職方の仕事をまとめることができる。

2.2.3 内訳書

建築工事は，様々な専門工事の集大成であるが，効率よく合理的に工事費を管理したいと考えるのは当然のことであり，建築数量積算基準[2]によって，**表2-1**のような工事科目や内訳が定められている。この基準に則れば，どの積算者が数量拾いをしたとしても，おおむね同じ数量になるような仕組みになっている。そして，この共通した積算方法を実現するためのひな形として，下記の標準書式が用意されている。

表2-1 代表的な工事科目（建築）の例

直接仮設	鉄筋	屋根および樋	内外装
土工	既製コンクリート	金属	ユニットおよびその他
地業	防水	左官	発生材処理
鉄筋	石	建具	
コンクリート	タイル	カーテンウォール	
型枠	木工	塗装	

(1) 工種別内訳書標準書式

工種別内訳書は，もっとも一般的な書式である。**表2-1**の工事科目のように，仮設工事からはじまり仕上工事まで，実際の工事順に整理されている。そのため，元請（多くの場合は総合建設業者）は，下請の専門工事業者に対して，該当する工事科目から作業内容，仕様，金額などをピックアップして伝えればよく，施工業者の立場として使いやすい書式である。

ただし，工事を熟知している施工業者には便利である反面，発注者が建築に詳しくない（工種や工事の流れを理解していない）場合には，工種別内訳書を読み解くことは難しく，適切な書類とはいえない。説明責任の観点からも，建設工事に熟知していない人であっても最低限の内容が理解できるような整理方法が必要であり，後述の部分別内訳書がその役割を担う。

(2) 部分別内訳書標準書式

建築物は，床，壁，天井といった部位から成り立っていることは誰もが知るところであり，この構成要素ごとに金額を整理できれば，建築に詳しくない発注者であったとしても理解は容易い。このように，建築物の構成要素ごとに整理したものが部分別内訳書であり，合成単価として整理したものである。

発注者や設計者から見ると，費用を簡単に把握できる整理方法である反面，施工業者から見ると，複数の専門工事業者の仕事が混在したものになるため，工種別内訳書のように，そのまま発注に使う

ことができない欠点があった。ところが，近年のコンピュータの革新的な発展や，三次元デジタルモデルにコスト情報を盛り込むことができるBIM（Building Information Modeling）の普及に伴い，積算データもパソコン上で整理できるような仕組みも整ってきたことから，標準書式の在り方は新たな局面を迎えつつある。

2.2.4 工事費の内訳

建築物をつくるために必要な費用全てを積算したものが**工事費**となるが，その内訳はどのようになっているのだろうか。工事費の内訳は**図2－2**に示す通りであり，建築物をつくりあげるまでに，職方への賃金や資材をはじめとする直接的な費用のほか，現場の運営費や会社の利益などの様々な費用が積み重なって構成されている。

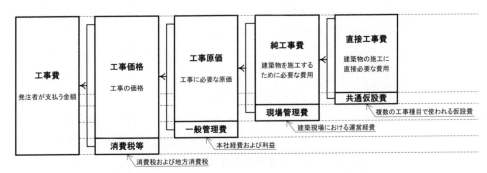

図2－2　工事費の内訳

直接工事費とは，工事費の基本であり，建築物の施工に直接必要な費用である。建築工事，設備工事，外構工事などに分けて算出され，例えば建築工事では，土工事，コンクリート工事，木工事など，**表2－1**に代表される項目ごとに内訳書を作成する。

共通仮設費（総合仮設費）とは，建築，電気，機械などの複数の工事種目に対して共通に使う仮設に要する費用のことである。**仮設**とは，建築物をつくりあげるために一時的に使用する施設や設備であり，竣工までに撤去されるものである（第4章）。なお，単独の工事種目で使用する仮設については扱いが異なり，直接工事費に含むことになっているので注意が必要である。

直接工事費と共通仮設費の合計は，純粋に工事にかかる費用となる。これを**純工事費**と呼ぶ。これに，現場管理をする施工業者の社員の人件費や，経費といった現場を管理するための費用である**現場管理費**を足し合わせたものが**工事原価**である。

その他，建築の施工現場には直接関係ないが，施工業者の経営を成り立たせるため，工事による利益や本社経費として**一般管理費**を計上する。これは，会社を運営するために必要な費用で，会社を維持・発展させるための利益はもちろん，工事を受注するための営業費用や，社員を管理する人事をは

じめ，工事を請け負う会社が存在するために必要不可欠な費用である。なお，現場管理費と一般管理費を足し合わせたものは施工業者に支払われる費用であり，**諸経費**としてまとめられる。

2.3 入 札

2.3.1 入札とは

　発注者が施工業者を選定するための方法のひとつであり，施工業者が提示する工事費などの情報をもとに決定するものである。一般には，複数の施工業者から金額などの提示を求め，もっとも適切な施工業者を決めることになるが，ダンピング受注（適正な価格より安い金額で入札して仕事を受注すること）をはじめ，過去には不良・不適格業者の介在によって，手抜き工事，下請業者へのしわ寄せ，労働条件の悪化，安全対策の不徹底など，建設業の健全な発展が阻害されることも少なくなかった。そこで，入札の透明性の確保，入札参加者の公正な競争の促進，工事の適正な施工の確保，不正行為の排除の徹底を図る仕組みとして，公共工事の入札及び契約の適正化の促進に関する法律（2015年9月改正）が施行されている。

　なお，国や自治体などが発注者となる公共工事は，国民や市民などからの税金による工事である。ゆえに，施工業者の選定にあたっては，いっそうの透明性や合理的な選定が求められる。その一方で，企業，集団，個人などが発注者となる民間工事では，これまでの取引関係や，施工能力，技術力，信頼度から施工業者を選ぶ場合もあり，施工業者の選定そのものに法的な制限はない。

2.3.2 入札の種類

　施工業者の選定方法は，**図2-3**のように分類できる。その種類は，**競争入札**と**随意契約**に大別できる。競争入札には，参加資格を満足すれば自由に参加できる**一般競争入札**と，発注者が指名した者だけが参加できる**指名競争入札**がある。また，随意契約には，あらかじめ選定した1社だけに見積書を依頼する**特命随意契約**と，あらかじめ選定した複数の会社へ見積書を依頼し，そのなかの1社と契約する**見積合わせ**と呼ばれる方式がある。

　公共工事における仕事の受注は，会計法第29条の5に基づき**一般競争入札**を原則とした入札としなければならない。発注者は，入札を開始する前に予定価格を算定しておき，この予定価格を下回る範囲で発注者に最も有利となる施工業者と契約（受注）できる。ここで，予定価格とは，発注者が労務単価や材料単価を市場価格の調査より算定した価格であり，工事予算として発注者が想定する上限の金額を示す。その一方で，この予定価格を大幅に下回る落札を許すということは，指定材料や工法を不当に改悪した手抜き工事のほか，下請業者への労務費不払い，安全対策の不徹底など，いわゆるダンピング受注に繋がる可能性が高まり，社会的にも大きな損失となりかねない。ゆえに，予定価格には上限だけ

2.4 請負契約（民法と業法）・契約書類

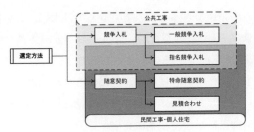

図2-3 施工業者の選定方法

でなく下限を設けることで，設計図書に準じた工事の適正な施工を推進するための仕組みとなっている。なお，入札に参加するためには，工事金額の見積書のほか，施工業者の経営事項審査および競争参加資格審査が必要となる。これらの審査は，総合的な観点で施工業者の実力を評価するためのものである。

(1) 経営事項審査

経営事項審査とは，建設業法第27条の23において義務付けられたもので，施工業者を数値化した指標である。細かい算定式は省くが，経営規模，経営状況，技術力などを総合評定値として算定する。この中に技術者の評点があり，一級建築士や1級建築施工管理技士などの1級技術者は5点（講習受講済の監理技術者資格者は6点），2級技術者は2点などのように点数が加点されていく。余談ではあるが，資格の取得はスキルアップや社内での昇進など自分のためであるが，会社にとっても仕事を受注するための重要な指標となっている。

(2) 競争参加資格審査

公共工事の発注にあたっては，工事の規模や要求される技術水準などを考慮し，施工業者をあらかじめ等級分けすることで，それぞれの工事に見合った能力を有する施工業者であるか否かを判断している。国土交通省の場合，A～Dランクの4水準を設定している。競争参加資格審査は，経営事項評価点数と技術的評価点数の合計で評価される。技術的評価点数は，工事成績評定点を基本に，直轄工事の受注実績，総合評価落札方式への参加実績，地方公共団体の受注実績によって点数化される。

地方公共団体における競争参加資格審査の場合は，地元の中小規模の施工業者にとって不利にならないように，技術的評価点数の比重を低くしたり，場合によっては評価しない場合もある。

2.4 請負契約（民法と業法）・契約書類

2.4.1 請負契約

工事を落札した施工業者は，発注者と請負契約を締結する。ここで，改めて法としての契約について整理したい。建設工事とは，多数の登場人物が協力して完成（竣工）を目指すものであり，個人や

組織などの信頼関係があってはじめて完遂できると言っても過言ではない。この関係を法規的に解釈したものが契約である。請負契約は，民法632条において，「*請負は，当事者の一方がある仕事を完成することを約し，相手方がその仕事の結果に対してその報酬を支払うことを約することによって，その効力を生ずる。*」と規定されている。この法律を素直に読めば，当事者双方の合意による諾成によって契約が成立するということであり，契約は口約束だけでも成立することになる。しかしながら，口頭のみの契約は，その契約内容に不明確や不正確な点があったり，双方に齟齬をきたすなど，契約後に紛争や裁判に発展する原因になりかねない。また，請負契約を締結する両者は対等な立場であるはずが，元請・下請の関係において取引上の立場を利用し，元請にとって都合の良い一方的な契約を下請に受けさせるような事態も想定される。そこで，建設業法第19条において，「*建設工事の請負契約の当事者は，前条の趣旨に従って，契約の締結に際して次に掲げる事項を書面に記載し，署名又は記名押印をして相互に交付しなければならない。*」と規定されており，契約内容でも重要な項目については，次項で述べるような書面による契約が義務付けられている。

2.4.2 契約書類

契約を締結するための書類，すなわち契約書類は図2－4のような構成となっている。

契約書類は，工事請負契約書，工事請負契約約款，設計図書の3点を必要書類としており，それらに加えて，内訳書や工程表などを参考資料として添付することが一般的である。

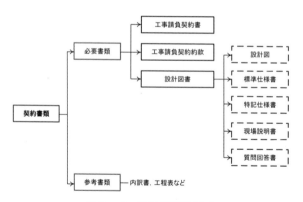

図2－4 契約書類の構成

(1) 工事請負契約書

工事請負契約書の内容については，建設業法第19条第1項において下記14項目にわたって定められている。

・工事内容
・請負代金の額
・工事着手の時期及び工事完成の時期

2.4 請負契約（民法と業法）・契約書類

- 請負代金の全部又は一部の前金払又は出来形部分に対する支払の定めをするときは，その支払の時期及び方法
- 当事者の一方から設計変更又は工事着手の延期若しくは工事の全部若しくは一部の中止の申出があった場合における工期の変更，請負代金の額の変更又は損害の負担及びそれらの額の算定方法に関する定め
- 天災その他不可抗力による工期の変更又は損害の負担及びその額の算定方法に関する定め
- 価格等の変動若しくは変更に基づく請負代金の額又は工事内容の変更
- 工事の施工により第三者が損害を受けた場合における賠償金の負担に関する定め
- 発注者が工事に使用する資材を提供し，又は建設機械その他の機械を貸与するときは，その内容及び方法に関する定め
- 発注者が工事の全部又は一部の完成を確認するための検査の時期及び方法並びに引渡しの時期
- 工事完成後における請負代金の支払の時期及び方法
- 工事の目的物の瑕疵を担保すべき責任又は当該責任の履行に関して講ずべき保証保険契約の締結その他の措置に関する定めをするときは，その内容
- 各当事者の履行の遅滞その他債務の不履行の場合における遅延利息，違約金その他の損害金
- 契約に関する紛争の解決方法

(2) 工事請負契約約款

　実際の工事契約では，上記の内容を網羅した契約約款と呼ばれる書式があらかじめ用意されている。これは，建設業法第34条に基づいて国土交通省に設置された中央建設業審議会（中建審）が作成したもので，公共工事のための公共工事標準請負契約約款[7]，民間工事のための民間建設工事標準請負契約約款（甲）[8]，同約款（乙）[9]，建設工事標準下請契約約款[10]などが含まれている。これらの約款は，建設業界の健全化や活性化を図るため，定期的に改正されている。その他，日本建築学会など7つの団体による民間（旧四会）連合協定工事請負契約約款[11]が使われることも多い。

(a) 公共工事標準請負契約約款

　公共工事標準請負契約約款とは，公共工事を契約するためにあらかじめ定められた契約条項である。工事名，工事場所，請負代金額，契約保証人，調停人，解体工事に要する費用，住宅建設瑕疵担保責任保険といった必要事項を記入することにより，該当工事の契約約款とすることができる。これを用い，発注者と請負者が対等な立場で合意し，各々が記名押印することで契約約款としての法的効力を発揮する。

　公共工事のほか，電力，ガス，鉄道，電気通信などの常時建設工事を発注する民間企業の工事にも用いることができるように考慮されている。

(b) 民間建設工事標準請負契約約款

　民間建設工事標準請負契約約款とは，民間工事を契約するためにあらかじめ定められた契約条項

であり，公共工事標準請負契約約款とはその性格を異とするものである。工事名，工事場所，工期（着手，完成，引渡），請負代金額，支払方法，調停人，その他（瑕疵，解体・リサイクルなど）を記入することで該当工事の契約約款とすることができる。これを用い，発注者と請負者が対等な立場で合意し，各々が記名押印することで契約約款としての法的効力を発揮する。

なお，民間建設工事標準請負契約約款には（甲）と（乙）が用意されているが，（甲）は，民間の比較的大きな工事を発注する者と建設業者との請負契約，（乙）は，民間の個人住宅建築などの小規模工事の請負契約をそれぞれ対象としたものである。

(c) 建設工事標準下請契約約款

建設工事標準下請契約約款とは，元請が下請と工事契約するためにあらかじめ定型的に定められた契約条項である。工事名，工事場所，工期（着手，完成），請負代金の支払時期および方法，調停人，その他（瑕疵，解体・リサイクル方法など）を記入することで該当工事の契約約款とすることができる。下請と元請が対等な立場で合意し，各々が記名押印することで契約約款としての法的効力を発揮する。

(d) 民間（旧四会）連合協定工事請負契約約款

民間（旧四会）連合協定工事請負契約約款とは，日本建築学会，日本建築協会，日本建築家協会，全国建設業協会，日本建設業連合会，日本建築士連合会，日本建築士事務所協会連合会の7団体が定めた契約約款である。括弧書きで旧四会とあるのは，1923年に建築學會，建築業協會，日本建築協會，日本建築士會の4団体が定めた契約書と工事請負規程がもとになっているためである。民間工事において主流となっている請負約款である。

(3) 設計図書

建築工事における設計図書とは，建築物をつくる際に必要となる設計図と仕様書を合わせたものである。設計図は，意匠図，構造図，設備図から構成されている。また，仕様書とは，図面で表現できない仕様を明記したものであり，標準仕様書，特記仕様書，現場説明書，質問回答書（質疑応答書）などで構成される。標準仕様書とは，あらゆる建築を対象とした汎用的な運用を想定した仕様書で，官庁や日本建築学会などの団体が発行しているほか，施工業者が独自に作成しているものもある。それに対して特記仕様書とは，該当する建築物専用に作成された，その現場だけに適用される仕様書である点で，両者は性格を異とする。

このように，建築物の施工にあたっては，参照すべき設計図や仕様書がいくつもある。これらは整合性が図られるよう努めて作成されているが，設計図書は膨大な情報を有するものであり，それぞれの専門技術者が分業して作成していることからも，内容の間違いや図面間の食い違いなどは発生すると考えておいた方が安全である。そして，設計図書に不整合が見つかった場合の対応を知っておかなければならない。書類の優先順位は決まっており，優先度の高い順に並べると，1.質問回答書，2.現場説明書，3.特記仕様書，4.設計図，5.標準仕様書となる。設計図書に内容に食い違いがあれば，優

先順位の高いものを正として取り扱えばよい。例えば，汎用的な仕様書である日本建築学会建築工事標準仕様書（JASS）よりも，その現場のためだけに作った特記仕様書を優先するのは当然のこととして理解できるであろう。また，設計図の精査や現場説明の質疑は，設計者へ質問書として出すが，その返答である質問回答書が優先されなければ，そもそも設計者へ質問する意味はない。つまり，設計図書の優先順位は，時系列で考えると理解しやすく，後から得られる情報（すなわち最新の情報）が常に優先されると覚えておくとよい。

2.5　工事発注方式

　工事の発注方式は，工事範囲の全てを対象とする一式発注が一般的であるが，工事の性質上，分割して発注する分離発注とする場合もある。ここでいう分離にはふたつの考え方があり，「工区」で分ける場合と「工種」で分ける場合がある。前者の発注方式は，複数の建築物を施工する場合など，建築物ごとに総合建設業者（いわゆるゼネコン）へ発注するときに使われる方式であり，工区別発注と呼ばれる。大規模な建物を複数の工区に分けて（建物が物理的に分かれるわけではない）発注する場合もこれに含まれる。一方，後者の発注方式は，建築工事，設備工事，外構工事といった工事種目（コラム 建設業法の**表－2**参照）により別々に発注する方式であり，工種別発注と呼ばれる。これら分離発注の概念図を**図2－5**に示す。

　特に，工種別発注は，発注者がそれぞれの工事を専門工事業者へ直接発注（一部の工事種目については総合建設業者を介する場合もある）することにより，現場管理費を抑えながら工事の品質を高められる方式として注目されている。しかしながら，分離発注した専門工事業者の統括や全体工程の管理など，一式発注であれば元請の業務となる施工管理を発注者が一手に担うことになるため，その負担は多大なものとなる。そこで最近では，CMr（Construction Manager）やPMr（Project Manager）と呼ばれる役割の職種が，発注者に代わってスケジュール，コスト，品質，情報などの管理をおこなう方式も浸透してきている。

　別の視点となるが，複数の業者でひとつの企業共同体を結成し，共同で工事を受注するJV（Joint Venture）方式もある。大規模かつ高い技術を要する工事を施工するために，各社の得意とする技術を集結させる特定建設工事共同企業体（特定JV）が都市部を中心に展開している。その他，中小企業が集合して大型案件の受注を目的とした経常建設共同企業体（経常JV）など，会社の垣根を越えた発注の形態も一般的な選択肢となってきている。

2章　施工業者の選定・契約

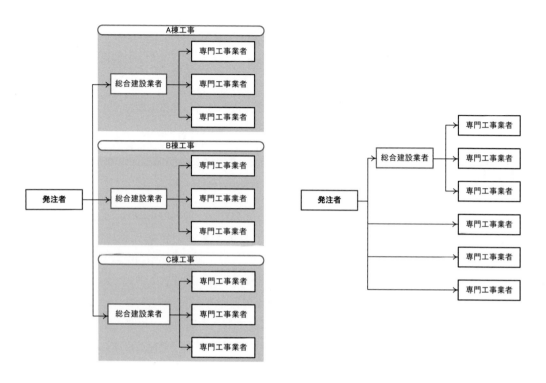

図2－5　工区別発注と工種別発注の概念図

参考文献

1) 田村恭 編著：第2版 建築施工法－工事計画と管理，丸善，1998.
2) 全国建設研修センター：監理技術者講習テキスト（令和5年版），2023.
3) 日本建築積算協会：建築積算（第15版），2022.
4) 国土交通省：公共建築数量積算基準（令和5年改定），2023.
5) 日本建築積算協会：建築数量積算基準・同解説 令和5年版，2023.
6) 国土交通省：公共建築工事内訳書標準書式（建築工事編）（令和5年改定），2023.
7) 日本建築積算協会：建築工事内訳書標準書式・同解説 令和5年版，2023.
8) 中央建設業審議会：公共工事標準請負契約約款，2022.
9) 中央建設業審議会：民間建設工事標準請負契約約款（甲），2022.
10) 中央建設業審議会：民間建設工事標準請負契約約款（乙），2019.
11) 中央建設業審議会：建設工事標準下請契約約款，2019.
12) 民間（旧四会）連合協定工事請負契約約款委員：民間（旧四会）連合協定工事請負契約約款，2023.

2.5 工事発注方式

コラム　総合評価方式

建築工事の入札にあたっては，過去には単純な価格競争である最低価格落札方式を採用していたが，公共工事の品質確保の促進に関する法律（いわゆる品確法）を受け，2005年度より総合評価方式が取り入れられることとなった。総合評価方式とは，価格およびその他の条件が公にとってもっとも有利なものを落札者とする方式であり，価格のみではなく，技術力や企画内容の創意工夫などの諸条件を評価するものである。主な評価項目は**表－1**の通りであるが，発注者が評価する項目を選び，技術提案を募集することによって，より発注者の要望に添った建築物を実現できるようになっている。

表－1　総合評価方式の評価項目（例）

価格以外の総合的なコストの削減	維持管理費・更新費を含むライフサイクルコスト
	その他，補償費などのコスト
整備する施設の性能・機能の向上	初期性能の持続性，強度，耐久性，安定性，美観，供用性など
社会的要請への対応	環境の維持
	交通の確保
	省資源対策，リサイクル対策
	安全対策

総合評価方式は，工事の特性に応じて簡易型，標準型，高度技術提案型のいずれかを選択する。**表－2**は審査内容の例を示したものであるが，事前に個別工事に際しての技術審査として，建設業者および配置予定技術者の同種・類似工事の経験，簡易な施工計画のほか，必要に応じて配置予定技術者へのヒアリングを実施することもある。

表－2　総合評価の種類と技術提案の審査内容（例）

総合評価の種類	技術提案の審査内容（例）
簡易型	施工計画，品質管理
標準型	施工上の提案
	安全対策，完了への影響，工期の縮減
高度技術提案型	構造物の品質の向上を図る提案
	強度，耐久性，景観，ライフサイクルコスト

参加者から提出された入札書をもとに，金額から算出した価格点と，技術点から算定した総合点のもっとも高い者を落札者とする。入札説明会から落札者の決定までには，簡易型ではおおむね20日，標準型や高度技術提案型でおおむね60日を要する。

コラム　積算・見積の事例

積算・見積を行った結果出来上がる内訳書の一例を下記に示す。

表－1　鉄筋内訳書の例

名　称	摘　要	数量	単位	単価	金額	備考
（躯体）						
異形鉄筋	SD295A　D10	30	T	64,000	1,920,000	材料費
異形鉄筋	SD295A　D13	30	T	62,000	1,860,000	材料費
異形鉄筋	SD295A　D16	10	T	60,000	600,000	材料費
異形鉄筋	SD345　D22	34	T	63,000	2,142,000	材料費
鉄筋スクラップ控除		1	式		▲60,000	
鉄筋加工組立	RCラーメン構造　一般建物	100	T	50,000	5,000,000	
鉄筋運搬費	4T車　30km程度	100	T	4,000	400,000	
鉄筋ガス圧接		1	式		600,000	
梁貫通孔補強	加工組立運搬共	1	式		300,000	材工共
地中梁主筋受架台		1	式		200,000	材工共
（外部仕上）						
溶接金網敷き	防水押え φ6　100目	100	M2	500	50,000	材工共
（内部仕上）						
溶接金網敷き	嵩上げ φ6　100目	50	M2	500	25,000	材工共
	計				13,037,000	

（「所要数量」は異形鉄筋の数量列にまたがって注記）

異形鉄筋は所要数量，鉄筋加工組立やその他の項目は設計数量である。また，備考欄に材工共と記載がある項目は複合単価である。

表－2　コンクリート内訳書の例

名　称	摘　要	数量	単位	単価	金額	備考
（躯体）						
基礎部鉄筋コンクリート	Fc27　S18	200	M3	16,000	3,200,000	材料費
地上部鉄筋コンクリート	Fc27　S18	500	M3	16,000	8,000,000	材料費
地上部鉄筋コンクリート	Fc24　S18	300	M3	14,000	4,200,000	材料費
土間コンクリート	Fc18　S15	20	M3	13,000	260,000	材料費
コンクリート打設手間		1	式		600,000	
ポンプ圧送費		1	式		500,000	
止水板	塩ビ　W150	20	M	2,000	40,000	材工共
構造体強度補正		1	式		400,000	材料費
（外部仕上）						
防水押えコンクリート	Fc18　S15	20	M3	18,000	360,000	材工共
（内部仕上）						
嵩上げコンクリート	Fc18　S15	10	M3	18,000	180,000	材工共
	計				17,740,000	

（数量列には「設計数量」と注記）

2.5 工事発注方式

コンクリート材料費や打設手間など全て設計数量である。また，備考欄に材工共と記載がある項目は複合単価である。

表－3 型枠内訳書の例

名　称	摘　要	数量	単位	単価	金額	備考
（躯体）	1階 4,500　2階 3,500					
	ラーメン構造，面木目地棒共					
普通合板型枠	基礎部	500	M2	4,000	2,000,000	材工共
打放合板型枠	基礎部　C種	500	M2	4,500	2,250,000	材工共
普通合板型枠	地上部	700	M2	5,000	3,500,000	材工共
打放合板型枠	地上部　B種	500	M2	5,500	2,750,000	材工共
型枠運搬費		2,200	M2	400	880,000	
耐震スリット		1	式		500,000	材工共
（外部仕上）						
打放面補修	B種　コーン処理	500	M2	500	250,000	
（内部仕上）						
打放面補修	C種　コーン処理	500	M2	400	200,000	
	計				12,330,000	

（数量欄：設計数量）

全て設計数量である。また，備考欄に材工共と記載がある項目は複合単価である。

　ここでは鉄筋・コンクリート・型枠の内訳書の例のみを示したが，他の工事科目においても，数量×単価＝金額の積み重ねで算出される。

　なお，ここで示した内訳書は国土交通省：公共建築工事内訳書標準書式（建築工事編）令和5年版に準じた内容としているが，数量・単価については架空の数字である。

3章

施工計画

3.1 本章の概要，五大管理

　施工計画には，契約後（受注後）から着工前の期間に行う計画，着工後に現場の状況に応じて行う計画の二段階がある。一般には前者を指す。着工前の施工計画は，主に基本工程表（全体工程表），総合仮設（次章図4−1参照），施工方法等を検討，計画を立案し「施工計画書」として取りまとめ，監理者に提出する。このため，設計図書の理解，関係法令との照査，周辺環境や立地条件の調査，労働力状況（職人の手配）の調査，市場動向（材料費や供給状況）の調査等が必要になる。

　ここで施工管理は，品質管理（Quality），原価管理（Cost），工程管理（Delivery），安全管理（Safety），環境管理（Environment）に関する業務が大半である（＝大別できる）ことから，これらを**五大管理**（QCDSE）という。よって施工計画・施工管理は，品質，原価，工程，安全，環境に沿って行う。本章は，施工計画の立案，五大管理の要点について解説する。なお五大管理は，かつて四大管理（QCDS）といわれていたが，環境管理の業務が多くを占めるようになり，最近では五大管理といわれる。

注）法令に関する内容では，「専門工事業者」または「協力業者」を「下請け」，「下請」と記している。

3.2 施工計画の立案

3.2.1 各段階の準備および業務

　施工計画に関する業務の流れは，以下①〜④のようになる。①では，総合仮設計画，全体工程表を作成し施工計画を立案する。②〜④では，各種工事の進捗や材料・人員等の条件を踏まえて修正し，施工図の作成とあわせて詳細なものとする。これらは後述する工程表とも整合する。積算段階で設計図書や現場調査をもとに，かなりの部分は検討されているが，VE[注]やCR[注]，重機の選定，業者の選定，仮設計画等，実際に行う作業計画を立てる。なお長期的で大きなプロジェクトを除き，積算段階と契約後の違いは，現場に配属される監督者が参加することである。

①着工前：周辺道路，近隣（住宅や学校等），隣接建物等の調査→搬入路，出入口，重機，仮設計画
　　　　　道路埋設物，土質等の調査→山留め計画，排水計画
　　　　　管理組織の構築，各種届出と申請の開始→安全管理体制

その他→現場事務所の準備，工場製作物の開始
②山留め〜基礎工事：土質等の調査（①の利用）→工期の設定，施工順序，週間工程等
③躯体工事：人員，材料供給の調査→工事別工期の確認と見直し，週間工程等
④仕上工事：③に加えて，関連作業との調整等

注）VE：Value Engineering の略．設計時 VE，入札時 VE，契約後 VE，施工時 VE がある．各段階で品質を確保し，ライフサイクルを視野にコスト（工事費を含む）を縮減させるための検討，あるいは同じ工事費でより高品質化，高耐久化等を行うことをいう
CR：Cost Review の略．共通化，工程，工数，材料費等だけでなく，全体的な施工コスト削減を含めて工事原価を下げることを目的に，調査，分析，提案を行うことをいう

3.2.2 施工図

契約時の設計図のみでは建物は施工できない．施工図は，設計図をもとに各部の取合いや施工手順等を検討して作成する工事種類ごとの詳細な設計図のことで，直接工事に携わる者（現場監督や職人）が作業するために必要となる．枚数は設計図の数倍から数十倍にも及ぶ．

3.2.3 BIM（Building Information Modeling）

近年著しく進化している建築プロジェクトにおける情報化技術である．意匠設計，構造設計，設備設計，生産設計（施工図等），維持管理において，ひとつのデータを共有できること，3D画像により各部の取合いを確認できることなどから，省力化，時間短縮，コスト，正確性の向上が図れる．

3.2.4 施工計画立案におけるその他の注意事項

施工計画立案にあたっては，以下のような具体的事項（主なもの）を検討する．
- 隣地・道路境界線の確認は，建築主，設計者，施工管理者，道路管理者，隣地主の立会いのもとに行う
- 受電容量の算定にあたっては，溶接機の同時使用率を照明の同時使用率より小さく見込む
- 工事別施工計画書は，当該工事着手前に総合施工計画書に基づき定め，施工要領書を含む
- 仮設工事，土工事等は，一般に，施工者の施工計画により施工費の差が生じやすい
- コンクリートポンプは，配管，単位時間当たりの圧送量に基づき負荷を算定して機種選定する
- 鉄骨工作図の作成は，施工方法，細部の納まり，梁貫通スリーブ等の検討・調整を行った上で，監理者の承認を受ける
- ALCパネル工事の工程計画の作成において，受け材，補強金物，割付け等の検討は，鉄骨図の監理者による承認の前に行う．鉄骨造高層建築物におけるカーテンウォール工事の計画は，鉄骨工事の計画とともに，工事着工後速やかに検討を開始する

3.3 現場管理の基礎　PDCAサイクル（図3－1）

PDCAサイクルとは，事業活動（建築施工では現場の業務）を計画（Plan），実行（Do），評価（Check），改善（Act）の4段階で繰り返すもので，考案者名から**デミングサークル**ともいう（図3－1）。広く用いられるマネジメント手法で，QCDSEのいずれにおいてもPDCAサイクルを用いた管理が有効である。また，1回（1サイクル）で終えることなく，2回目，3回目と繰り返す，つまりActを次回のPlanに反映させることにより，継続的に質を向上させることがポイントである。定義を以下に記す。

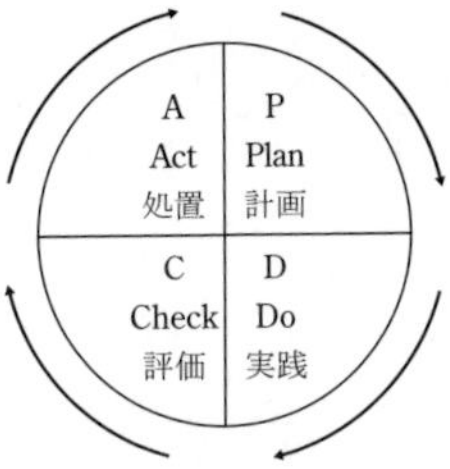

図3－1　PDCAサイクル

- 計画（Plan）：作業前に目標と実施計画を立てる→施工計画
- 実行（Do）：計画に基づいてその通りに作業を実施する→実際の工事
- 評価（Check）：作業および品質（結果）が計画通りであるかを評価する→日常検査，法定検査
- 改善，処置（Act, Action）：計画通りでないところに適切な処置をとる→＋次回の計画に反映

3.4　品質管理（Q：Quality）

品質管理とは，設計図や仕様書との差がないように工事を管理する業務で，品質計画で設けた目標を管理項目，施工方法等にしたがって行う。品質管理の代表的な手法に「**QC七つ道具**」があり，管理技術の基本である。QC七つ道具とは，「パレート図」，「特性要因図」，「グラフ（管理図を含む）」，「チェックシート」，「ヒストグラム」，「散布図」，「層別」のことをいう。

3.4.1　品質管理の手法（QC七つ道具）

(1) パレート図（図3－2）

一般には，生産過程で発生する製品や部材などの不良やクレーム等，品質に関する量やコスト等のデータを，内容や原因別に分類して多い順に並べて示すもので，問題点や重点的に対策を施すべきところを見出すのに有効である。建築工事では，施工不良，事故原因，劣化事例等を対象として，調査・分析を企業独自で行う他，公的機関等から資料として公表されることもある。

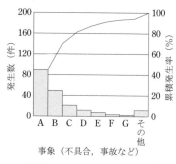

図3－2　パレート図の例

(2)　特性要因図（図3－3）

　ある問題（予想される不具合，リスク，劣化現象等）に影響すると考えられる要因に対して，人（Man），機械（Machine），材料（Material），方法（Method）の4Mを基本に，工事に影響するその他の要因，例えば気象条件や規模等を加えて，これら要因と問題との関係を系統的に表した図である。図の形状から「魚骨図」，「魚の骨」ともいう。工事に先立ち作成しておくことで，注意すべき要因を把握し，問題の発生を防止することができる。結果の分析に用いられることもある。

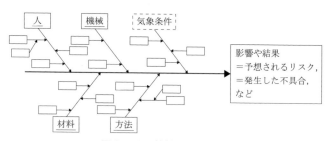

図3－3　特性要因図の例

(3)　管理図（図3－4）

　日々の作業や品質が適切に管理されているかを判断するために用いる。日，週といった時間的な経過（時間単位の頻度），あるいは1回目，2回目といったロット単位で実施した試験の経過を横軸にとる。結果をプロットし，あらかじめ定めた管理基準の上方管理限界（UCL）と下方管理限界（LCL）の範囲内に収まっているかを判断する。結果が範囲外となった場合など，何らかの異常が発生したことがわかる。また，1回のサンプル（図中 $n=5$）の最大値と最小値の差（R）の推移を記録し，ばらつきの管理を行うこともある。両方をあわせて行うことが多く，$\bar{X}-R$ 管理図という。

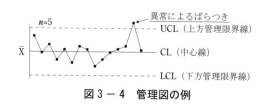

図3－4　管理図の例

3.3　現場管理の基礎　PDCAサイクル（図3－1）

(4)　チェックシート

　施工誤差，製造誤差，不具合箇所等の管理項目に応じて，あらかじめ書式を定めて準備したデータを記録する媒体（データシート）である。この結果をもとにパレート図やヒストグラムを用いて，施工精度を確認したり，不具合が生じた場合の原因を特定したりする。

(5)　ヒストグラム（図3－5）

　一般には，製品品質の分布状態や，工程の安定状態，規格との関係をみるなどの目的で，測定したデータを棒グラフとして表し，そのバラツキをみるための図である。建築工事では，納入製品の管理（工場で行う）の他，一例として施工精度の調査があり，結果の分析に用いて，管理状態，施工の良否を判断する。

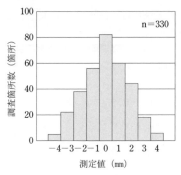

図3－5　ヒストグラムの例

(6)　散布図（図3－6）

　2つのデータの相関性（関係性）を検討し，関係の有無や強さを判断する。一般には要因（原因）となる変数を横軸に，それに対応する結果（値）を縦軸にプロットする。左2つのグラフのように，ほぼ直線上にあれば，「強い正（負）の相関」，右のグラフのようにプロットが散在すれば，「無相関」といい，関係性が一目でわかる。

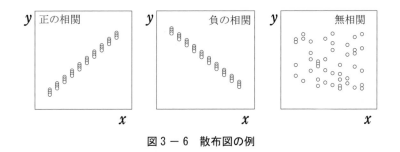

図3－6　散布図の例

(7)　層別

　データの特性をいくつかの要因別のグループに分けることをいう。例えば，同一工事（作業）を複数の業者で行った場合，結果のばらつきを全体で把握するだけでなく，業者別に分けて整理し直し（これを層別という），パレート図やヒストグラムで表し，それぞれの特徴を把握し品質管理に反映する。

3.4.2 品質管理におけるその他の注意事項

品質管理は，適宜上記管理手法を利用する他，以下のような考え方に基づいて行う。
・品質計画には，目標とする品質，品質管理の実施方法および管理体制等を具体的に記入する
・試験や検査に重点をおくより，作業そのものを適切に実施するプロセス管理に重点をおく
・検査に伴う試験は，設計図書に定められた品質等を試験によらなければ証明できない場合に行う
・全ての作業に対して同じレベルで管理を行うことはせず，目標レベルに見合った管理を行う
・施工要領書や作業標準どおりに行われているかを，施工管理工程表などでチェックし評価する
・不具合（＝欠陥）が生じた場合，直ちにその原因を調査し，適切な是正処置や再発防止を行う
・施工に伴い検査した結果は，記録を作成し，次の計画や設計にフィードバックする

3.5　原価管理（C：Cost）

予算の計画・執行は業務の大きなウエイトを占め，現場の損益に影響する。また，後述する実行予算から出来高曲線を作成，総合工程表に併記することが多く，工程管理とともに予算執行の確認を行うことができる。

3.5.1　工事費の構成

図3－7は，見積書作成時の工事費の構成である。工事原価以下が現場での実費にあたる。直接工事費が建物の工事費用で，共通仮設費は，現場事務所，敷地周囲の仮囲い等の費用，現場管理費は，施工図作成費，事務用品代，社員の人件費等で構成される。なお，工事原価に一般管理費（諸経費等）を加えて工事価格が決まる。ただし，下請業者の一般管理費（諸経費等）は，直接工事費に含まれる。

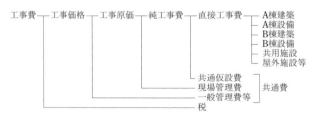

図3－7　工事費の構成

3.5.2　実行予算

　実行予算とは，請負金額ではなく，積算段階での工事原価に相当し，受注後にVEやCRを行い，工法，下請業者等を決定し，施工計画を立案した上で作成される，いわば工事のための実質的な予算である。現場で建物を完成させるために必要な工事総額の目標ともいえ，原価管理は実行予算にしたがって行う。構成は見積書にほぼ等しいが，合理化が図られるため，一般に価格は低くなるが，現場の状況や相場の変動から高くなる場合もある。実行予算および原価管理が工事の損益に大きく影響するため，工事が始まると，工事（主に労務費），重機類の設置，仮設を計画的に行うことで無駄を最小限にし，材料調達は，集中して行うことにより工事原価を引き下げることが可能になる。

3.6　工程管理（D : Delivery）

　工程管理とは，主に現場の進捗状況を把握することで，工程表（予定）と工事の進捗（結果）との時間差を管理するともいえる。

3.6.1　工程計画の注意事項

　建築工事は一品生産であるため，生産プロセスでの様々な条件が対象建築物ごとに異なる。このため次のような点に注意し，工程計画を立案，工程表を作成し進捗を管理する。
・全体を通して，気候・風土等の影響，検査の時期・期間，仮設物の設置期間等を考慮し，これらに対する余裕を考慮する。また，材料の準備期間，工場での製作期間，現場への搬入時期を考慮する
・基本工程表には，監理者の検査，承認等の日程を記入する
・土工事，地業工事，基礎工事は天候に左右されやすく，地下の埋設物や地下水等の影響による工程の変動が多い。他の工事に比べて予定が狂いやすいので十分な余裕を見込む
・躯体工事（型枠，鉄筋，コンクリート工事）は，作業員や材料の手配が良ければ計画的に進行できる。ただし，屋外工事であるため天候に左右され，コンクリートの打設方法や打設機械，高層・低層によっても異なる。労働力（作業員の手配）の季節変動は見込むが，工程に余裕を見込む必要はない。型枠，鉄筋組立て，コンクリート打設・養生期間等を考慮し，一般に1階あたり15〜20日間と見積もる。なお，冬季の施工はなるべく避ける
・鉄骨工事は，建方の方法，重機（クレーン等），部材数，部材重量により日数が決まる。接合方法や建入れ直し等も考慮しておく
・防水工事は，最上階コンクリートの型枠脱型後，下地の乾燥状態をみてなるべく早く施工する
・仕上工事は，種類や関連作業が多く，防水，塗装，左官工事等は施工期間と養生期間を考慮し，十分な工期を見込む。設備工事とも関連するため工期の短縮は難しい。工期を短縮するためには，異

なる工種（工事）を重複して作業を進めることも有効な手段である。サッシ・ガラス工事は，壁の内外の仕上区分をつける（雨水の浸入を防ぐ）ので，内部の仕上工事を進めるためには，防水工事と同じく，なるべく早くサッシを建込む
・検査後の手直し（駄目工事ともいう）やクリーニングに7～15日程度見込む

3.6.2 工程管理の手法

工程管理では工程表の作成が最初の作業となる。工程表は，上記要点をもとに以下の「棒線工程表（バーチャート）」，「ネットワーク工程表」が一般に用いられる。いずれも必要に応じて，全工期，週間，二週間，月間の工程表等を作成する。

(1) 棒線工程表（図3－8）

棒線工程表は簡単で見やすいことから総合工程表としてよく用いられる。横軸に年月日（工期），縦軸に工事種類を記し，各工事の開始日から終了日までを棒線で表し，作業期間や大凡の前後関係を把握する。ただし，作業の相互関係や多層階にわたる作業の前後関係，各種工事の正確な工期（期間は記載される）は表現しにくい。

(2) ネットワーク工程表[3]

工事などの企画（Project）の手順計画を矢線図（アローダイヤグラム）で表し，作業時間を中心として，計画の評価，調整および進度管理を行う手法でPERT（Program Evaluation and Review Technique）ともいう。なお，手順計画を矢線図で表し，各作業の直線で近似し，線形計画法を用いて費用最小の日程計画を求める手法をCPM（Critical Path Method）という。言い換えれば，矢線図は必要な作業の相互関係を結合点と矢線を用いて図示する手順計画図のことである。**表3－1**はネットワーク用語，**図3－9**はアロー型ネットワークの例である。

図3－8は，結合点の時刻，作業の時刻を併記している。以下のような相互関係がある。
・ETは，結合点より前の作業（先行作業）の日数を順に「合計した最大」となる。最早というのは，各作業の必要時間を決めているため，前の作業が終了して，始めて次の作業（後続作業）に着手できるからである。また，ETは後続作業のESTと同じで，最後のETは工期に等しい

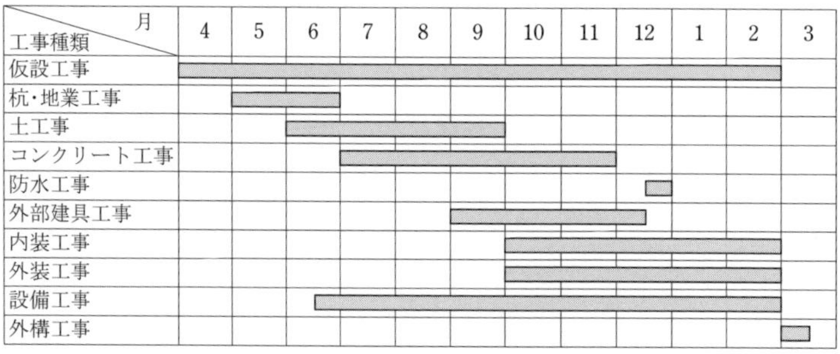

図3－8 棒線工程表の例

3.6 工程管理（D：Delivery）

表 3 − 1　ネットワーク用語[3]

アクティビティ	各作業のこと。矢線で表し，各作業に必要な時間（＝所要日数：D（Duration の略））を矢線の下に記す。矢線の長さと作業時間は無関係
ダミー	実際の作業はなく作業順序の関係のみを示す。破線矢印で示す
パス（経路）	矢線図の視点と終点を矢線の方向に結ぶ道順のこと。つまり，ネットワークの中で2つ以上の作業の連なりをいう
クリティカルパス（CP）	全ての経路（パス）のうち，長さがもっとも長い（日数がもっともかかる）経路のこと。つまり，数ある経路のうち，全く余裕（フロート）のない経路のことで，工期はこの長さで決まる
結合点	矢線図を結びつける点のこと。イベント又はノードといい，○印で表す
結合点時刻（ET，LT）	結合点に到達する時刻のことで，最早結合点時刻（ET）と最遅結合点時刻（LT）がある
最早開始時刻（EST）	作業を始めうるもっとも早い時刻のこと
最遅開始時刻（LST）	工期に影響することなく，作業の着手を遅らせうる限界の時刻のこと
最早終了時刻（EFT）	作業が最早開始時刻で着手された場合の終了時刻のこと。EST ＋ D
最遅終了時刻（LFT）	作業が最遅開始時刻で着手された場合の終了時刻のこと。EFT ＋ D
トータルフロート（TF）	クリティカルパスからみて，その作業のもつ最大の余裕時間のことで，これを超えるとプロジェクトの工期に遅れを生ずる
フリーフロート（FF）	後続作業に全く影響しない余裕時間のこと
ディペンデントフロート（DF）	後続作業には影響するがプロジェクトの工期には影響しない余裕時間のことで，DF ＝ TF − FF の関係が成り立つ

- LTは，工期に影響することなく，各結合点が許されるもっとも遅い時刻である。後のETから後続作業の作業時間を引いた値となる。これは，先行作業のLFTと同じになる
- ESTは，前の結合点のETと同じで，TFはこれに作業時間を足しても後続作業に影響せずにできる余裕時間である（＝後続のESTとETが変わらない）。LSTは，後続のETから作業日数を引いて得られる。また，後続のETから当該作業のLSTと作業日数を引いた値がFFとなる
- TF ＝ 0 の作業をつないだ経路がクリティカルパスとなる（結合点ではET=LTとなる）。TF ＝ 0 ならば，他のフロートも0となる

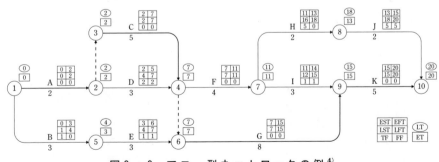

図 3 − 9　アロー型ネットワークの例[4]

3.6.3　工程計画で用いるその他の手法

作業に必要な日数（所要日数）を検討する段階で行う作業に，「**山積み**」，「**山崩し**」があり，工程管理は「**S字曲線**」が進捗の目安となる。また，複層階の作業を効率的に行うことを検討する手法に「**タクト手法**」（タクト工程ともいう）がある。

(1)　山積み

人員，部品，材料，工事用機械等の必要数量を工事種類ごと，作業日ごとに集計する作業をいう。

(2)　山崩し

山積によって生じる凸凹を各作業の持つ余裕時間を利用して均一化し，人員，部品，材料，工事用機械等が，作業期間中一定になるように検討する作業をいう。

(3)　S字曲線

工程表に着工から竣工までの実行予算の割合を併記し，各作業の完了時に執行金額をプロットすることで，実行予算とのズレから進捗を管理する。形状がS字状であることからS字曲線といわれる。本来は統計学的用語で多くの分野で用いられている。

(4)　タクト手法

集合住宅，事務所ビルのように同じ作業を複数階で行う場合に有効な工程計画の手法である。**図3－10**のように，一定の作業期間を定め，作業場所，時間を分配することで効率化を図る。一部の作業で設定期間が短い場合，当該作業の作業期間を2倍または3倍に設定する。

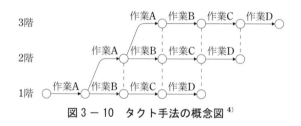

図3－10　タクト手法の概念図[4]

3.7　安全管理（S：Safety）

安全管理は，現場従事者の安全および健康の確保（労働災害の防止），並びに現場周辺での工事関係者以外の事故の防止（公衆災害の防止）を目的として，仮設や工法を計画し実施する。現場は危険作業が多く，複数の事業者が混在するため，安全管理体制を整え日常的に災害防止活動を行う。

3.7 安全管理（S：Safety）

3.7.1 労働災害

安衛法によると，「労働者の就業に係る建設物，設備，原材料，ガス，蒸気，粉じん等により，又は作業行動その他業務に起因して，労働者が負傷し，疾病にかかり，又死亡することをいう」と定義され，業務上疾病つまり職業病も含まれる。労働者の業務上又は通勤途上の負傷・疾病・障害・死亡と要約できる。

(1) 労働災害の発生状況

表3－2は，業種別の労働災害発生状況を示したもので，死亡災害および死亡災害を含む休業4日以上の死傷災害の発生件数並びに構成比である。全産業の就業者数が約6,376万人で建設業は約500万人である。建設業の就業者が全体に占める割合は約8％であることから，死亡災害，死傷災害いずれも他の産業に比べて発生率が高いことを表している。

表3－2 業種別労働災害発生状況（平成27年）

業　種	死亡災害 発生数（件）	死亡災害 構成比（％）	死傷災害 発生数（件）	死傷災害 構成比（％）
建設業	327	33.6	15,584	13.4
製造業	160	16.5	26,391	22.7
鉱業	10	1.0	209	0.2
交通運輸事業	22	2.3	3,256	2.8
陸上貨物運送事業	125	12.9	13,885	11.9
港湾運送業	8	0.8	284	0.2
林業	38	3.9	1,619	1.4
農業，畜産・水産業	34	3.5	2,775	2.4
第三次産業	248	25.5	52,308	45.0
計（全産業）	972	100.0	116,311	100.0

(2) 労働災害に関連する用語

労働災害の発生状況を評価する際，単純な被災者数以外に，確率論的な考え方にもとづいて計算した，**年千人率**，**度数率**，**強度率**といった指標を用いることがある。

①年千人率

年千人率は，1年間の労働者1,000人あたりに発生した死傷者数の割合を示すもので，下式で得られる。死傷災害（死亡災害を含む休業4日以上の災害）の年千人率がよく用いられる。

$$年千人率 = \frac{1年間の死傷災害発生件数}{1年間の平均労働者数} \times 1,000 \quad （人／千人）$$

②度数率

100万延べ労働時間当たりの労働災害による死傷者数により，労働災害の発生頻度を表すもので，統計をとった期間中に発生した労働災害による死傷者数と全労働者延労働時間数から得られる。

$$度数率 = \frac{死傷者数}{延べ労働時間数} \times 1,000,000 \quad （人／100万時間）$$

③強度率

1,000 延べ労働時間あたりの労働損失日数により，災害の重さや影響の程度を表すもので，統計をとった期間中に発生した労働災害による労働損失日数と同じ期間中の全労働者の延労働時間数から得られる。労働損失日数は次の基準による。死亡（7,500 日），永久全労働不能（身体障害等級 1〜3 級の日数（7,500 日）），一部労働不能（身体障害等級 4〜14 級の日数（級に応じて 50〜5,500 日））。

$$強度率 = \frac{労働損失日数}{延べ労働時間} \times 1,000 \quad (日／1000 時間)$$

3.7.2 安全管理体制[5]

建設業（元請）は，安衛法で**「特定元方事業者」**に該当し，他の産業（事業者）と異なる管理体制が要求される。つまり建設現場では，元請（受注者）と下請（協力業者）による重層構造（混在作業）になるため，所属企業と現場で異なった安全管理体制を構築する。**図 3−11** は所属企業と現場の安全管理体制の違いである。現場の安全管理体制は，同図右側が該当する。規模の大小によらず，全ての現場で元請と下請が参加する「**災害防止協議会**」を設け，労働者の数（平均的な 1 日の数）に応じて安全管理体制を組織する。左側は現場ではなく所属企業の体制である。例えば，現場で働く者は，ある現場ではその現場の安全管理組織に属し，離れれば次の現場の組織，あるいはそれぞれの所属企業の組織に属する。**表 3−3** に関連用語を整理する。

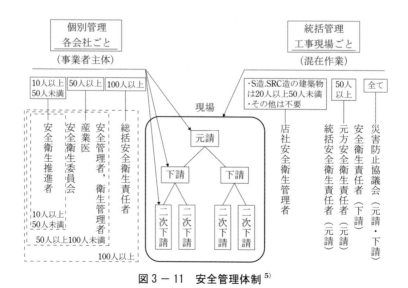

図 3−11　安全管理体制[5]

3.7 安全管理（S：Safety）

表3－3 安全管理体制に関する用語

事業場	主として場所的観念（同一の場所か離れた場所かということ）によって決定され，分散しているものは原則として別の事業場とされる。つまり，本社，支社，各現場は別の事業場と考え，安全管理体制は事業場ごとに整備する
事業者	事業を行うもの。一般にいう企業（会社）や公共団体（役所等）も含まれる
元方事業者	ひとつの場所で行う事業でその一部を請負人に行わせている者（企業）のことをいう
特定元方事業者	危険作業が多く特別な安全衛生管理が求められる元方事業者（企業）を特定元方事業者という。建設業および造船業（特定事業ともいう）が対象となる
統括安全衛生責任者 （現場）	労働者が常時50人以上の事業場において選任する。元方安全衛生管理者の指揮を行う
元方安全衛生管理者 （現場）	統括安全衛生責任者の選任を必要とする事業場において選任する。統括安全衛生責任者の補助的な立場にあり，主に技術的事項を管理する
安全衛生責任者 （現場）	統括安全衛生責任者を選任すべき事業者以外，つまり下請から選任する。統括安全衛生責任者との連絡，その他関係者への連絡を行う
店社安全衛生管理者 （元請企業）	統括安全衛生管理者を要しない小規模な現場における安全衛生管理指導支援する者で，現場には常駐せず店社（本社や支社のことをいう）において選任する
総括安全衛生責任者 （全産業）	建設業の場合，常時100人以上の労働者を使用する事業場ごとに選任する。安全管理者，衛生管理者または救護に関する技術的事項を管理する者を指揮し，安全衛生に関する業務の統括管理を行う。現場ではなく各企業の組織
安全管理者，衛生管理者 （全産業）	常時50人以上の労働者を使用する事業場において選任する。安全管理者は，建物，設備，作業場所または作業方法に危険がある場合の応急措置，安全装置，保護具その他危険防止のための設備・器具の定期的点検その他，労働者の安全確保に関する業務を行う。衛生管理者は，労働者の安全と健康の確保，快適な職場環境の形成等に関する業務を行う
産業医 （全産業）	常時50人以上の労働者を使用する事業場において選任し，労働者の健康管理を行う。また，少なくとも月1回作業場等を巡視しなければならない
安全衛生推進者 （全産業）	安全管理者・衛生管理者の選任を要しない中小規模の事業場において選任する。総括安全衛生管理者が総括管理することとされている業務を行う
安全委員会，衛生委員会 （全産業）	常時50人以上の労働者を使用する事業場に設置する。またそれぞれに代えて安全衛生委員会を設置することができる。安全衛生委員会は月1回開催する

3.7.3 職長・作業指揮者・作業主任者の選任

安衛法により，表3－4に示す一定の作業は，「**作業主任者**」の選任が義務付けられる。「免許を受けた者または技能講習を修了した者」から選任し，労働者の指揮等を行わせる。また，作業主任者の氏名および行わせる事項を作業場の見やすい箇所に掲示する等により関係労働者に周知する。なお，作業主任者の他，「**職長**」，「**作業指揮者**」を選任することも求められており，以下に相違点を整理する。

- 作業主任者：労働災害を防止するための管理を必要とする作業で，政令で定めるものについて，労働者の指揮その他を行う。「作業主任者技能講習修了者」から選任する
- 作業指揮者：特定の作業を行うときは，当該作業の指揮者を定め，その者が作業指揮を行う。資格等はないが，知識・経験の豊富な者から選任する。作業主任者を選任すべき作業では全て，作業主任者が作業指揮を行う
- 職長：事業場における自社の作業全体について，労働者を直接指導・監督する。「職長教育修了者」から選任する

表3－4　作業主任者を選任しなければならない作業（建築工事関連）

高圧室内作業主任者	高圧室内作業（潜函工法その他の圧気工法で行われる高圧室内作業）
ガス溶接作業主任者	アセチレンまたはガス集合装置を用いて行う溶接等の作業
地山の掘削作業主任者[※1]	掘削面の高さが2m以上となる地山の掘削作業
土止め支保工作業主任者[※1]	土止め（山留め）支保工の切ばりまたは腹起こしの取付けまたは取外しの作業
足場の組立て等作業主任者	吊り足場，張り出し足場または高さが5m以上の構造の足場の組立て，解体，変更の作業（ゴンドラの吊り足場を除く）
型枠支保工の組立て等作業主任者	型枠支保工の組立てまたは解体の作業。
建築物等の鉄骨の組立て等作業主任者	高さ5m以上の建築物の骨組みまたは塔であって，金属製の部材により構成されるものの組立て，解体または変更の作業
木造建築物の組立て等作業主任者	軒の高さが5メートル以上の木造建築物の構造部材の組立て又はこれに伴う屋根下地若しくは外壁下地の取付けの作業
コンクリート破砕器作業主任者	コンクリート破砕器を用いて行う破砕の作業
コンクリート造の工作物の解体等作業主任者	高さ5m以上のコンクリート造の工作物の解体または破壊の作業
石綿作業主任者	石綿及び石綿を含有（0.1%超）する製剤等を製造し，又は取り扱う作業
作業指揮者	足場，クレーン，移動式クレーン，建設用リフト，車両系建設機械，コンクリートポンプ車，杭打ち機，ボーリングマシン，高所作業車を用いる作業等

※1 技能講習は，「地山の掘削及び土止め支保工作業主任者」で統一されている

具体例） コンクリートの打込みでは，「鳶・土工事業」の許可を受けた業者が行うことが多い。ここで，コンクリートの打込みと足場の組立の両方を同一下請業者が行う場合，職長がコンクリート打込みと足場の組立の両方を指導・監督する。ただし，足場の組立・解体作業において，高さ5m未満の場合には作業指揮者，高さ5m以上の場合には作業主任者を選任する必要があり，作業主任者は，作業指揮者を兼ねることができる。作業主任者と職長では資格が異なるため，どちらかの資格のみで兼ねることはできないが，両方の資格を持った人は兼ねることができる

3.7 安全管理（S：Safety）

3.7.4 建設業労働安全衛生マネジメントシステム（COHSMS：Construction Occupational Health and Safety Management System）

厚生労働省が公表した「労働安全衛生マネジメントシステムに関する指針」を受けて，建設業労働災害防止協会（建災防）が作成した，建設業の労働安全衛生マネジメントシステム構築のためのガイドラインで，COHSMS（コスモス）は略称である。表3－5は，建災防が公表しているCOHSMSの概要である。労働安全衛生に関するマネジメントシステムには後述するOHSAS18000Sがあるが，国内で業務を行う建設会社ではCOHSMOSの認定を受けることが一般的である。

表3－5　建設業労働安全マネジメントシステムの概要[6]

労働安全衛生マネジメントシステムは，経営管理の一環として組織的・体系的に行う安全衛生管理の仕組み（システム）であり，システムを事業者自らが構築し，確実にかつ効率的に安全衛生管理活動を行うことにより"事業に潜在する災害要因の除去・低減"，"労働者の健康増進と快適職場の形成の促進"及び"企業の安全衛生水準の向上"を図ろうとするものです。
この労働安全衛生マネジメントシステムを構築するための指針として，厚生労働省が平成11年4月に「労働安全衛生マネジメントシステムに関する指針」（告示第53号）を公表いたしました。
建災防は，この厚生労働省の指針に基づいて，建設工事が有期であり，店社と作業所が一体となって災害防止に取り組んでいるという建設業の特性を考慮して「建設業労働安全衛生マネジメントシステムガイドライン」（コスモスガイドライン）を平成11年11月に開発（平成18年6月改正）するとともに，建設企業にこのコスモスガイドラインを普及することにより，個々の建設企業はもとより，建設業界の安全衛生水準の向上を図るために次のような事業を展開しています。
「コスモス」は，"建設業労働安全衛生マネジメントシステム"の英語表記の頭文字である「COHSMS」を"コスモス"と称したものです。

3.7.5 公衆災害の防止

公衆災害（第三者災害）の防止に関しては，平成5年に国土交通省（当時建設省）から「建設工事公衆災害防止対策要綱（建築工事編）」が公表され，一般事項から各種工事の注意点まで，安全上の要点が示されている。表3－6に総則の一部を引用して記す[7]。これによれば，施工者（受注者）だけでなく発注者にも「工期」，「災害防止対策経費」を求めている。大部は，第四章「仮設工事」の目的と重複するが，「仮設工事」には含まれない注意点に以下のようなものがある。

・工事により一時的に道路の車線が1車線となる場合は，車道幅員は3m以上，2車線となる場合は5.5m以上とする
・歩行者対策として，一般の場合には，車道とは別に幅0.75m以上の歩行者用通路を確保する。特に歩行者の多い箇所においては，車道とは別に幅1.5m以上の歩行者用通路を確保する
・仮囲いに設ける出入口の扉は，引戸とし，工事に必要がない限りこれを閉鎖しておく
・工事現場内に公衆を通行させるために設ける歩行者用仮設通路は，幅1.5m有効高さ2.1mとする

- 隣接輻輳して建築工事が他業者により施工されている場合，施工者間の連絡調整を行う
- 建設機械の使用に際し，機械類が転倒しないように，地盤の水平度，支持耐力の調整等を行う
- 地盤アンカーの施工では，アンカーの先端が敷地境界外に出る場合，隣地所有者の許可を得る
- 地下水の排水にあたって，排水方法および排水経路を確認し下水道および河川の管理者に届け出る

表3－6　建設工事公衆災害防止対策要綱（建築工事編）抜粋[7]

第1章　総則
（目的）
第1　この要綱は，建築工事の施工に当たって，当該工事の関係者以外の第三者（以下「公衆」という。）の生命，身体及び財産に関する危害並びに迷惑（以下「公衆災害」という。）を防止するために必要な計画，設計及び施工の基準を示し，もって建築工事の安全な施工の確保に寄与することを目的とする。
（適用）
第2　この要綱は，建築物の建築，修繕，模様替又は除却のために必要な工事（以下「建築工事」という。）に適用する。
2　発注者（発注者の委託を受けて業務を行う設計者及び工事監理者を含む。以下同じ。）及び施工者は，建築工事に当たって，公衆災害を防止するために，この要綱の各項目を遵守しなければならない。ただし，この要綱において発注者が行うこととされている内容について，契約の定めるところにより，施工者が行うことを妨げない。
（工法の選定）
第3　発注者又は施工者は，建築工事の計画，設計及び施工に当たって，公衆災害の防止のために必要な調査を実施し，関係諸法令を遵守して，安全性等を十分検討した有効な工法を選定しなければならない。
（工期）
第4　発注者は，建築工事の工期を決めるに当たっては，この要綱に規定されている事項が十分に守られるように配慮しなければならない。
（公衆災害防止対策経費）
第5　発注者は，建築工事を実施する地域の状況を把握した上，この要綱に基づいて必要となる経費を，工事金額の中に計上しなければならない。
2　施工者は，工事の見積金額を算出するに当たっては，この要綱に基づいて必要となる経費を計上しなければならない。
（現場組織体制）
第6　施工者は，建築工事に先立ち，当該工事に係る立地条件等を十分掌握した上で，工事の内容に応じた適切な人材を配置し，指示系統の明確な現場組織体制を組むとともに，工事関係者に工事の内容や使用機器材の特徴等について周知させるものとする。
2　施工者は，複数の請負関係の下で工事を施工する場合には，特に全体を統轄する組織により，安全施工の実現に努めなければならない。

3.7 安全管理（S：Safety）

3.7.6 安全管理に関するその他の活動・用語

(1) KY（KY活動ともいう）

危険予知活動の略語である。現場の危険箇所を予知・周知することで災害を未然に防ぐ。

(2) TBM（Tool Box Meeting）

ツールボックスミーティングは，全体朝礼の後に，同一業者や関係業者が集まって作業内容等の確認を行うことで，工具箱（ツールボックス）を囲む様子からこのようにいわれる。

(3) ヒヤリハット

事故には至らなくても，危険を感じた事例を報告・記録し災害防止に生かすもので，現場に限らず，所属企業，監督官庁等でも情報の集積，公開を行っている。

3.7.7 安全管理におけるその他の注意事項

一部は第4章「仮設工事」と重複するが，以下のような安全管理上の注意点にも配慮する。

(1) 共通

- 強風（10分間平均風速10m/秒），大雨（1回の降雨量50mm以上），大雪（1回の降雪量25cm以上）などの悪天候時には，屋外作業やクレーンの使用・組立等の作業を中止する。強風，大雨，大雪，中震以上（震度4以上）の地震後には，作業開始前に足場等の点検を行い，異常を認めたときは直ちに補修を行う。中止する作業や点検の対象は安衛則およびクレーン則に定められている
- 化学製品（塗料，接着剤等）がある場合，製造所作成のMSDS（安全データシート）を常備する
- 深さ1.5m以上の根切り工事は，地盤崩壊の恐れがない場合を除き山留めを設ける
- 高さまたは深さが1.5mを超える箇所で作業を行なう場合，安全に昇降するための設備を設ける
- 高さが2m以上の箇所で作業を行なう場合，足場などの作業床，囲いなどを設ける
- スレート，木毛板等で葺かれた屋根上の作業では，踏み抜き防止のため，幅が30cm以上の歩み板を設け防網を張る
- 3m以上の高さから物体を投下する場合は，適当な投下設備を設け，監視人を置くなど労働者の危険を防止するための措置を講ずる

(2) 建設機械

- 車両系建設機械の運転について誘導者を置く場合は，一定の合図を定める
- パワーショベルによる荷の吊り上げ，クラムシェルによる労働者の昇降等，主たる用途以外の用途に使用しない。ただし，作業の性質上やむを得ない場合または安全な作業の遂行上必要な場合で，所定の器具を取付けて使用する場合は適用外となる
- くい打ち機，くい抜き機，クレーン，移動式クレーン等の巻上げ用ワイヤロープは，継目のあるもの，著しい形くずれ，腐食のあるものを使用しない。ワイヤロープの安全係数は6以上とする

- 移動式クレーンでつり上げ荷重が 1t 以上の場合は免許が必要。ただし，1t 以上 5t 未満の場合には，技能講習終了者でもよい。1t 未満の場合は，特別教育が必要。クレーン（タワークレーンを含む）でつり上げ荷重が 5t 以上の場合は免許が必要。5t 未満の場合には，特別教育が必要。建設用リフトの運転の業務には，特別教育が必要
- クレーンまたは移動式クレーンにより労働者を運搬または吊り上げて作業させてはならない。作業の性質上やむを得ない場合で，安全な作業の遂行上必要な場合については，吊り具に専用の搭乗設備を設けた場合に限り乗せることができる。建設用リフトは，修理，調整，点検を行う場合で，労働者に危険を生ずるおそれのない措置を講じたときを除いて，労働者を乗せてはならない。
- 地表または水面から 60m 以上の高さのクレーンには，航空障害灯を設置する
- 日常点検以外にも建設機械の定期自主検査が義務付けられており，記録を 3 年間保存しなければならない。月例点検は，1 カ月以内ごとに行い，特定自主検査は，1 年以内ごと（機種によっては 2 年以内ごと）に行う。特定自主検査対象以外の機種は，1 年以内ごと定期自主検査を行う

3.8 環境管理（E：Environment）

環境管理の主な目的・業務は，作業時に現場周辺の良好で静穏かつ安全な環境を確保すること，並びに作業中に発生する廃棄物（建設副産物）の適正な処理である。

3.8.1 周辺環境の確保

工事中には，重機や作業に伴う騒音，振動の発生，粉じん等の飛散が生じ，これらは，周辺住民や施設利用者（学校，病院等は特に注意を要する）に大きく影響を及ぼす。よって影響をできる限り小さくするため，関係法令にしたがって施工計画を立案し工事を行う。何より着工前に周辺住民等への説明を丁寧に行い，理解を得ることがもっとも重要である。

(1) 騒音規制法，振動規制法関連

くい打機等，建設工事として行われる作業のうち，騒音規制法では著しい騒音を発生する作業であって政令で定める作業を，振動規制法では著しい振動を発生する作業であって政令で定める作業を規制対象としている。例えば騒音規制法では，工場騒音と同様に都道府県知事等が規制地域を指定するとともに，環境大臣が騒音の大きさ，作業時間帯，日数，曜日等の基準が定められており，市町村長が規制対象となる特定建設作業に関し，必要に応じて改善勧告等を行う。

(2) 大気汚染防止法関連

特定建築材料（石綿を飛散させる原因となる建築材料）が使用されている建築物等の解体，改造，補修作業を行う際には，都道府県等への届出，飛散防止対策（作業基準の遵守）が義務付けられている。また，解体等工事の受注者または自主施工者は，解体等を行うときはあらかじめ特定建築材料の

3.8 環境管理（E：Environment）

使用の有無を調査することなどが義務付けられている。特定建築材料には，吹付け石綿，石綿を含有する断熱材，保温材および耐火被覆材（石綿が質量の0.1%を超えて含まれているもの）が該当する。

(3) 電波障害

電波障害防止区域内に高層建築物等（地表から屋上工作物等を含む，地上31メートルを超える建築物等）を建築しようとする場合，工事着工前に高層建築物等の施工地または所在地を管轄する総合通信局に届け出なければならない。

3.8.2 建設副産物

「**建設副産物**」とは，建設工事に伴い副次的に得られた全ての物品であり，「工事現場外に搬出される建設発生土」，「コンクリート塊」，「アスファルト・コンクリート塊」，「建設発生木材」，「建設汚泥」，「紙くず」，「金属くず」，「ガラスくず・コンクリートくず（工作物の新築，改築又は除去に伴って生じたものを除く）および陶器くず」，またはこれらのものが混合した「建設混合廃棄物」等がある。「建設発生材」ともいう。「建設廃棄物」とは，建設副産物のうち廃棄物処理法に規定される廃棄物に該当するものをいい，一般廃棄物と産業廃棄物の両者を含む。「廃棄物の処理及び清掃に関する法律」によれば，「産業廃棄物」とは，事業活動に伴って生じた，燃え殻，汚泥，廃油，廃酸，廃アルカリ，廃プラスチック類その他政令で定める廃棄物で，建設工事では主に，上記工作物の新築，改築又は除去に伴って生じたものが該当する。また「特別管理産業廃棄物」とは，産業廃棄物のうち，爆発性，毒性，感染性その他の人の健康又は生活環境にかかわる被害を生ずるおそれのあるもので，建設工事では，飛散のおそれのある石綿（アスベスト）やポリ塩化ビフェニル（PCB）汚染物などが該当する。産業廃棄物以外の廃棄物（一般廃棄物）には事務所の紙ゴミ等が該当する。以下の点に注意する。建設廃棄物と再生資源，廃棄物は，**表3-7**のように分類される。

- 発生材の抑制，再利用，再生資源化および再生資源の積極的活用に努める
- 設計図書に定められた以外に，発生材の再利用，再生資源化および再生資源の活用を行う場合は，監理者と協議する
- 発生材のうち，発注者に引渡しを要するものまたは現場において再生資源化を図るものと指定された以外のものは全て搬出し，資源の有効な利用の促進に関する法律，廃棄物の処理および清掃に関する法律その他関係法令等に従い適切に処理し，監理者に報告する

表3－7 建設副産物の分類[1]

有価物			スクラップ等 （他人に有償で売却できるもの）
建設発生土			
建設廃棄物[2]	一般廃棄物	特別管理一般廃棄物	
		事務所ゴミ等	
	産業廃棄物	特別管理産業廃棄物	・廃油（引火点70℃未満） ・廃酸（pH2.0以下） ・廃アルカリ（pH12.5以上） ・特定有害産業廃棄 　廃PCB等，廃石綿等，ダイオキシンを含む廃棄物，有害物質を含む廃棄物（六価クロム入り臭化リチウム等）
		特別管理産業廃棄物以外	・汚泥 ・がれき類[(1)][(2)] ・ガラスくず，コンクリートくず（工作物の新築，改築又は除去に伴って生じたものを除く）及び陶器くず[(2)] ・廃プラスチック類[(2)] ・金属くず ・木くず[(1)] ・紙くず ・繊維くず ・廃油 ・ゴムくず ※安定型産業廃棄物（有機物が付着したものなどは除く） ※その他，注意を要する建設廃棄物に，CCA処理木材やせっこうボードがある。
特殊な建設副産物[(4)]			フロン（冷凍機器等），ハロン（消火設備），六フッ化硫黄ガス（ガス絶縁開閉器等），PFOS（泡消火設備），特定化学物質

注）(1) 特定建設資材廃棄物に該当するものがある
　　(2) 石綿含有産業廃棄物（石綿を0.1重量％を超えて含有するもの（廃石綿等を除く））を含む
　　(3) 建設副産物のうち，廃棄物処理法の規定による廃棄物をいう
　　(4) 主に廃棄物処理法以外の法律により規制されている建設副産物

3.8.3 マニフェスト[8]

　排出事業者（元請業者）は，産業廃棄物の運搬または処分を他人に委託する場合には，許可業者との間で「産業廃棄物処理委託契約」を結び，産業廃棄物の引渡しと同時にマニフェストを交付しなければならない。「廃棄物処理法」により，排出事業者，収集運搬業者および処分業者に義務がある。マニフェストとは，産業廃棄物の排出から処理までを適正管理するための「産業廃棄物管理票」のこ

とをいう。産業廃棄物の種類ごとに交付し，処理を委託する際に，種類，数量，形状，委託先収集運搬業者名，委託先処分業者名，最終処分の予定場所等を記入し，産業廃棄物の流れを自ら把握・管理するとともに，適正な処理を確認する。マニフェストには，紙マニフェスト（7枚複写）と電子マニフェストがある。排出事業者は交付したマニフェストの控え（1枚目，A票という）を5年間保存する。

3.9　材料管理

　現場搬入時に用件を満たしているかを判断する検査および施工までの適切な保管が主な業務である。なお，検査には施工検査（品質管理に含む）があり各章で述べる。

3.9.1　材料の検査

(1) 材料検査の要点

　建築基準法第37条に，以下のような「建築材料の品質」に関する規定がある。

建築物の基礎，主要構造部その他安全上，防火上又は衛生上重要である政令で定める部分に使用する木材，鋼材，コンクリートその他の建築材料として国土交通大臣が定めるもの（以下この条において「指定建築材料」という）は，次の各号の一に該当するものでなければならない。
1. その品質が，指定建築材料ごとに国土交通大臣の指定する日本産業規格又は日本農林規格に適合するもの
2. 前号に掲げるもののほか，指定建築材料ごとに国土交通大臣が定める安全上，防火上又は衛生上必要な品質に関する技術的基準に適合するものであることについて国土交通大臣の認定を受けたもの

　よって，上記法令にしたがい，特記や支給品等については，要求を満たしているかを確認する。以下は具体的な注意事項である。

- JISまたはJASによるものは，該当するマークの表示もしくは規格品証明書の添付を確認し，その他のものについても所定の品質が表示されているものの添付を確認する
- 材料の試験および検査は，原則として施工者が行うが，必要に応じて監理者の立会を受ける
- 設計図書にJIS規格品と指定されている材料は，品質表示を確認すれば，試験は省略できる
- 材料，部品は，仮設工事用および特記されたもの以外全て新品とする
- 材料検査の方法には，無試験検査，抜取検査，全数検査等があり，特注品については全数検査，量産品については無試験検査または抜取検査によることが多い
- 数社指定されている材料は，材料が指定のものであれば，選択は請負者にまかされる
- 指定材料等のうち，入手困難なものは，同等以上の代替品を，監理者の承認を受けて使用する
- 品質の指定のない材料は，中等の品質とするが，監理者に相談してもよい
- 支給品とは発注者が施工者に支給する工事用の材料・部材・部品のことで，設計図書に定められた条件を満たしているかどうかの確認は施工者ではなく，支給する発注者側の責任となる

- 支給品はあらかじめ監理者の検査に合格したものとする。品質に疑義があるときは，直ちに監理者に通知し協議する
- 引渡しを受けた支給品は，施工者の責任で適切に保管する

(2) 材料検査の種類と要点

①無試験

規格品証明書や表示により確認できるものや目視により外観検査できるものは無試験でよい。

②全数検査

少数の不良品または欠陥でも重大な結果をもたらすものや特注品等は全数検査が必要となる。

③抜取検査

一般に検査を必要とする対象全体の集まり（検査ロット）から一部分（サンプル）を取り出して，このサンプルを定めた方法（道具，計測器）で検査し，その結果を判定基準と比較して検査ロットの合格，不合格を判断する。抜取検査には次の条件がある。

- 製品がロットとして処理できる
- 合格ロットの中にも，ある程度の不良品の混入を許せること
- 試料の抜取りがランダムにできること
- 品質基準が明確であること
- 計量抜取検査では，ロットの検査単位の特性値の分布がほぼわかっていること

なお，**表3－8**は主な試験項目と試験方法を工種別に簡単に整理したもので，施工計画立案時に期間や費用等を検討する。検査方法の詳細は各章で扱う。

表3－8　工種別の検査と検査方法

鉄筋工事（施工）	外観検査	圧接部のふくらみの形状
	内部欠陥	圧接部の超音波探傷検査・引張試験法
コンクリート工事（製造）	塩化物量	イオン電極法・吸光光度法
	圧縮強度	リバウンドハンマー法（非破壊検査）
	アルカリ骨材反応性	モルタルバー法・化学法
鉄骨工事（製作）	内部欠陥	溶接部の超音波探傷検査
	表面欠陥	溶接部の浸透探傷検査
防水工事（施工）	アスファルトの劣化	針入度試験
塗装工事（施工）	付着力	碁盤目試験
タイル工事（施工）	浮き	打音・赤外線センサー法
	接着力	接着力試験
ガラス工事（製造）	耐衝撃性（合わせガラス）	ショットバック試験
建具工事（製造）	水密性（アルミサッシ）	水の噴霧（脈動圧下）

3.9 材料管理

3.9.2 材料の保管 [4]

材料の発注・納入は，全てを元請が行うものではなく下請業者が行うこともある。ただし，現場での材料の保管は，元請が材料の品質を保ち作業の進行等を考慮して，保管場所，保管期間等を決める。表3－9は各材料の保管方法と注意点である。

表3－9 各種材料の保管方法と注意点 [4]

既製コンクリート杭	・水平な地盤に枕材（枕木など）を敷き，1段に並べ移動しないようにする ・継ぎ杭は溶接部が腐食しないようにする
鉄筋	・土，油などの付着や錆の発生を防ぐため，枕材などを用いて地面に直接置くことは避け，雨露や潮風にさらさないようにする
型枠（せき板）	・直射日光を浴びるとコンクリート表面の硬化不良の原因となるため，室内保管またはシート掛けとする。再使用する場合は，孔や破損箇所を修理し，必要に応じてはく離剤を塗布する
高力ボルト	・未開封状態のまま搬入し，雨露・埃等が付着せず，温度変化の少ない場所に保管する。使用時は，必要な量だけ直前に包装を解く。やむを得ず残ったものは，元のように包装し直す
溶接材料	・被覆剤のはく脱，汚損，吸湿，はなはだしい錆の発生したものは使用しない。湿気を吸収しないよう保管し，吸湿の疑いがあるものは，その種類に応じた条件で乾燥して使用する
外装パネル	・ALCパネルは平積みとし，枕材を使い，原則として1段の高さを1.0m以下とする。総高さは2段（2.0m）以下とし，枕材の位置を揃える ・押出成形セメント板は，水濡れで反りや変形がないように乾燥した場所に置き，積み置き高さは1m以下とする
アスファルト	・屋外保管の場合は，雨露にあたらず土砂等で汚れないようにシート等を掛ける ・袋入りアスファルトは，10段を超えて積まない
アスファルトルーフィング類	・屋内の乾燥した場所に縦置きとする。砂付ストレッチルーフィング等は，ラップ部（張付け時の重ね部分）を上に向けて保管する（ラップ部保護のため2段積みにしてはならない）
シーリング材	・有効期限を確認し高温多湿や凍結温度以下とならず，かつ，直射日光，雨露のあたらない場所に密封して保管する。プライマー及び清掃用洗浄剤については，消防関係法令に基づいて保管する
石材	・材料の材質変化や破損が生じないように保管する。張り石等の運搬は，仕上げ面や角を養生し，取付け場所，取付け順序を考慮して輸送用パレットに積み込んで行う
セメント	・セメントは湿気の害をうけるため，上げ床にするなど防湿に注意し，通風，圧力を避ける。積み重ねは10袋以下とする
ガラス	・乾燥した場所で縦置き，床面との角度は85°とする。倒れを防止するため，柱等の構造躯体にクッション材を当てロープ掛けにより固定する。木箱，パレット，車輪付き台車等で運搬されたガラスはそのまま保管し，移動は極力避ける ・取り付け後，日射吸収の大きいガラス（熱線吸収板ガラス等）では，注意紙や養生方法によっては熱割れを助長するおそれがあるので，その材質・色・大きさや貼付け位置に注意する

建具	・アルミ製建具は，縦置きとし異種金属との接触防止に注意する。木製建具は，障子や襖（ふすま）は縦置き，フラッシュ戸は同寸法ごとに框を揃えて平積みとする
カーテンウォール	・部材が損傷を受けたり，直射日光や雨水で変質したりしないように養生する。強風等により部材が転倒したり飛散したりするおそれのある場合は，ロープ掛けやシート掛け等により養生する ・現場での工数，部材の種類・数量が多い場合は（メタルカーテンウォール等），部材を搬入すると同時に取付け階にまとめて揚重し，所定の位置に配置する。プレキャストコンクリートカーテンウォールは，いったんストックヤードに置き，取付け順序にしたがって揚重する
塗料	・消防法等による危険物に指定されているものが多く，以下のような事項を遵守する。 ①不燃材料で造った独立した平家建とし，周囲の建物から規定された間隔（1.5m）を確保する ②屋根は軽量な不燃材料で葺き天井は設けない。建物内の置場は耐火構造の室を選ぶ ③床には不透明な材料を敷き，十分な換気を図り，消火器や消火砂等を備える ④窓及び出入口には防火設備や戸締りを設けるほか，「塗料置場」，「火気厳禁」の表示を行う ・塗料の付いたウエス（布片）は材料置場に保管しない ・使用途中の材料は密閉保管する。合成樹脂調合ペイント，錆止めペイント，フタル酸樹脂エナメル等の残品や使用後の布片等は，自然発火の可能性が高いため水が入った金属容器に入れる ・合成樹脂エマルションペイントは，直射日光を避け，低温時には凍結しない場所に保管する
ビニル床シート及びビニル床タイル	・ビニル床シートは，乾燥した室内に直射日光を避けて縦置きにする。ビニル床タイルは，乾燥した平たんな床に保管し，箱詰め梱包された材料は10段重ね以下とする
カーペット	・ロールカーペットは，縦置きせず，横に倒して2～3段までの「俵積み」とする ・タイルカーペットは，5～6段積みまでとする
フローリング	・湿気を含むと変形することから，コンクリートの上に置く場合は，シートを敷き角材を置いた上に保管する
壁紙	・直射日光を避け，湿気の多い場所やコンクリートの上に置かないようにし，シート等で養生する。また，横置きにすると重量でくせがつくので縦置きとする
断熱材	・発泡プラスチック系断熱材は，長期間日射を受けると徐々に劣化するので，原則として屋内保管とする。屋外保管とする場合は，シート等で覆い，風で飛散しないようにする。反りやくせ防止のため，平坦な敷台等の上に積み重ねる。水や湿気で断熱性能が徐々に低下するので配慮する
その他	・人工軽量骨材は，吸水性があるのであらかじめ散水（プレウェッチング）または浸水させて十分吸水させたのち使用する ・アセチレンボンベは，直射日光をさけ，通風の良い場所にたてかけ，倒れないように緊結する ・コンクリートブロックは，直接地上に置かないようにし，シートなどを用いて雨がかりを避ける。積上げ高さは1.6m以下とする ・木材は，乾燥させ腐朽しないようにする。通風に注意し野積みを避ける

3.10 施工管理に関連する国際マネジメント規格

ISOとは，International Organization for Standardization（国際標準化機構）の略で，建築材料，試験方法等でも国際共通の規格を定めている他，施工管理に関連する規格に，ISO9000シリーズ「品質マネジメントシステム」，ISO14000シリーズ「環境マネジメントシステム」がある。これらは，具体的な作業方法等を定めているのではなく，品質管理，環境管理を対象に，組織（企業）が目的を達成するためのマネジメントシステムを確立，文書化し，維持すること，有効性を継続的に改善することを求めているもので（つまり審査するための規格），第三者機関が認証する。現在ISO9001-2015（JIS Q9001-2015），ISO14001-2015（JIS Q 14001-2015）が認証の対象である。公共事業の入札条件となる場合がある他，社会的評価の向上にもなるため，多くの企業が認証取得している。また，労働安全衛生に関する国際規格にOHSAS18000sがある。OHSASは，Occupational Health and Safety Assessment Systemの略で，ISO化には至っていないが，構成はISO9000シリーズやISO14000シリーズとほぼ同じである。近くISO 45001（労働安全衛生マネジメントシステム）の発行が予定されている。建設業は，国内のみではあるが前述したCOHSMSの認定を受けるケースが多い。

演習問題

以下の記述のうち，正しいものには○を誤っているものには×をつけなさい。

1. 請負者は，工事の総合的な計画をまとめた総合施工計画書を作成し，設計図書に指定のない仮設物等も含めて，監理者の承認を受ける必要がある。
2. 隣地及び道路境界線の確認は，建築主，設計者，施工管理者，道路管理者の立会いのもとに実施した。
3. 公共建築工事において，工事に関連して発見された文化財その他の埋蔵物の発見者としての権利は，一般に，発注者と請負者が等しい割合で保有する。
4. ネットワーク表示による工程表において，トータルフロートが最小のパスをクリティカルパスといい，これを重点管理することが工程管理上重要である。
5. 建築物の新築工事において，積載荷重1tの本設エレベーターを工事用として仮使用する場合，あらかじめエレベーター設置報告書を労働基準監督署長あてに提出することにより，エレベーターの据付工事完成直後から使用することができる。
6. 道路法による通行の制限を受ける車両を通行させるために，「特殊車両通行許可申請書」を，道路管理者に提出した。
7. 鉄骨の建方を建逃げ方式により行うと計画したため，建方機械は移動式クレーンを採用することとした。

3章 施工計画

8. 特定元方事業者は，元方安全衛生管理者を選任し，その者に労働災害を防止するために講じる措置のうち，技術的事項を管理させなければならない．
9. 枠組足場の組立て又は解体作業において，枠組足場上の作業については，枠組足場の段数が2段目までであれば，満18歳に満たない者でも就業させることができる．
10. 産業廃棄物の処理を委託する場合，廃棄物処理業者は，原則として，廃棄物の量にかかわらず，廃棄物の種類ごと，車両ごとに産業廃棄物管理票（建設系廃棄物マニフェスト）を交付し，廃棄物の最終処分が終了したことを確認する．
11. セメントモルタルによる磁器質タイル張りにおけるタイルの浮きについては，タイル張付け直後に，打診用ハンマーを使用して検査した．
12. 木工事に用いる造作材の工事現場搬入時の含水率は，特記がなければ，20％以下とする．

解答のポイント

1. ×　請負者は，工事の着手に先立ち，総合施工計画書を作成し監理者に提出するが，設計図書に指定のない仮設物等は監理者の承認は不要である．
2. ×　隣地主の立会いが必要である．
3. ×　工事に関連して発見した当該埋蔵物の権利は，法律の定めるところにより，発注者が保有することとされている．
4. ○　通常CPは，TFが最少（通常0）のパス（作業経路）となり，FFやDFで決定しないことに注意．
5. ×　積載荷重1t以上のエレベーターを設置する場合，労働基準監督署長にエレベーター設置届を提出し，工事が終了し次第，落成検査を受けなければならない．
6. ○　特殊車両通行許可申請書」は，警察署長ではなく道路管理者に提出する．
7. ○　「建逃げ」は，一般に，敷地奥から順に手前に施工するため移動式クレーンが適している．
8. ○　問題文の通りで正しい．
9. ×　地上または床上での補助作業を除いて，18歳未満の年少者を，足場の組立，解体，変更の業務に就かせてはならない．
10. ×　廃棄物処理を委託する場合でも，廃棄物処理業者ではなく，元請業者が行う．
11. ×　壁タイル張は，施工後2週間以上経過した時点で，全面にわたり打音検査を行う．
12. ×　木材含水率は特記による．特記なき場合は，構造材では20％以下，造作材では15％以下とする．

3.10 施工管理に関連する国際マネジメント規格

参考文献

1) （一社）公共建築協会：建築工事監理指針，2016.
2) （一社）公共建築協会：建築工事標準仕様書，2016.
3) JIS Z8121「オペレーションズリサーチ用語」，2014.
4) （一財）地域開発研究所：建築施工管理技術テキスト，2014.
5) 福岡建設労務安全研究会：安全ポケットブック，2015.
6) 建設業労働災害防止協会：コスモスについて
   http://www.kensaibou.or.jp/activity/cohsms_top.html
7) 国土交通省関東地方整備局ホームページ：
   http://www.ktr.mlit.go.jp/honkyoku/eizen/koukoku/data/04suijun6/04suijun6_1-02-10.pdf
8) 建設マニフェスト販売センターホームページ：http://mani.gr.jp/index.php
9) ㈱建築資料研究社：1級建築士過去問チャレンジ7，2016.
10) ㈱建築資料研究社：1級建築士分野別厳選問題500＋125，2016.
11) （一財）全日本建築士会：1級建築士受験過程　学科Ⅴ施工，2015.

4章

仮設工事

4.1　概要

　仮設物とは「ある目的のために一時的に設けられる施設など」のことをいい，目的が完了すれば撤去される。建築基準法第85条には仮設建築物に関する規定があり，同条第2項によると，「工事を施工するために現場に設ける事務所，下小屋，材料置場その他これらに類する仮設建築物」が該当し，建築確認申請の手続きや単体規定の一部，集団規定（接道義務など）が緩和され，仮設建築物の許可も不要である。ただし，建築確認の手続きが緩和されているだけであって，建築物は建築基準法によるその他の条文に適合していなければならない。また，これらの建築物は工事期間を超えては存続できない。その他，災害発生時の応急仮設建築物，仮設店舗，選挙事務所なども仮設建築物として同85条に規定がある。

　仮設工事は，安全で効率的な作業，現場周辺の安全確保，近隣の環境保全を目的として，足場などの施設を計画・設置し，撤去するまで業務のことをいう。仮設工事は受注者の責任において履行できるが，上記建築基準法の他，労働安全衛生法（安衛法）や労働安全衛生規則（安衛則）などの法令，（一社）仮設工業会，（一社）日本建築学会の指針類にしたがう。なお一般に，仮設工事にはベンチマーク，遣方，墨出しまで，測量に必要な仮設物および作業を含む。

4.2　仮設計画

　仮設計画に先立ち，敷地境界の確認，既存構造物・埋設物の確認，騒音・振動などの影響調査，排水，交通，植樹などを調査する。これをもとに総合仮設計画を立案する。

　総合仮設計画には以下のような事項を記す[1]（**図4－1**）。
・目的物の位置と敷地との関係
・仮囲いの位置，構造など
・材料の運搬経路及び主な作業動線
・仮設物などの配置
・排水経路，工事用電力などの引込み
・足場，仮設通路の位置，これらの構造および材料
・揚重機の種類および配置

4章　仮設工事

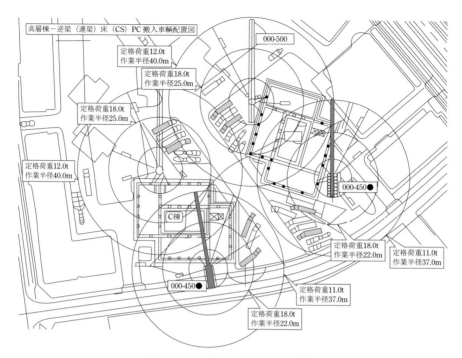

図4−1　総合仮設計画の例[2]

・近隣の安全に対する処置

　仮設計画書は現場に保管し，工事監理者に提示できるようにしておく（承認は不要）。なお，工事のために建物の一部を仮設に使用したり，開口を設けたりすることもできるが，いずれの場合も工事監理者の承認を受ける必要がある。

4.3　仮設物

　仮設物は，例えば**表4−1**，**表4−2**のようにいくつかに分類できる。**表4−1**は，全ての工事に共通して用いられる共通仮設，各種工事を行うために必要な直接仮設である。これらは，積算上の分類とも共通する。**共通仮設**には，**仮囲い**，仮設事務所，工事用電源などがあり，工事を行う上で間接的に必要となる仮設物といえる。**直接仮設**には，足場，乗入れ構台などがあり，これらがなければ工

表4−1　共通仮設と直接仮設

共通仮設	仮囲い，仮設事務所，下小屋，資材・廃材置場，工事用電源など
直接仮設	ベンチマーク，遣方，内外足場，乗入れ構台，揚重設備など

表4−2　重仮設，軽仮設，揚重設備

重仮設	山留め，乗入れ構台など
軽仮設	仮囲い，内外足場など
揚重設備	移動式クレーン，タワークレーンなど

事を行うことができない。ただし、いずれも全てが必要となるものではなく、対象建物によって異なる。表4－2は、使用材料や用途によって分類したもので、重仮設、軽仮設、揚重設備などがある。古くは、建設業者が所有し、工事のみを協力業者に依頼していたが、最近では多くがレンタルである。仮設材料は、安衛法、安衛則、JIS、仮設工業会などに基準があり、これらを満たしているものを用いる。また、転用することが多く、転用材は安全確保のため仮設工業会の基準を満たしたものを使用する。

4.4　共通仮設工事

4.4.1　仮設事務所・作業員宿舎

　現場に建設される一般的な仮設事務所には、パネルハウス型、ユニットハウス型などがある。パネルハウス型は、木杭やプレキャスト基礎の上に鉄骨のフレームを組み、フレーム間にパネル（薄い鋼板を張ったパネルなど）を落とし込み、筋かいで補強し組み立てる。ユニットハウス型は、壁、床、屋根が一体となったパネルを現場で組み立てるタイプ、コンテナ状の既製ユニットを上下左右に連結するタイプなど、いくつかの種類がある。広さは2.5〜3.0m^2/人とし、敷地に余裕がないときはオーバーブリッジとしたり、時に都心部では、賃貸事務所など（仮設建築物には該当しない）を利用したりすることもある。また前述したように、建築中の建物の一部を仮設事務所として使用できるが、この場合、監理者の承認を得る。

　一般に現場敷地内に設ける仮設事務所では、2階部分を現場監督、設計者、工事監理者などが使用する。ただし、それぞれが独立している必要がある。現場の規模などにもよるが、内部には内装工事が施され、事務室、会議室、食堂、便所、機材保管場所、休憩室などからなる。また、机、事務機器などが置かれ、空調、通信設備も備えられており、デスクワークや会議などに使用する。1階部分は通常作業員が使用する空間で、休憩室となる他、倉庫が設けられることもある。休憩室には、最近では冷暖房設備を設けることが多い。

　作業員宿舎を設ける場合は、事業場（現場）の所在地を管轄する労働基準監督署長への届出が必要となる。「建設業付属寄宿舎規定」（労働省（現厚生労働省）令）に詳細な規定があり、例えば、設置場所、敷地の衛生、避難階段、消火設備、その他、作業者の生活環境が、安全面、衛生面ともに一般の建物と同じように確保されるよう最低限の基準が定められている。具体的には以下のようなものがある（寝室規定の一部）。

・各室の居住人員は、それぞれ6人以下とする
・各室の床面積は、押入れなどを除き3.2m^2／人以上とする
・木造の床の高さは、45cm以上とする
・天井を設け、その高さは2.1m以上とする

- 各室には，床面積の 1/7 以上の面積に相当する有効採光面積を有する窓を設ける
- 換気が十分である

　必要に応じて，「資材置場」，「下小屋」が設けられこともある。下小屋では専門工事業者が資材の下ごしらえ（配管のねじ切り等の現場作業）を行う。また，屋外仮設便所はほとんどの現場で設けられる。食堂，炊事場，売店が設けられることもある。

4.4.2　仮囲い（図 4 − 2）

　建築基準法施行令第 136 条の 2 の 20 により，建築，修繕，模様替えまたは除却のための工事を行う場合，現場周辺の安全を確保するために仮囲いを設けなければならない（ただし敷地が広い場合など，危害防止上支障がない場合は除かれる）。道路に設置する場合には，道路管理者および所轄警察署長の許可が必要である。最近は，図のようなものが多く，建築主，設計者，工事施工者などの表示にも使用される。仮囲いには以下のような決まりがある。

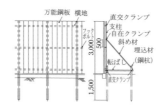

図 4 − 2　仮囲いの例[3]

- 設置条件：木造建物で高さが 13m または軒の高さ 9m を超えるとき，または，木造以外で 2 階建て以上の建築工事を行うときに設ける
- 高さ：地盤面からの高さは 1.8m 以上とする。条例などによって 3m 以上と定めている地域がある他，都市部など人通りのある場所では 3m とすることもある
- 材料：板などこれらに類するものとする。最近は，鋼板（一般に万能鋼板という）が用いられることが多い。鋼板に小さな植栽を設けたり，一部を透明なプラスチック板にしたりして，現場の雰囲気を和らげる効果や内部の作業を見られるようにすることも行われている
- 構造：鋼管（単管ともいう）の支柱を 1.8m 内外の間隔に建て，斜め材（控え柱）で補強する。支柱，斜材は，地中に打ち込んだ埋込材（鋼管杭，捨てパイプなど）と固定する。これによって，強風時など，引抜きや転倒を防止し安定した構造となる。横地ともいう鋼管を水平に 3 本（上部，中央部，下部）用いて，支柱とつなぎ合わせ，横地に鋼板などを緊結する

4.5 直接仮設工事

4.5.1 測量

(1) 基準巻尺・測量機器

工事着手前に基準鋼製巻尺を定め監理者の承認を受ける。同じ精度を有するJIS規格1級品の鋼製巻尺を2本以上用意して，1本は基準巻尺として保管する。その他，測量機器には，トータルステーションまたはセオドライト，自動レベルなどを用いる。

(2) 敷地測量

工事に先立ち，特記仕様書に記載のある場合には，隣地及び道路との境界測量を行う。また，このとき，発注者，設計者，隣地所有者，監理者及び関係監督官庁員が立ち会うこともある。さらに，必要に応じて，敷地の高低，形状，障害物などを示す現状測量図を作成し，監理者に提出する。

(3) ベンチマーク（図4-3）

ベンチマークとは，通り心（芯）の延長線上に図のような，木杭やコンクリート杭を打ち込み，建物の高さや位置の基準を記す。2箇所以上設けて移動のないようチェックする。敷地内に設けることができる場合には，工事の邪魔にならない場所を選び，敷地外に設ける場合には，杭のある建物など不動のものにマークすることもある。設置後は監理者の検査を受け承認を得る。

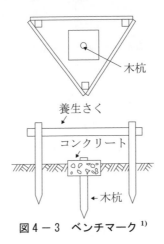

図4-3 ベンチマーク[1)]

(4) 縄張り（地縄張り）

縄張りとは，**地縄張り**ともいい，ベンチマークをもとに，配置図にしたがって木杭などを打ち（地杭ともいう），これに縄ひもを張って建物の位置を表す。設計者，発注者の立会いの上で行い，監理者の承認を受ける。

4章　仮設工事

(5) 水盛り・遣方（図4-4）

　建物の位置を正確に確定し，基準の高さを決定する仮設物および作業のことをいう。工事の最初に設計図書に示された建物の高低，位置，方向，通り心の基準を明確に表示するために設けるもので，監理者の立会のもとに正確かつ堅固に設置する。検査用鋼製巻尺は，その現場専用の基準尺を使用する。図のように，地杭（水杭）を打ち込み，水平に水貫を打ち付ける。地杭には上端部を「いすか切り」にした木杭を用いる。いすかとは，鳥の名前が由来とされ，くちばしの形状からこのように加工した状態のことをいう（木造継ぎ手の「いすか継ぎ」と同じ）。端部が尖っていることで，不意に上部に衝撃を受け，地杭が動いた場合などを容易に確認できるようにしている。

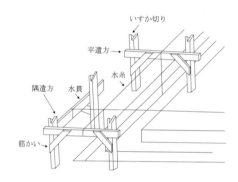

図4-4　水盛り・遣方[1]

(6) 墨出し

　各階の通り心と高さの基準になるレベルを示す「基準墨」をベンチマークから測量機器を用いて引き出し，監理者の検査を受ける。通り心は通常床の上に墨を打って出す（線を記す）が，図面に書かれた通り心は，壁心であることが多く，壁工事が行われるために墨を打つことができない。このため，例えば1m離れた床上に平行に墨を打つ。これを「逃げ墨」という。2階より上では，通常，建物の4箇所（2箇所でも可能ではあるが，誤差を生じやすいので避ける）の床にあらかじめ小さな穴を開けておき，下げ振りなどにより下階から上階に基準墨（逃げ墨の交点）を上げる作業を繰り返す。これを「墨の引通し」という。高さの基準は，原則として，基準床仕上げ面から1mの位置に墨を打つ。これを頼りにして建具工事や仕上げ工事が行われる。最近では，レーザー墨出し器が用いられることが多いが，各階の水平の基準墨は正確に出しておく必要がある。

4.5 直接仮設工事

4.5.2 山留め

山留めは，工事中の掘削（根切り）に伴い，周辺の土砂などが崩壊するのを防ぐ仮設物である。多くが4.2の分類で重仮設に該当する。詳細は，第5章土工事に記すが，他の仮設物が工事完了後には撤去されるのに対して，コストや工期との兼ね合いや供用後の安全を勘案し，場合によって一部を撤去しないこともある（現場用語で「埋殺し」ともいう）。

4.5.3 乗入れ構台（図4－5）

乗入れ構台は，工事範囲が広く地下作業が多い場合などで，現場内に重機，ダンプトラック，コンクリートポンプ車などを地盤面とほぼ同じ高さで，作業範囲内に移動し作業ができるよう設ける桟橋状の仮設物で高さが2m以上のものをいう。乗り入れる車両や作業にもよるが，幅は一般に4m以上は必要となる。材料は鋼材が多く（H形鋼が多い），木材も使用できるが強度に影響のあるものは使用できない。構造計算により積載荷重に耐える構造にする。支柱は地質の状態に応じた「根入れ」を行い，脚部に水平つなぎ材である「根がらみ」を設け，筋かいで補強する。**作業床**には，敷鉄板や覆工板を使用し手摺りを設ける。乗入れ構台で行われる作業は，掘削工事，山留め（切ばりなどの架設），地下の躯体工事などである。

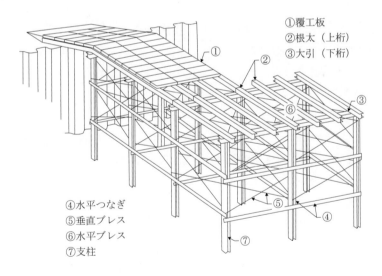

①覆工板
②根太（上桁）
③大引（下桁）
④水平つなぎ
⑤垂直ブレス
⑥水平ブレス
⑦支柱

図4－5 乗入れ構台[7]

4.5.4 荷受け構台（図4－6）

荷受け構台は，資材や機材を搬入するために設けるもので，積載荷重に十分耐える構造にする。支

柱により地上から設置するものや，足場の中間層に設置するユニットタイプのものなどがある。図のように足場に設置するタイプは，壁つなぎによる補強が重要である。設計を行う際には，自重，積載荷重，作業荷重などの鉛直荷重の他，風荷重，機械の水平動荷重などの水平荷重を考慮する。部材および寸法が表記された組立図を作成し，最大積載荷重を定める。

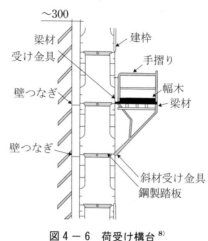

図4－6　荷受け構台[8]

4.5.5　足場

高さが 2m 以上の箇所で作業を行なう場合には，足場を組み立てるなどの方法で「作業床」を設ける。足場は作業床としての役割で設けられるが，通路，一時的な資材置き場を兼ねる。後述するさまざまな種類があるが，作業床には以下のような共通規定がある

- 一側足場を除く高さ 2m 以上の足場には作業床を設ける
- 作業床は 2 以上の支持物に取り付ける
- つり足場を除き，幅 40cm 以上，隙間 3cm 以下，床材と建地の隙間 12cm 未満とする
- 足場板など（2 以上の支持物に取り付ける場合を除く）は，3 以上の支持物にかける（脚立足場も同じ）。この場合，支持物からの突出は 10cm 以上かつスパンの 1/18 以下とし，足場板を重ねるときは支点の上で 20cm 以上とする
- 鋼製足場の各材料は，JIS A8951「鋼管足場」に適合したもの，あるいは仮設工業会による認定を受けたものとする
- 足場を設置する際には，労働基準監督署への届出が必要である
- 届出が必要となる足場は，高さ 10m 以上のもので，高さに関係なく吊り足場，張出し足場も含まれる。ただし，組立から解体まで 60 日未満は届出不要である
- つり足場，張出し足場または高さ 5m 以上の足場の組立て等の作業を行うには，「足場の組立て等作業主任者技能講習」を修了した者を作業主任者として選任する

4.5 直接仮設工事

・足場の高さとは無関係に，作業者は特別教育を受けておかなければならない。

　足場は，材料，構造，用途によって分類できる。材料による分類では，木製足場と鋼製足場があり，鋼製足場には，単管足場，枠組足場などがある。木製足場は，かつて低層住宅などで多く使用され，間伐材などの細い丸太を鋼線（番線ともいう）により組んで足場とした。現在ではほとんど使用されなくなっているが，電波棟など金属による影響を受ける構造物では使用されることがある。構造による分類では，支柱を梁間方向に2本立てる「**本足場**」，支柱が1本の「**一側足場**」，その他，吊り足場，棚足場，張出し足場，脚立足場，移動式足場などがある。用途によっても，外部足場，内部足場，鉄筋足場（地足場ともいう）などに分類できるが，使われる足場は，材料，構造分類のものと同じである。

　以下（1）から（10）は，足場の種類，特徴，基準である。

(1) 単管本足場（本足場）（図4－7）

　外径48.6mmの鋼管（単管という）と直交クランプ，自在クランプを用いて組み立てる。補強のために筋かいを設ける。クランプとは複数の部材を接合するための金物で，直交クランプは直角方向を拘束する。自在クランプは自由に回転できるため，筋かいや控え材といった斜め材などを固定するため

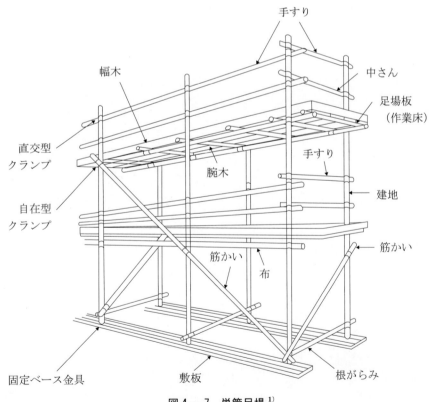

図4－7　単管足場[1]

に使用する。仮囲いで使用するものと同じである。鋼管は長いもので5mであるため，それ以上の長さが必要な場合には，継手に専用の単管ジョイントを用いる。倒壊防止に，壁つなぎか控えを設ける。足場の最下部には，敷板などを敷きベース金物（固定ベース）で滑動や沈下を防ぎ，根がらみで建地を緊結して柱脚の広がりを防止する。

- 建地間隔：桁行き方向1.85m以下，梁間方向1.5m以下
- 地上第一の布の高さ：2.0m以下
- 壁つなぎ間隔：水平5.5m以下，垂直5.0m以下
- 筋かい：角度45°，水平方向16.5m以下，垂直方向15m以下
- 高さ：原則として31m以下。最上部から31mを超える部分の建地は2本組とする。ただし計算によって安全が確認されれば，2本組としなくても良い
- 積載荷重：3.92kN（400kg）以下

(2) 枠組足場（本足場）（図4－8）

　枠組み足場は，建枠，布枠，筋かいで1ユニットを構成し，これを水平，鉛直方向に連結しながら必要な足場を組み立てる。建枠が2本の柱材からなり，梁間方向に設けるため支柱が2本となる。単管足場と同じく最下部には敷板を設けるが，固定ベースではなく上下の高さ調整が可能なジャッキベースを用いる。これは1ユニットが安定・強固なため，最下層の水平性が確保されなければ上層で歪みが生じ，組みにくくなるためである。対して単管足場は，クランプの建地（支柱）への取付位置

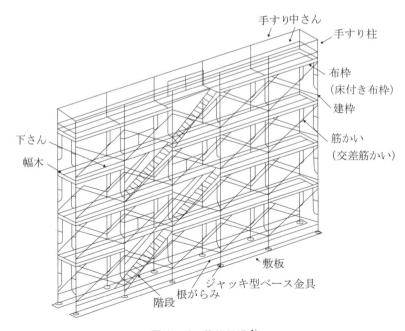

図4－8　枠組足場[1]

4.5 直接仮設工事

を水平にすることが可能で,ジャッキベースは不要となる。枠組足場は,もっとも安定した構造となるため,下記条件も単管足場ほど厳しくはない。
- 建枠間隔：1.85m 以下,建枠高さ：2.0m 以下
- 地上第一の布の高さ：規定無し（縦枠の高さから通常 2m 以下になる）
- 壁つなぎ間隔：水平 8.0m 以下,垂直 9.0m 以下
- 筋かい：専用の交差筋かいまたは手すり枠（簡単に言えば 2 種類ある）
- 高さ：原則として 45m 以下
- 積載荷重：建枠の幅 0.9m のとき 3.92kN（400kg）以下,1.2m のとき 4.90kN（500kg）以下。ただし,布枠 1 枚の幅によっては,これ以下となる

(3) くさび緊結式足場（本足場）（図 4 − 9）

単管足場に一定間隔で四方向（八方向のタイプもある）の緊結金具（ポケット等）が溶接されており,両端がくさび状になった水平材をこれに打込み固定する。定尺寸法となるため布枠が使用でき作業性が高い。低層住宅用として普及してきたが,最近では中高層の建物にも使用できるようになった。ただし,緊結金具の位置が決まっているため,最下層の水平性が重要でジャッキベースを用いる。水平材の長さが複数種類あることから,平面形状の自由度も高い。安衛法,安衛則に基準はない。単管足場から派生した足場と考え,仮設工業会の技術基準[4]にしたがい組立てる。

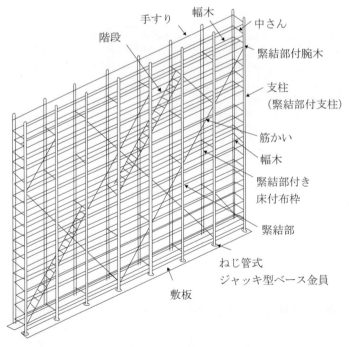

図 4 − 9 くさび緊結式足場 [1]

- 支柱間隔：桁行き方向 1.85m 以下，梁間方向 1.5m 以下
- 地上第一の布の高さ：2.0m 以下
- 壁つなぎ間隔：水平 5.5m 以下，垂直 5.0m 以下
- 筋かい：くさび式足場用斜材は，6×6 スパン以下ごと，かつ交差 2 方向
- 高さ：原則として 45m 以下，最上部から 31m を超える部分の緊結部付支柱は 2 本組。ただし計算によって安全が確認されれば，2 本組としなくても良い
- 積載荷重：ビル用は，1 層 1 スパンあたり，連続スパンで 250kg 以下，連続スパン以外 400kg 以下 住宅用は，1 スパン（全層合計）200kg 以下，1 構面 400kg 以下。かつ，共通して同一スパンは 2 層まで

(4) 一側（ひとかわ）足場

　一側足場は，梁間方向の支柱が 1 本で構成される。小規模建物や本足場の設置が難しい狭い場所などで採用される。単管足場を用いたタイプやくさび緊結式足場を用いたタイプがある。支柱から水平方向に片持ち形式となる専用の「持送り枠（ブラケット）」を使い，この上に作業床を設ける。本足場に比べて安定性が低いため，壁つなぎ間隔など基準が厳しい。

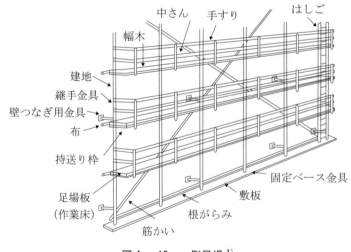

図 4－10　一側足場 [1]

(a) ブラケット一側足場の場合（図 4－10）
- 建地間隔：1.85m 以下
- 壁つなぎ間隔：水平 3.6m 以下，垂直 3.6m 以下
- 積載荷重：1 スパンあたり 150kgf 以下，建地 1 本あたり 100kg 以下

(b) くさび緊結式一側足場の場合（住宅工事用）
- 建地間隔：1.85m 以下
- 壁つなぎ間隔：水平 5.5m 以下，垂直 3.6m 以下

4.5 直接仮設工事

写真4－1　抱き足場（木製）[8]

・高さ：原則として6m以下，緊結部付支柱の補強がある場合は9m以下
・積載荷重：1スパン（全層合計）200kg以下，1構面400kg以下。かつ，共通して同一スパンは2層まで

(c) 抱き足場（写真4－1）

　抱き足場とは，支柱が一本であるためここでは一側足場に分類した。最近では少なくなっているものの上記 a），b）が困難なほど空間が狭小な場合，より幅の小さい足場として鋼管や丸太の建地を2本の布（鋼管や丸太）で挟み込み，その上で作業をする。作業床の規定を満たさないため，安全帯の着用が必須となる。

(5) 吊り足場（図4－11，図4－12）

　支柱がなく，建築では鉄骨工事で使用される場合がほとんどで，鉄骨足場ということもある。鉄骨足場には，吊り足場以外にも柱・梁継ぎ手部分に建込み前に設置するものもある。このほか，広い面積での作業時に上部構造物から吊り下げて作業床を設ける「吊り棚足場」は，橋梁や高架橋（高架道

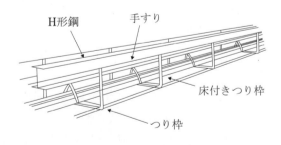

図4－11　吊り足場[1]

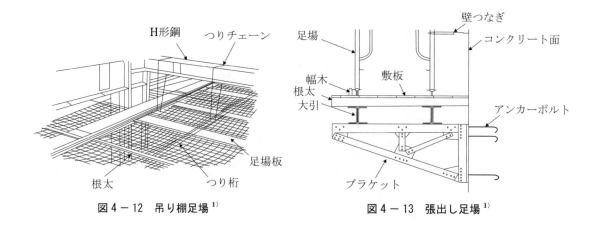

図 4 − 12 吊り棚足場 [1]　　　　図 4 − 13 張出し足場 [1]

路）の下部工事など，土木構造物での使用が多い。吊り足場は，上部構造物から吊り下げて作業床を設けるため，安定性にやや劣り，墜落時の高さが大きくなるため，下記のように吊り具などの基準が厳しい。

- 隙間なく並べたとき以外は，安全ネットを張る。脚立の使用は禁止
- ワイヤーロープと鋼線の安全係数：10 以上
- 吊り鎖（吊りチェーン）とフックの安全係数：5 以上
- ワイヤーロープの使用禁止：より線の 10% 以上切断，直径の公称径が 7% 以上減少，キンク，形崩れ
- つり鎖の使用禁止基準：5% 以上の伸び，断面が 10% 以上減少，亀裂あり

(6)　張出し足場（図 4 − 13）

　張出し足場は，隣接建物，敷地条件，建物の断面形状などの条件により，地面から足場を組むことができない場合，上部足場の重量に耐えるブラケットを設け，一般にその上に本足場を設置する。ブラケットには種々あるが，鉄筋コンクリート造の場合には，図のように鉄骨で作製し，これを埋め込まれたアンカーボルトに固定する構造となったものが多く用いられる。構造計算によりブラケットおよびアンカーボルトの耐力を求めることが必要となる。

(7)　脚立足場（図 4 − 14）

　内装工事などで低い足場が必要な時に，脚立の受け台に足場板を敷いて作業床とすることができる。脚立足場とする場合には以下が適用される [5]。

- 高さ：2m 未満とする
- 支点間隔：1.8m 以下とする
- 足場板の支持：3 以上の支持物に掛け渡し，両端は支持物に緊結する（支点間が 1.8m 以下の場合は 2 点支持でも可）
- 足場板の支持物からの突出：10cm 以上かつスパンの 1/18 以下とする
- 足場板の重ね：支点の上で 20cm 以上とする

4.5 直接仮設工事

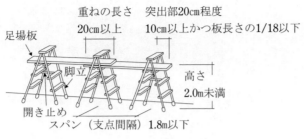

図4－14 脚立足場[5]

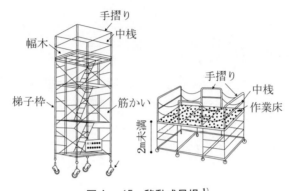

図4－15 移動式足場[1]

・積載荷重：150kg以下（脚立間は100kg以下）とする

(8) 移動式足場（図4－15）

　移動式足場は，作業中に移動できるというものではなく，固定される足場に対して，キャスターがあるため人力で作業場所を移動できる足場である。図左のようなローリングタワーは枠組足場と形状は類似し安定している。ただし，高くなると不安定となるため，計算により控え枠を設けるなどの転倒防止策を講ずる。また，作業者などが乗った状態で移動してはならない。このほか，図右のような移動式ステージも移動式足場の一種でよく使われる。ローリングタワーのように重層にすることはできないが，同一平面に複数を設置することで広い面積での作業にも対応できる。ステージ式でも高さ1.5mを超える場合は昇降設備の設置が必要となる。

(9) 高所作業車，ゴンドラ

　外壁の部分的な修繕など長期間作業を行わない場所では，高所作業車を用いることが多い。高さ10m以上の「高所作業車」運転の業務に従事するには，技能講習の修了が必要で，高さ10m未満でも特別教育の受講が必要となる。ゴンドラは，高所作業車や足場による作業が難しい，例えば高層建物の外壁改修などで使用される。ゴンドラの使用には，労働基準監督署長への届出（ゴンドラ設置届）が必要で，操作にあたってはゴンドラ特別教育の受講が必要となる。

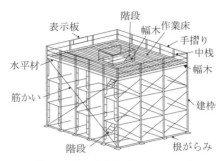

図4－16 内部足場（棚足場）[1]

(10) 内部足場（図4－16）

大空間の屋内仕上げや躯体工事などのために，(8)の移動式の足場（ローリングタワー，移動式ステージ）の他，固定式の足場（鋼管足場，枠組足場）などが用いられる。「棚足場」ともいう。対象となる面積や高さなどの工事条件によって採用されるが，棚足場は，鋼管などによる水平材で水平方向（最上層および5層以内）を拘束する。

4.5.6 仮設通路

足場や構台も仮設通路としての機能を持つ。法令上は，安衛則526条の「昇降するための設備の設置等」（高さまたは深さが1.5mを超えるときは，作業員が安全に昇降できる設備を設けなければならない），同556条の「架設通路」の基準による。昇降移動のための仮設物としては「登り桟橋」，「階段」，「はしご」などがあり基準を整理すると以下になる。

(1) 仮設通路，登り桟橋，階段

登り桟橋とは，足場を昇降するための斜路（スロープ）のことをという。

・高さ2m未満で丈夫な手掛けを設けたときは階段にしなくても良い
・高さ2m以上では，勾配を30°以下にする
・勾配が15°を超えるときは，滑り止めを設ける（一般に@300～400mmで等間隔[1]）
・高さ8m以上のときは，7m以内ごとに踊場を設ける
・30°を超える場合は階段にする（階段の幅は60cm以上）
・高さ85cm（階段は踏板上段鼻より計測）以上の手すり，中桟を設ける

(2) はしご（はしご道）

・踏さんを等間隔に設ける
・踏さんと壁との間に適当な間隔を保たせる
・はしごの転位防止のための措置を講ずる
・はしごの上端を床から60cm以上突出させる

4.5 直接仮設工事

4.5.7 防護棚（図4－17）

落下物から作業員や通行人を守るために，図のような足場の外側に設けたはね出した棚のことを「防護棚」といい，その形状から一般には「朝顔」ともいう。防護棚の設置条件は以下の通りである。
・建物の地盤面からの高さが10m以上では1段以上，20m以上では2段以上
・1段目は，地上4～5mの箇所，2段目以降は10m以内ごと
・水平面との角度は20°以上。つき出しの長さは2m以上
・木製板を用いるときは厚さ30mm以上。鋼板を用いるときは，厚さ1.6mm以上
・道路上空に設ける場合，道路使用許可，道路占有許可を受ける

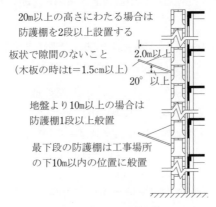

図4－17 防護棚[6]

4.5.8 メッシュシート，防音シート，防音パネル

メッシュシートは，工事の上では塗装，埃，砂などの飛散防止のために使用され，目の細かさによって性能が異なる（外壁改修工事では目の大きなものが使用されることが多い）。「JIS A8952 建築工事用シート」にシート並びに固定用はとめの強度や防炎性能などの規定がある。防音シートおよび防音パネルは飛散防止に加えて，遮音性があるため周辺への騒音防止対策や解体工事で使用される。メッシュシートは，後述する落下防止対策としても使用されるようになった（JIS A8952の1類）。原則として足場に取り付けるが，落下防止とする場合，取付け間隔は「垂直方向5.5m以下」である。また，足場を設けない，例えば鉄骨外周部の落下防止は，垂直支持材を「水平方向4m以下」ごとに設け，それに「建築工事用垂直ネット（JIS A8960）」を取り付ける。

いずれも風圧力を受けるため強風時に倒壊に至る恐れがある。足場全体の安定性の確保のため壁つなぎ間隔を小さくしたり，一時的に撤去したりする必要がある。メッシュシートを使う際の壁つなぎ間隔は，仮設工業会から指針が示されている[9]。

4章　仮設工事

4.5.9　墜落防止，落下防止（図4－18）

　墜落は建築工事でもっとも多い労働災害で，落下物は作業者や作業者以外の第三者に大きな被害を及ぼす可能性が高い。よって近年，足場における墜落防止，落下防止のための基準が厳しくなっている[6,10]。

　図4－19は，単管足場（例1～例3），枠組足場（例4～例6），手摺り枠付き枠組足場（例7～例9）の墜落防止，落下防止を兼ねる例である（幅木を15cm以上とした場合）。一部重複するが，以下に墜落防止，落下防止の基準を整理する。

(1)　墜落防止

　足場や仮設通路などには，手すりを設け，中桟，幅木（つま先板）などを付ける。以下のようにそれぞれの仮設物でやや異なる。

　単管足場：①85cm以上の手摺り＋中桟（35cm以上50cm以下）＋幅木[注1]
　　　　　　②85cm以上の手摺り＋高さ35cm以上のパネル等

　枠組足場：①交差筋かい＋幅木（15cm以上）＋上桟（後踏み側）[注1]
　　　　　　②交差筋かい＋下桟（15cm以上40cm以下）＋上桟（後踏み側）[注1]
　　　　　　※手摺り枠とする場合は特になし。妻側は単管足場に準ずる。

　構台，仮設通路，階段等：安衛則では上記単管足場①に同じ。

注1）　下線部は通達等で，より安全な措置として奨められている
注2）　JASS2および仮設工業会では，単管足場の手すりの高さ（階段を含む）を90cm以上，切梁や鉄骨上の通路，開口部などの手すりの高さを95cm以上としている

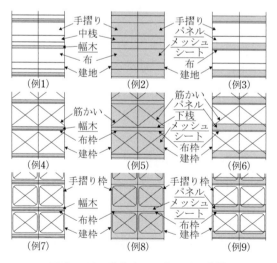

図4－18　墜落防止，落下防止[6,10]

(2) 落下防止

足場共通：高さ10cm以上の幅木（例1，例4，例7），メッシュシート（例2，例5，例8），または
　　　　　パネル等（例3，例6，例9）を設ける。

4.6　揚重設備（荷揚設備）

　材料，機械や人を運んだり，鉄骨の組立などで工事部材を取り付けたりする際に使用する設備を「揚重設備」あるいは「荷揚設備」といい，現場や建物の状況（敷地，高さなど）によって適したものを仮設計画段階で選ぶ。「クレーン」，「移動式クレーン」，「工事用エレベーター」，「建設用リフト」などがある。このうち，クレーンや移動式クレーンは，鉄骨の組立（建方）など，工事にも必要である。また，表4－3に示す通り種類や能力により労働基準監督署長への届出または報告が必要となる。

　なお高さなどの条件により，航空機の航行の安全を確保するため，航空障害灯や昼間障害標識の設置・届出（国土交通大臣（所轄航空局長））が義務付けられている。航空障害灯は高層ビルにも常設されているような赤色灯で，昼間障害標識は，赤・黄・白の組み合わせによる塗色で示す。さらに，「強風時の作業中止」が規定されており（クレーン等安全規則32条の2，同74条の3），作業中止になる強風とは10分間の平均風速が10m/秒以上の風をいう。落雷の恐れがあるときも作業を中止する。

表4－3　各種揚重設備の能力と届出等

種類	クレーン			移動式クレーン			エレベーター			建設用リフト		
能力	<0.5t[*1]	<3t	≧3t	<0.5t[*1]	<3t	≧3t	<0.25t[*1]	<1t	≧1t	<0.25t[*1]	<18m	≧18m
設置届	－	－	○＋検	－	－	－	－	－	○＋検	－	－	○＋検
設置報告	－	○＋試	－	－	試	○	－	○[*2]＋試	－	－	－	－

「検」は落成検査，「試」は荷重試験を行う。　*1：以外は作業を指揮する者を選任する。　*2：60日未満は不要。

(1) クレーン

　クレーンは，自立あるいは建物に固定し設置する。代表的なもので，「ジブクレーン」，「マストクライミングクレーン」，「フロアクライミングクレーン」がある。マストクライミングクレーンは，建物の外壁に固定するものが多く，上部にマストを継ぎ足しながら上昇する。解体時は自身でマストを解体しながら地上まで降りる。フロアクライミングクレーンは，建物の内部床に開口を設け，建物の一部を補強，クレーンの基礎とし設置する。床の躯体工事が完了するにしたがい，中間階で支持しながらベース架台を途中階に固定し上昇を繰り返す。解体時は屋上階にあるため，一回り小さいクレーンを屋上に設置，これにより解体する。この作業を繰り返し最終的には解体した部品をエレベーターで卸す[10]。

(2) 移動式クレーン

移動式クレーンは,一般道を自走でき,必要な時に限定して使用することができるものと一般道は自走できず,現場敷地内(場内)を移動できるものの大きく二通りがある。前者には「トラッククレーン」,「ラフタークレーン」,「ラフテレーンクレーン」などがある。後者には「クローラークレーン」があり現場で組立・解体される。また,現場内の地盤の状態が悪い場合には,厚さ22〜25mm程度の鋼板(敷鋼板)を敷くことが多い。

(3) 工事用エレベーター(ロングスパン工事用エレベーターを含む),建設用リフト

工事用エレベーターは,人員と材料や荷物を運搬できる。人荷用エレベーターという場合もある。「ロングスパン工事用エレベーター」は,工事用エレベーターの一種ではあるが,定格速度0.17m/秒(約10m/分)以下で数名の人員と材料の運搬ができる。設置も簡単で,積載荷重1t前後の機種が多い。ロングスパン工事用エレベーターより能力の高い工事用エレベーターには,積載荷重4t以上,高さ200m以上のものまで種類も多いが,昇降路を設けるなど基準が厳しくなる。

建設用リフト(工事用リフト)は,工事用エレベーターに比べて積載荷重が小さく人員の昇降は禁止である。

4.7 工事用電気,給排水衛生設備工事[1)]

工事の際に電気設備,給水設備,排水設備,衛生設備は,4.2で記したように全ての工事・作業者が使用するため,共通仮設工事である。業態別に工事用電気設備工事,工事用給排水衛生設備工事に分類されることが多い。

4.7.1 工事用電気設備

工事用電気設備には,電灯用(単相2線100V,単相3線100V/200V)と動力用(三相3線200V)がある。簡単にいえば,電灯用は照明,作業用工具,通信設備などに供給し,動力用は溶接機,揚重設備,エアコンなどに供給される。工事用電気設備を敷設する際は,電力会社に仮設電気の申込みを行い,現場に仮設受電盤を設置し受電する。電灯用と動力用は別々に引き込み,動力用から電灯用に供給することはできない。なお,契約電力が50kWを超えると低圧受電から高圧受電(6600V)になる。この場合,電気主任技術者を置き,国(経済産業局)への届出が必要で,変電施設(キュービクル)を設置するため消防署への届出も必要となる。このほか出力10kW以上の移動用電気工作物(可搬型発電機等)を使用する場合には,電気主任技術者を選任し,国(経済産業局)に届け出る。

4.7.2 工事用給排水衛生設備

工事用給水設備は，工事関係者が飲料，手洗いなどの生活水として使用する場合，杭工事，コンクリート工事，左官工事などの各種工事にも使用する場合がある。工事用電気と異なり，本設（本体工事）の引き込みを先行施工し，これを仮設使用することが可能である。必要となる水質，水圧，水量などを勘案して設備等の計画を行う。工事用排水は，セメントなどの物質を含む場合アルカリ性であるため，直接放流は避け中和設備を設ける。便所や食堂の排水は，下水道が整備されている地域では既存下水道への接続が可能であるが，それ以外の地域では，浄化槽を設置する必要があり，事前調査が重要である。給水の申請は水道事業者（水道局）に，公共下水道を使用する場合は公共下水道管理者（下水道局）に行う。

4.8　その他の仮設物

本章では，作業時および第三者の安全確保のための仮設物を対象としたが，特定の工事に限定した仮設もある。例えば，コンクリート工事の型枠支保工や木造の仮筋かいなども仮設である。これらについては各章で扱う。

4.9　三先行工法

小規模な溝掘削を伴う上水道，下水道，電気通信施設，ガス供給施設などの工事で多発した土砂崩壊災害防止のための「土止め先行工法」（H8），足場の組立，解体中の墜落災害防止のため常に手摺りがある状態にする「手摺り先行工法」（H15），住宅などで屋根からの墜落防止のために建方前に建物周囲が足場で囲まれた状態にする「足場先行工法」（H8）を三先行工法という。厚生労働省ほか関係機関からガイドラインが発行され，現在ほとんどの工事で採り入れられている。これにより，近年著しく重傷に至る災害件数が減少している。

付録　参考表　足場の種類（外部足場）と設置基準

	本足場			一側足場	
	単管足場	枠組足場	くさび緊結式足場	単管足場	くさび緊結式足場
構造（建地間隔）	桁行き1.85m以下 梁間1.5m以下	桁行き1.85m以下	単管足場に同じ	1.85m以下	1.85m以下
高さ	31m以下 ※超える場合は，最上層から31m以下を2本組とするか，計算により1本での安全を確認	45m以下 ※超える場合は構造計算が必要	45m以下 ※最上層から31m以下は緊結部付き支柱を2本組とする	15m以下 ※超える場合は，最上層から15m以下を2本組とする	6m以下 ※緊結部付支柱の補強により9m以下
壁つなぎ間隔	水平5.5m以下 垂直5.0m以下	水平8.0m以下 垂直9.0m以下	水平5.5m以下 垂直5.0m以下	水平3.6m以下 垂直3.6m以下	水平5.5m以下 垂直3.6m以下
積載荷重	1スパン400kg以下 ※同一スパン上2層まで，連続スパンは不可	500kg以下（幅120cm） 400kg以下（幅90cm） ※布枠1枚の幅によってはこれ以下	ビル用（幅900以上） 同一層連続スパン250kg以下 同一層連続スパン以外400kg以下 ※同一スパン2層まで 住宅用 1スパン（全層合計）200kg以下 構面合計400kg以下	1層1スパン150kg以下 1層連続スパンでは1スパン100kg以下 建地1本あたり100kg以下	住宅用 1スパン（全層合計）200kg以下 構面合計400kg以下
手摺り	高さ85cm以上 中桟35～50cm	交差筋かい（＋上桟） 手摺り枠	単管足場に同じ	単管足場に同じ	単管足場に同じ

演習問題

以下の記述のうち，正しいものには○を誤っているものには×をつけなさい。

1. JIS規格1級の鋼製巻尺は，50m巻尺では±5mm程度の誤差を生じる可能性があるので，同じ精度を有する巻尺を3本用意して，工事着手前にテープ合せを行い，1本は基準巻尺として保管した。
2. ベンチマークについては，「隣接する杭基礎で安定した既存建築物」と「現場内で移動のおそれのないように新設した木杭」の2カ所設けた。
3. やむを得ずトランシットを三脚に取り付けた状態で移動する場合，三脚の頭部のねじ及び各部の締付けねじを緩め，器械の部分を抱えて障害物に接触しないようにした。
4. 吊り足場の作業床については，幅を30cmとし，かつ，隙間がないように設置した。

4.8 その他の仮設物

5. クレーンの玉掛け作業に用いるワイヤロープについては，安全係数（ワイヤロープの切断荷重の値を，当該ワイヤロープにかかる荷重の最大の値で除した値）が5のものを使用した。
6. 枠組足場（妻面にかかわる部分を除く）からの墜落防止措置として，風荷重を受けるシート類は設けず，交差筋かい及び高さ10cmの幅木を設けた。
7. 地下躯体の工事において，切ばり上部に設けた作業用通路の手すりについては，高さを100cmとし，中桟を設けた。
8. 高さ12m，勾配20度の登り桟橋には，滑り止めとして踏桟を設けるとともに，踊場を高さ4mと8mの位置に設けた。
9. 鉄骨鉄筋コンクリート造の建築物において，鉄骨上に設けた材料置場と外足場とを連絡するための仮設通路の幅は，手すりの内側で60cmとした。
10. 第三者に対する危害を防止するために設ける防護棚（朝顔）は，はね出し長さを足場から水平距離で1.8mとし，水平面となす角度を30度とした。
11. 落下物に対する防護のためのメッシュシートを鉄骨外周部に取り付ける場合，垂直支持材を水平方向5.5mごとに設けた。
12. ガイドレールの高さ20mの建設用リフトによる資材の運搬作業において，資材の状態を監視するために，労働者を運搬時に搭乗させた。

解答のポイント
1. ○ 基準巻尺1本を保管する。
2. ○ 「隣接の既存建築物」は，杭があるなど移動のおそれがないことが前提。2カ所設ける方が良い。
3. ○ 器械の部分を抱えて運ばないと，足場や躯体に触れ衝撃を受け損傷するおそれがある。
4. × つり足場の作業床は，幅40cm以上ですき間のないようにする。
5. × 吊りワイヤロープ，吊り鋼線の安全係数は10以上，吊りくさり，吊りフックの安全係数は5以上とする。
6. × 交差筋交いでは，高さ15cm以上の幅木を設ける。
7. ○ 仮設工業会，JASS2では手すりの高さ95cm以上（安衛則では85cm以上），中桟設置とする。100cmは正しい。
8. ○ 勾配は30度以下，幅は90cm以上とし，勾配が15度を超える場合はすべり止めを約30cm間隔に打つ。手すりを設け，高さ7m以内に折返しを設ける。
9. ○ 安衛法では架設通路の基準に含まれるが（詳細な基準はない），JASS2では具体的に示されており，鉄骨上に設けられた材料置き場及び外足場を結ぶ鉄骨上通路は，その幅を手すりの内側で60cm以上とする。
10. × 朝顔のはね出しは2.0m以上，20°以上。地上10m以下に1段目（一般に4〜5m），高さ20m以

4章　仮設工事

　　　上の建物は2段以上（下の段から10m以内）。
11. ×　水平支持材は4m以内に設ける。5.5mは足場の場合で垂直方向の水平支持材を設ける間隔。
12. ×　建設用リフトに人を乗せることはできない。

引用・参考文献

1) （一社）公共建築協会：建築工事監理指針，2016.
2) （株）鴻池組：「鴻池組技術広報誌ET」http://www.konoike.co.jp/et/
3) （一社）日本建築学会：建築工事標準仕様書　JASS2　仮設工事，2006.
4) （一社）仮設工業会：くさび緊結式足場の組立及び使用に関する技術基準
5) 福岡建設労務安全研究会：安全ポケットブック，2015.
6) （一財）地域開発研究所：建築施工管理技術テキスト，2014.
7) （株）ヒロセ：「鋼製桟橋組立図」http://www.hirose-net.com/technique/
8) （株）杉孝：安全講習会資料
9) （一社）仮設工業会：風荷重に対する足場の安全技術指針，2016.
10) 厚生労働省：基発0331第9号
11) （一社）クレーン協会：クライミングクレーンの知識 http://www.cranenet.or.jp/index.html
12) ㈱建築資料研究社：1級建築士過去問チャレンジ7，2016.
13) ㈱建築資料研究社：1級建築士分野別厳選問題500＋125，2016.
14) （一財）全日本建築士会：1級建築士受験過程　学科Ⅴ施工，2015.

5章 土工事・基礎工事

5.1 土工事

5.1.1 土工事の目的

建築における土工事とは，建物の地下階，基礎躯体および，その他構造物を地盤面下に構築するための地盤の整形と，敷地内地盤面の形状変更を目的とする。

土工事の内容として，山留め（5.1.4 参照），掘削，床付け（5.1.3（1）（C）参照），埋戻しと建物敷地内の地盤高さ調整のためにおこなう盛土，地ならし，およびそれらを行うための水処理（5.1.5 参照）がある。

5.1.2 工事計画

(1) 事前調査

安全で経済的な工事を進めるための施工計画を立案する上で必要な情報を確保するため，各種調査を行う（表5－1）。

(a) 地盤調査

建築物を設計するうえで，必要となる地盤の性状を確認するため，ボーリングによる土質調査を実施し，深度ごとの土質の分類，**標準貫入試験**による**N値**の計測，**孔内水位**の計測を行っている場合が多い（図5－2）。また場合によっては，**孔内水平載荷試験（L.L.T）**による**水平方向地盤反力係数 Kh** の計測，**現場透水試験**による各土層の**透水係数**と水圧の計測を行い，各土層のサンプルで，**室内土質試験**を実施し，**粘着力C**，**内部摩擦角 ϕ**，**変形係数E** の値や**粒度分布**を求めている場合もある。

これらの数値のなかには，山留め壁の計算など，土工事にも必要とされるものもあるが，本設建物の設計で計測対象とする土層深さが必ずしも，山留め壁の設計で計測対象とする土層深さと一致しないこと，また，そもそも設計段階での地盤調査が十分実施できていない場合もあり，施工のための追加調査が必要となる場合があるので，注意が必要である。

地盤調査とは直接関係ないが，報告書に含まれる，敷地および周辺地盤の現況図（敷地高低図）も土工事を計画するうえで重要な情報である。

表5－1 各種試験および試験値と土工事との関係

試験名	試験値	土工事との関係
ボーリング調査	土質分類	土の強さ，透水性
標準貫入試験	N値	土の強さ
孔内水位調査	各土層の水位	水処理計画
孔内水平載荷試験	変形係数 E	山留めの変位計算
現場透水試験	各層の水圧と透水係数	水処理計画
室内土質試験	湿潤単位体積重量	山留め計算
	内部摩擦角 φ	山留めの土圧計算他
	粘着力 C	山留めの土圧計算他
	変形係数 E_{50}	山留めの変位計算
	粒度分布	水処理計画

1）内部摩擦角 φ

砂のせん断強さを現すときに使われ，実際，その力は摩擦力で現される。

土層内に水平面とある角 θ を成す面を想定し，その面に作用する力として上部土の重量 W を考える。この W は，図5－1の通り，ある面に垂直に作用する力 a と，その面に平行に作用する力 b に分けることができる。

ここで，粘着力 C を 0 とした時，θ を徐々に大きくしていくと，θ がある値に達したとき，b の力が，a の力により発生する摩擦力 p を超え上部の土が，その面で滑り始める。

この時の θ の角度を土の内部摩擦角 φ という。

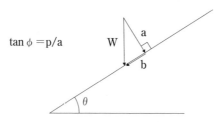

図5－1 土の重量により土層内のある面に作用する力の関係

また，この角度は，粘着力 C が 0 の乾燥した砂質土が形成する斜面と，水平面が成す角である安息角と同じとなる（安息角とは，粉体や粒体を落下させた時に形成される斜面と水平面のなす角）。

2）粘着力 C

ある破壊面を想定した時，その破壊面に作用する鉛直荷重により，発生する摩擦力を無視した時の単位面積あたりのせん断強さのことを粘着力という。

実際の土は，上記の両方の性質を持ち，ある面で，すべることを防ごうとする最大の抵抗力 τ は下記の通りクーロンの実験式で表される。

$\tau = C + a \cdot \tan \phi$

5.1 土工事

標尺 m	層厚 m	深度 m	柱状図	土質区分	色調	標準貫入試験			
						開始深度 m	打撃回数	貫入量 cm	N値 0 10 20 30 40 50
1 2 3	3.00	3.00		表土		3.15	8	30	▽2.8 孔内水位
4 5 6 7	4.40	7.40		粘土質砂	青	5.15 6.15 7.35	10 13 11	30 30 30	
8 9 10	3.10	10.50		砂	黄茶褐	8.35 9.35 10.35	16 21 13	30 30 30	
11 12	1.60	12.10		中砂	茶褐	11.35 12.35	14 15	30 30	
13	1.00	13.10		砂	黄茶褐	13.35	9	30	
14	1.10	14.20		砂質粘土	茶褐	14.35	10	30	
15 16	1.60	15.80		砂質粘土	暗茶褐	15.15 16.15	13 15	30 30	
17	1.36	17.10		粘土	青灰	17.35	16	30	
18 19 20	3.14	20.30		礫	青灰	18.35 19.15 20.15	50 50 50	30 30 30	

図 5 − 2 土質柱状図（ボーリングによる土質調査の結果）の例

注）N値とは，標準貫入試験の結果で，ボーリング孔内に挿入されたロッドの地上部を質量 63.5 kg のハンマーを 76cm の高さから落下させた打撃力で孔内の地盤に貫入させる。30cm 貫入させるのに必要な打撃回数のこと

τ：せん断強さ（抵抗力）

C：粘着力

a：その面に垂直な応力

ϕ：内部摩擦角

3）土質区分

土は，水と空気と土粒子で構成され，図 5 − 3 に示す通り土粒子はその粒径で小さい方から順に，粘土，シルト，砂，礫と呼ばれる。実際の土は，これらが混合した状態で存在し，土質名は，その支配的な土粒子がわかるように命名されている。その性質として，粘土，シルトは透水性が低く，地山の自立性が高い。砂，礫は透水性が高く，地山の自立性が低い。

図 5 − 3 土粒子の粒径とその呼び名

5章　土工事・基礎工事

(b) 近接構造物（図5－4）

　掘削区域に近接して，既設建築物がある場合，その基礎下深さが計画掘削深さより浅い場合は，その建物重量を考慮して山留め壁を設計しなければならない場合がある。また，その場合は山留め壁の変形が近接構造物に影響を与えるため，変形を極力小さくする必要がある。

　近接構造物については，その地盤面下の深さや，地下階の有無，基礎形式を事前に調査しておく必要がある。

(c) 地中埋設物（図5－5）

　敷地内の配管（ガス管，水道管，下水道管等）や配線（電線）は，既存の図面に記載されていないものも多く，特に，同一敷地内の増築，改築などの工事の場合は，既存の配管，配線で使用中の物もあるため，工事履歴の調査や，試掘を行うなど，十分な注意が必要である。

　その他，既存建物の不要になった躯体や杭などの地中埋設物（地中障害）は，その後の工事の支障となる場合があるため，その位置，形状などについて，図面上での確認や現地試掘などの事前の調査が必要である。

　これらの埋設物が，計画建物の杭，山留め壁，切梁支保工の棚杭，乗り入れ構台杭などと干渉する場合，可能であれば，それらの設置位置を変更するか，それも出来ない場合は，土工事の前に，それら地中障害の撤去工事が必要となる。

　掘削位置が敷地の道路境界に近く，掘削による影響がある場合は，道路下の埋設配管の調査が必要となる。それぞれの埋設配管には許容変位量が定められており，工事中の計測が必要となる場合があるため，着工前に，それらの関係部署と綿密な打ち合わせを行い，工事計画に反映する必要がある。

　場合によっては，それらの許容値を守るため，山留め壁の剛性を上げるなど，計画の見直しが必要となるときもある。

　前述以外でも，工事車両の敷地内への搬出入口となる部分の歩道などについては，走行車両の荷重による影響があるため，埋設配管の調査とともに，それらへの影響を防止するための舗装厚さを増すなどの対策が必要となる。

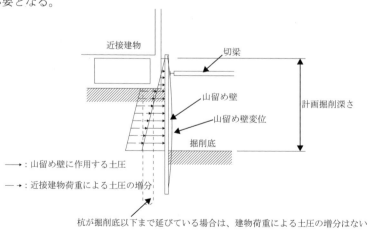

図5－4　近接構造物が山留めに与える影響

5.1 土工事

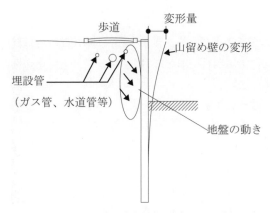

図5-5 山留め壁の変形が埋設管に与える影響

(d) 周辺道路状況

計画敷地に接する道路と，周辺の幹線道路からのアクセスを調査し，搬出入が可能な車両を特定する。通常，土工事での土の搬出入は，10tダンプトラックで計画するが，上記の調査結果によって，搬出入車両が4tダンプトラック以下となる場合もあり，工事工程に大きく影響するため，事前の調査が重要である。

道交法上は大型車両の通行が可能でも，実際の工事実施にあたっては，商店街，住宅街などでは特に，近隣協定などにより，車両の大きさ，搬入経路，搬入時間などに，制約を受ける場合があるため，近隣での過去の工事実績などの情報収集が重要である。

(e) 近隣の地下工事の施工状況

地盤内の状況を，掘削工事前に完全に把握することは，現在の技術においても不可能であり，近隣地域での地下工事の実績で，掘削規模，山留め壁，水処理の方法などを調査することで，地下水の状況や，実際の掘削土の状況を把握することができ，計画を立てる上で重要な情報となる。

(f) 地歴調査

土壌汚染対策法により，3000m^{2}以上の土地の形質変化を伴う工事を行う場合に特定行政庁への届出が必要で，その中に，必要とされる調査に地歴調査がある。過去の土地の利用履歴を調査し，土壌汚染の可能性を判定するために使われる。詳しくは，環境省の「土壌汚染対策法に基づく調査及び措置に関するガイドライン」などを参照のこと。

土壌汚染が発見された場合には，その汚染土の適切な処理が義務付けられており，工費，工期に大きく影響を与える。

この他，過去の地図（古地図なども含む）を調査することで，その土地の形状変化の歴史を確認することも重要である。埋め立てられた護岸や堤防，造成時の切土，埋め土，暗きょ化された河川などを掘削前に確認することができる。

(2) 施工計画

計画建物の地下形状から決まる掘削深さ，掘削面積，掘削位置と(1)の事前調査の結果を基に施工方法を決定する。具体的な決定項目を下記に示す。

- 山留め壁の要否と種類の決定
- 山留め支保工の要否と種類の決定
- 構台の要否と規模の決定
- 掘削機械の決定
- 地下水および雨水処理方法の決定

前述した項目は，それぞれが互いに関連し合っており，安全，環境，工費，工期を考慮し，最良の組み合わせにより，施工方法を決定する必要がある。

(a) 山留め壁の要否と種類の決定

山留め壁は以下の敷地，地盤状況の場合に設けられる。

1) 掘削位置が敷地境界や計画掘削深さより，根入れの浅い構造物に近接している場合
2) 掘削位置に近接して，地表面高さに作業区域が存在するため，法面を形成するための水平距離を確保できない場合
3) 掘削深さが地下水位より深く，掘削区域内への地下水流入を防止する必要性がある場合

3)の場合は止水性のある山留め壁が必要となる。

その他，山留め壁の種類については，5.1.4 山留め工事で述べる。

上記条件に該当しない場合は，山留め壁を設けず，後述する法切りオープンカット工法で施工されるが，同工法の場合掘削深さが深くなると，法面部分の土量が増大することで，掘削土量，埋め戻し土量とも増大するため，工費，工期などの比較により，山留め壁を設ける場合もある。

(b) 山留め支保工の要否と種類の決定

山留め壁を設けた掘削工事で，掘削深さが深くなると山留め壁の変形が大きくなり，山留め壁背面地盤への影響が無視できなくなる。その対策として，山留め壁を掘削側から，ある一定の高さで水平に支持してやることで，変形を抑えることができる。この対策工を山留め支保工という（図5−6）。

掘削する地盤にもよるが，一般的に掘削深さが 3m〜4m を超えると自立式の山留め壁（山留め支保工なし）では，山留め壁頭部の変位が大きくなり，近隣敷地や近接構造物への影響が懸念されるため，支保工を設ける場合が多い。

支保工の種類としては，掘削内部で山留め壁を突く工法と，山留め壁を背面地盤から引張る工法がある。

(c) 乗入れ構台の要否と規模の決定

掘削深さが深く，または，切梁支保工があり，施工区域の奥から床付けしながらの掘削が不可能で，掘削部周囲からも次期掘削が不可能な場合がある。その場合，掘削区域内に乗入れ構台を設け，その上に設置された掘削重機と，その上を走行する残土搬出用ダンプトラックにより次期掘削を行う。

5.1 土工事

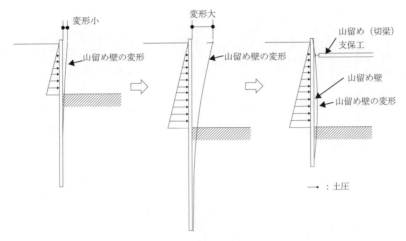

図5-6 山留め支保工の役割

前述の条件を満たしていても，工事敷地内に掘削区域外で重機などが作業できる場所がない場合などは，その後の躯体工事のための搬入車両や揚重機の走行や設置場所として設置する場合もある。

写真5-1 乗入れ構台の設置状況

(d) 掘削機械の決定

建築工事の土工事で使用される掘削機械は油圧ショベルが大半を占める。

地下階を有する建物の工事等で，掘削深さが深くなると土砂揚重のためクラムシェルなどが使用される。詳しくは，後述の5.1.3 掘削工事で述べる。

(e) 地下水および雨水処理方法の決定

透水性のよい土層を地下水位以下まで掘削する場合は，事前に地下水対策を計画しておかなければならない。基本的にはその対策として，排水工法と止水工法がある。詳しくは，後述の5.1.4 水替工事で述べる。

5.1.3 掘削工事

(1) 掘削工事一般

(a) 土の性質
建築の掘削工事で必要となる地盤の土質の違いによる性質を以下に示す。

1) 透水係数
透水係数とは，土中における地下水の移動速度を表す数値である。掘削工事において湧水対策の要否は，該当地盤の透水係数として，10^{-4}cm/s をひとつの目安とすることができる。**図5－7**の土質と透水係数では，数値が大きくなると排水が良好となっている。すなわち，このような地盤が地下水位以下にある場合，そこを掘削すると多量の湧水が発生することを意味している。また土粒子の粒径が大きいほど地下水が通りやすく湧水が多くなることがわかる。このような地盤を掘削する場合は，釜場排水（各掘削底に水中ポンプを設置して排水）以外の地下水対策が必要となる。

（透水係数：cm/s）

透水係数k	10^2 10^1 10^0 10^{-1} 10^{-2} 10^{-3}	10^{-4} 10^{-5}	10^{-6} 10^{-7} 10^{-8}
排水	良好	わずか	実用上不透水
土質	きれいな砂利 / きれいな砂利と砂の混合物	細砂、砂・シルトの互層 シルト～粘土	粘土

図5－7 土質と透水係数

2) 土の湿潤単位体積重量（自然含水状態の土の単位体積重量）
土の湿潤単位体積重量の参考値を下記に示す。

以下の数値と3)の地山に対する容積比の数値から，ダンプカー1台に積載できる掘削地山の体積を算定できる。

算定例（10tダンプの積載量）

・表土（普通土）
　　地山の体積で換算すると
　　$10t \div (1.5t/m^3) = 6.7m^3$
　　ダンプに積んだ状態の体積で換算すると
　　$6.7m^3 \times 1.25 = 8.33m^3$

・礫
　　地山の体積で換算すると
　　$10t \div (2.0t/m^3) = 5.0m^3$
　　ダンプに積んだ状態の体積で換算すると
　　$5.0m^3 \times 1.25 = 6.25m^3$

5.1 土工事

湿潤単位体積重量の参考値を以下に示す。

礫，砂礫　　　1.9～2.0t／m^3
砂　　　　　　1.8～1.9t／m^3
シルト，粘土　1.6t／m^3
関東ローム　　1.4t／m^3
表土　　　　　1.5t／m^3

3) 地山に対する容積比（表5-2）

土は地山（堆積してから掘削などの人為的形質変化を受けていない場合）の状態を掘削などにより緩めるとその容積が増大する。また，その緩めた土を埋め戻しなどで，締め固めると容積が減少する。

表5-2　地山に対する容積比

土　質	地山に対する容積比	
	掘り緩めたとき	締め固めたとき
ロ　ー　ム	1.25～1.35	0.85～0.95
普　通　土	1.20～1.30	0.85～0.95
粘　　土	1.20～1.45	0.90～1.00
砂	1.10～1.20	0.95～1.00
砂混じり砂利	1.15～1.20	1.00～1.10
砂　　利	1.15～1.20	1.00～1.05
固結した砂利	1.25～1.45	1.10～1.30
軟　　岩	1.30～1.70	1.20～1.30
中　硬　岩	1.55～1.70	1.20～1.40
硬　　岩	1.70～2.00	1.30～1.50

※地山の状態の土量を1.0としたときの容積比

4) 地山の強度（表5-3）

表5-3　土質調査の標準貫入試験結果N値と地山の強度の関係

	硬　　さ	N値	簡易判別法
砂質土	中位のもの	10～20	シャベルで力を入れて掘れる
	ゆるいもの	5～10	シャベルで容易に掘れる
	非常にゆるいもの	5＞	鉄筋棒等が容易に貫入する
粘性土	硬いもの	8～15	シャベルで強く踏んでようやく掘れる
	中位のもの	4～8	シャベルで力を入れて掘れる
	軟らかいもの	2～4	シャベルで容易に掘れる
	非常に軟らかいもの	0～2	鉄筋棒等が容易に貫入する
ローム	やや硬いもの	3～5	
	軟らかいもの	3＞	

(b) 法面勾配

山留め壁などがなく，掘削により斜面が形成される場合，その安定勾配は，その部分の土質の粘着力 C，内部摩擦角 φ および，含水による見かけの粘着力により決定されるが，地山の土質の状態から，切土高さと勾配の関係が **表5－4** の通りに示されており，参考とすることができる。また，労働安全衛生法においても，制限値が設けられているため，注意が必要である（**表5－5**）。

表5－4 切土に対する標準法面勾配

地山の土質		切土高	勾配
硬岩			1:0.3 〜 1:0.8
軟岩			1:0.5 〜 1:1.2
砂	密実でない粒度分布の悪いもの		1:1.5 〜
砂質土	密実なもの	5m 以下	1:0.8 〜 1:1.0
		5 〜 10m	1:1.0 〜 1:1.2
	密実でないもの	5m 以下	1:1.0 〜 1:1.2
		5 〜 10m	1:1.2 〜 1:1.5
砂利または岩塊まじりの砂質土	密実なもの，または粒度分布のよいもの	10m 以下	1:0.8 〜 1:1.0
		10 〜 15m	1:1.0 〜 1:1.2
	密実でないものまたは粒度分布のわるいもの	10m 以下	1:1.0 〜 1:1.2
		10 〜 15m	1:1.2 〜 1:1.5
粘性土		10m 以下	1:0.8 〜 1:1.2
岩塊または玉石まじりの粘性土		5m 以下	1:1.0 〜 1:1.2
		5 〜 10m	1:1.2 〜 1:1.5

表5－5 手掘りによる掘削作業での掘削面の勾配の基準（労働安全衛生規則）

根拠	地山の種類	掘削面の高さ	掘削面の勾配
第356条	岩壁又は硬い粘土からなる地山	5m 未満	90度
		5m 以上	75度
	その他の地山（第357条の地山を除く）	2m 未満	90度
		2m 以上 5m 未満	75度
		5m 以上	60度
第357条	砂からなる地山	35度以下，又は 5m 未満	
	発破等により崩壊しやすい状態の地山	45度以下又は 2m 未満	

注）1. 切土高および勾配は以下とする

図5－8 法面の各部位の呼称　　　　図5－9 切土高と勾配の説明図

注）2. 土質構成などにより単一勾配としないときの切土高および勾配の考え方は以下とする

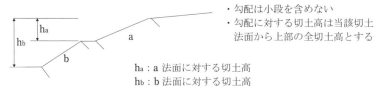

・勾配は小段を含めない
・勾配に対する切土高は当該切土法面から上部の全切土高とする

h_a：a 法面に対する切土高
h_b：b 法面に対する切土高

注）3. シルトは粘性土に入れる
注）4. 上表以外の土質は別途考慮する

図5－10 単一勾配としない時の説明図

5.1 土工事

(c) 床付け

掘削底面の整形を床付けという。床付け面は，建物などの構築物の荷重を本設または，仮設時に負担するため，床付け面以下の地山を傷めないように施工しなければならない。特に直接基礎などで，建物の荷重を床付け面で直接負担する場合は，床付け面上部20cm程度まで，つめ付きのバケットで掘削後，床付け面はすきとり用の鉄板を取り付けたバケットで平滑に成型する。

つめ付きバケット

鉄板付きバケット

写真5－2　油圧ショベルのバケット形状

(2) 床付け形状による分類

(a) つぼ掘り（図5－11）

独立基礎の形状にあわせて掘削する。

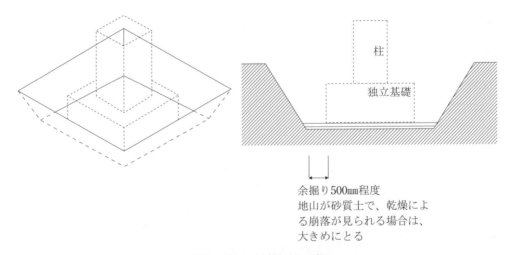

余掘り500mm程度
地山が砂質土で、乾燥による崩落が見られる場合は、大きめにとる

図5－11　つぼ掘りの形状

(b) 布掘り（図5－12）

布基礎や地中梁の形状にあわせて，文字通り布状に掘削する。

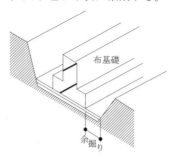

図5－12　布掘りの形状

(c) 総掘り（図5－13）

べた基礎や，地中梁下部に耐圧版を構築し床下にピットを設ける場合等に，建物の形で，同じ深さに掘削する。

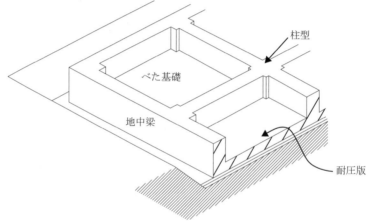

図5－13　総掘りの形状

(3) 山留め支保工による分類

(a) 法付けオープンカット工法（図5－14）

掘削部の周りに安定した斜面（法面）を形成しながら，地盤を掘り下げる工法。掘削深さに従い，掘削外周部の斜面も大きくなり，掘削外周部敷地に余裕が必要となるため，また，それに従い，掘削土量も多くなるため，建築においては掘削深さが4m程度までの工事に採用される場合が多い。掘削内部には，仮設物などの障害となるものがなく施工性は良い。

図5－14　法付けオープンカット工法の断面

5.1 土工事

(b) 山留め壁自立工法（図5-15）
　掘削底以下に十分な根入れをした山留め壁で地山を押さえて掘削する工法。法付けオープンカット工法と同様に，掘削内部には，仮設物などの障害となるものがなく施工性は良い。掘削深さが深くなると山留め壁の掘削内部側への変位が大きくなるため，関東ロームや硬質粘性土など自立性のある地山でも，掘削深さは最大で5m程度までである。

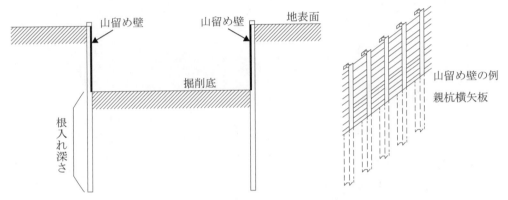

図5-15　山留め壁自立工法による掘削断面

(c) 井桁切梁工法（図5-16）
　文字通り，掘削内部に切梁を井桁状に組み，腹起こしを介して山留め壁を押さえながら掘削していく工法で，上記の工法よりも深い掘削に対応できる。しかし，掘削内部に切梁や棚杭が存在するため，施工性は劣る。また，切梁撤去時に構築した躯体で山留め壁を押さえるため，内部躯体構築順序が制約されるなど施工の手順が複雑になる。

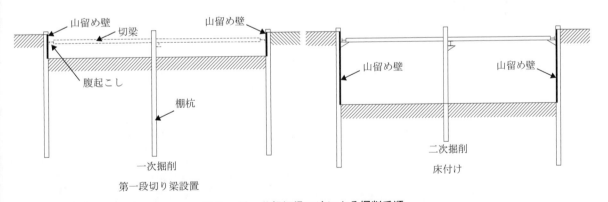

図5-16　井桁切梁工法による掘削手順

(d) アースアンカー工法（図5-17）

上記工法の切梁の代わりにアースアンカーで，山留め壁を押さえて掘削していく工法。掘削内部に施工の障害となる仮設物もなく施工性が良く，深い掘削にも対応できる。しかし，施工条件として，掘削外周部にアースアンカーを設置できる敷地が必要。

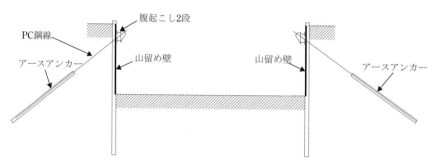

図5-17　アースアンカー工法による掘削断面

(e) その他の工法

その他の工法を図5-18〜21に示す。

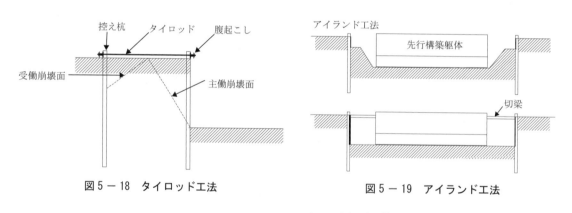

図5-18　タイロッド工法　　　　図5-19　アイランド工法

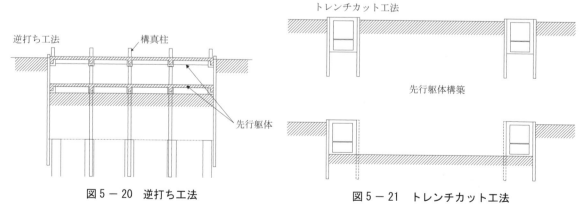

図5-20　逆打ち工法　　　　図5-21　トレンチカット工法

5.1 土工事

(4) 掘削機械

〇油圧ショベル

バケットの容量が $0.01m^3 \sim 40m^3$ 程度までの機種があるが，建築工事の土工事では，$0.1m^3 \sim 1.4m^3$ 程度までの機種が使用される。

法付けオープンカット工法や，山留壁自立工法などで，掘削とダンプカーへの積み込みに使用される。5m 程度までの深さの場合，構台上や山留壁周囲からの土砂揚重とダンプカーへの積み込みに使用される。

また，掘削深さが深くなった場合に，掘削底に下ろし，集土や床付けに使用される。その他，床付け，埋戻し，盛土，地ならし，砕石敷き等の全ての土工事に使用される汎用性のある重機である。

写真5－3　油圧ショベル

〇テレスコクラムシェル
（パイプクラム）

構台上や山留壁の周囲からの土砂揚重で，深さが 15m 程度までの掘削工事に使用される。

写真5－4　テレスコクラムシェル

〇クラムシェル

構台上や山留壁の周囲からの土砂揚重で，深さが 30m 以上の掘削工事にも対応できる。

写真5－5　クラムシェル

5章　土工事・基礎工事

○油圧ショベル（ショートリーチ仕様）

掘削底に下ろし，切梁下や逆打ち工法で，高さ方向の空間があまり確保できない場合の掘削や集土に使用される。

写真5－6　油圧ショベル（ショートリーチ使用）

○ブルドーザー

広範囲の地ならしや砕石の敷き均しに使用される。

写真5－7　ブルドーザー

5.1.4　山留め工事

(1) 山留め計画

山留めは建物の地下階や基礎などを施工するための，掘削周辺地盤の崩壊や土砂の流出を防止するために設置する仮設構造物である。

掘削することで安定状態が崩れる土を，安定状態に保たせようとする行為を「山留め」（土木用語では「土留め」）と呼び，そのために実施する対策工事を「山留め工事」という。山留めは一般的に，山留め壁と支保工（切梁・アンカー・腹起し等）で構成される。

山留め壁および支保工には様々な工法があり（**図5－22**），各工法にはそれぞれに長所・短所があるため，工事規模，施工条件，敷地条件，地盤・地下水条件および周辺環境によって各工法の適用性が異なる（**表5－6**）。したがって，工法の選定にあたっては，各工法の特徴をよく把握したうえで，これらの条件に適合する安全で経済的な工法を選定することが重要である。

図5－22　山留め壁の種類

5.1 土工事

表5-6 山留め壁の種類と特徴

壁の種類		概要と特徴	適用性と留意事項
透水壁	親杭横矢板壁	・H形鋼等の親杭を一定の間隔で地中に打ち込み，掘削しながら親杭間に木材等の横矢板を挿入して築造する工法 ・根入れ部分については連続性がなく，受働抵抗面積が小さい ・遮水性がないので地下水位の高い地盤では地下水処理を併用する必要がある	・地下水位の低い良質地盤に有効 ・山留め壁としてはもっとも安価 ・地下水位の高い細砂層や非常に緩いシルト層のように根切りしてから横矢板を入れるまでの間に崩れてしまうような地盤での適用は不可
止水壁	鋼矢板壁（シートパイル）	・U形等の断面形状の鋼矢板を継手部を噛み合わせながら連続して地中に打ち込んで築造する山留め壁 ・遮水性を有する ・掘削底面以下の根入れ部分についても連続性が保たれる	・地下水位の高い地盤や軟弱地盤にも適用可 ・継手部分に遊びがあるため，断面性能の低下を考慮する必要がある ・引抜き転用でコスト安
止水壁	ソイルセメント壁	・単軸あるいは多軸の掘削撹拌機などを用いて原位置土とセメント系懸濁液を混合撹拌した後に芯材を挿入し，壁体を連続して築造する山留め壁 ・一般的には混合撹拌した原位置土の60〜80％の廃泥が発生する ・止水壁とし，ソイルセメント部分のみを長く伸ばすことが可能	・地下水位の高い砂層地盤，砂礫地盤，軟弱地盤と適用範囲は広い ・地盤種別により，ソイルセメント品質に差が生じるのでその品質管理が重要 ・柱列タイプでは接合部の遮水性に注意が必要
止水壁	場所打ち鉄筋コンクリート地中壁	・安定液を用いて掘削壁面の安定を保ちながら壁状の溝を掘削し，その溝に鉄筋籠を挿入後，コンクリートを打設し，壁体を連続して築造 ・壁の剛性が大きく，遮水性が高い ・本体構造物の一部として利用可能（地下外壁や杭）	・大深度掘削への適応性が高い ・地下水位の高い砂層地盤，砂礫地盤，軟弱地盤と適応地盤の範囲が広い ・エレメント接合部の遮水性に注意が必要 ・工費は比較的高い

(2) 山留め壁，支保工の設計

　山留めの壁・支保工などの主要な部材は，側圧（土圧や水圧）に耐え得る構造であることを構造計算で確認しなければならない。また周辺に支障を与えるような変形を生じない十分な剛性も必要である。構造計算に使用する許容応力度は，新品材のときは，短期許容応力度，中古材のときは，短期と長期の中間値である中期許容応力度を使用する。

　設計に際し検討・確認が必要な項目は，以下の通りである。
- 土圧，水圧（地下水位）の算定値と，地盤調査報告書や実際の作業条件との適合性
- 山留め計算における施工上の制約（上載荷重の増加による側圧の増大など）
- 山留め壁周囲に大型重機などが近接する場合の山留め壁への側圧増分の考慮
- 山留め壁の強度計算および根入れ長さの安定計算（部材応力度の把握，部材変形量の把握，必要な根入れ長さ）
- 根切り底面の安定計算（ヒービング，ボイリング，盤ぶくれ）
- 山留め支保工の強度計算（各部材の応力度の把握）
- 切梁支柱の強度検討
- 設計上，応力および変形が大きい部材の把握（計算書の施工管理への反映）
- 周辺の構造物，道路，埋設インフラ（上下水道，ガス，通信）等の影響

　山留め壁の応力・変形の算定方法として，以下の3つの方法が一般的である。
(1)　梁・ばねモデルによる方法
(2)　単純梁モデルによる方法
(3)　自立山留めを対象とした簡易的な梁・ばねモデルによる方法

各モデルの適用範囲は**表5-7**に示す通りである。

表5-7　工事の規模に対する算定方法の適用範囲の目安

工事の規模	根切り深さの目安 (m)	算定方法		
		梁・ばねモデル（弾塑性法）	単純梁モデル（慣用法）	自立山留めの梁・ばねモデル（慣用法）
自立	〜5	◎	―	○
中小規模	〜15	◎	○	―
大規模	15〜	◎	△	―

　また，山留め設計には，荷重となる側圧，地盤条件や切梁の支点条件など設計者の判断に基づいて決定される項目が多々ある。一方で山留めは仮設構造物であるので，コスト・経済性が要求されるが工事中の全ての段階での安全性も確保する必要がある。

5.1 土工事

(3) 山留め壁の施工

各山留め壁に用いられる施工機械および施工状況を以下に示す。

・親杭横矢板の施工機械

写真5－8 アボロン工法杭打機

○プレボーリング根固め工法
（アボロン）

　スパイラル状のアースオーガーで，地盤を削孔し，孔内に低強度のセメントミルクを注入し，そのなかに親杭であるH型鋼を挿入する。

　H型鋼間に掛け渡す木製の横矢板は，掘削しながら設置し，その裏側には土を充てんする。その土の緩みを抑えるため，矢板とH鋼の間にクサビを打ち込むこともある。

・鋼矢板（シートパイル）の施工機械

写真5－9 油圧式杭圧入引抜機（サイレントパーラー）

○圧入工法（サイレントパイラー）

　※引抜きも同じ機械で可能

　先に地中に圧入したシートパイル数枚を反力に，一枚ずつシートパイルを地盤に押し込んで挿入していく。

　最初の数枚は，打ち込み前のシートパイルや専用架台をおもりとして反力をとる。

・ソイルセメント壁の施工

写真5－10 ソイルセメント壁工法
　　　　　（三点式杭打機）

○ソイルセメント壁工法の標準的な施工機械1セット

　（ベースマシン：三点式杭打機）

　3連から5連の径400mm，ピッチ300mm～径900mm，ピッチ600mmで装着したアースオーガーで地盤を削孔し，現位置土とセメントミルクを混合させ，ソイルセメント壁を構築し，芯材としてH型鋼を挿入する。

5章 土工事・基礎工事

・場所打ち鉄筋コンクリート地中壁

写真5－11 バケット式掘削機

○バケット式掘削機

　厚さ600mm〜3000mmで，幅2000mmから4000mmの断面の掘削孔を安定液を満たしながら掘削。

　掘削終了後，鉄筋籠挿入，コンクリート打設を行い地中にＲＣ造の壁体を構築する。

写真5－12 鉄筋かご建込み

○鉄筋籠

　地上で組み立てられた鉄筋籠を掘削孔に挿入。

(4) 山留め支保工

　山留め支保工は，山留め壁に作用する側圧を安全に支えるとともに，山留め壁の変形を制御し，周辺の地盤ならびに構造物に有害な影響を及ぼさないようにすることが基本となる．各支保工の特徴を把握した上で適切な支保工の選定を行う必要がある．

　山留め支保工の種類と分類および特徴を図5－23および表5－8にそれぞれ示す．山留め支保工の形式としては，切梁方式，アンカー方式および逆打ち方式の3方式に分類される．

　山留め支保工の選定は，各山留め支保工の特徴を把握した上で，根切り山留め工法の選定時において同時に検討する必要がある。

5.1 土工事

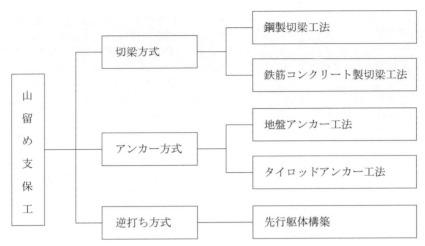

図 5 − 23　山留め支保工の分類

表 5 − 8　支保工の種類と特徴

支保工の形式と種類		特徴	留意事項
切梁方式	井桁切梁工法	・支保工の形式としては実績が多く，信頼性も高い ・通常はボルト穴が加工されたH形鋼のリース材が使用される ・転用が可能で，比較的安価 ・プレロード導入が任意	・部材の継手が多くなると切梁の変形が大きい ・複雑な平面形状や80mを超える大スパンでの適用は難しい ・温度応力が大きい
アンカー方式	地盤アンカー工法 （アースアンカー工法）	・地盤との定着体部，自由長部および山留め壁と結合するアンカー頭部で構成 ・あらかじめプレストレスを導入する必要がある ・必要に応じ除去式アンカーを用いることができる ・どのような平面規模・形状に対しても適用可 ・工期の短縮が図れる	・山留め壁に鉛直力が作用 ・全数について設計耐力の確認が必要 ・軟弱地盤への定着は不可 ・地下水の流れが速い場合には不適 ・被圧水が高い場合には施工の難易度が高くなる ・定着地盤が深い場合は全長が長くなりコスト高 ・山留め壁外周部に地盤アンカーを設けるだけの敷地の余裕が必要

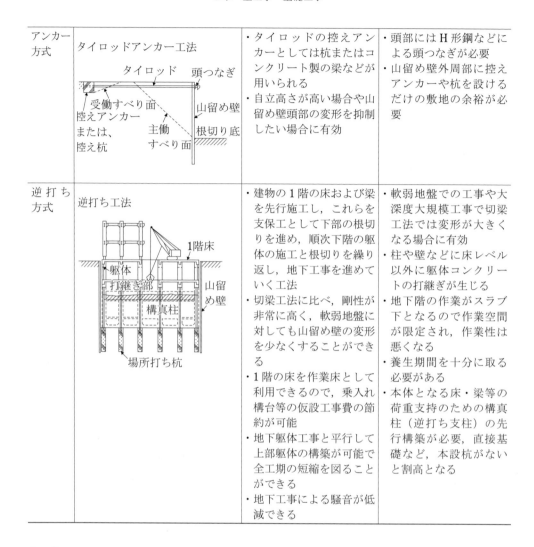

アンカー方式	タイロッドアンカー工法	・タイロッドの控えアンカーとしては杭またはコンクリート製の梁などが用いられる ・自立高さが高い場合や山留め壁頭部の変形を抑制したい場合に有効	・頭部にはH形鋼などによる頭つなぎが必要 ・山留め壁外周部に控えアンカーや杭を設けるだけの敷地の余裕が必要
逆打ち方式	逆打ち工法	・建物の1階の床および梁を先行施工し，これらを支保工として下部の根切りを進め，順次下階の躯体の施工と根切りを繰り返し，地下工事を進めていく工法 ・切梁工法に比べ，剛性が非常に高く，軟弱地盤に対しても山留め壁の変形を少なくすることができる ・1階の床を作業床として利用できるので，乗入れ構台等の仮設工事費の節約が可能 ・地下躯体工事と平行して上部躯体の構築が可能で全工期の短縮を図ることができる ・地下工事による騒音が低減できる	・軟弱地盤での工事や大深度大規模工事で切梁工法では変形が大きくなる場合に有効 ・柱や壁などに床レベル以外に躯体コンクリートの打継ぎが生じる ・地下階の作業がスラブ下となるので作業空間が限定され，作業性は悪くなる ・養生期間を十分に取る必要がある ・本体となる床・梁等の荷重支持のための構真柱（逆打ち支柱）の先行構築が必要，直接基礎など，本設杭がないと割高となる

(5) 計測管理

　根切り山留め工事は，安全に実施することに加えて確実に，迅速に，廉価に行うという工事そのものの品質・工期・工費にかかわる条件と，過大な周辺地盤の沈下などのように第三者に迷惑を及ぼさないという環境適合条件を満たす必要がある。したがって，根切り山留め工事の設計・施工においては，まず安全の確保が最優先されなければならない。

　根切り山留め工事を安全に行うためには，綿密な事前調査とそれに基づく設計施工計画ならびに適切な施工とが一体となった管理が必要となる。根切り山留めに関しては従来から多くの経験と研究が蓄積されているが，現在でもまだ不明確な問題も多い。したがって，施工時に計測管理を行い，その結果をフィードバックしながら，工事をすすめることが安全上不可欠な要素となっている。計測管理の目的は，周辺地盤や建物などの沈下・移動・変位，地下水の変動，山留め架構の変形・応力などを

5.1 土工事

測定して,山留めの崩壊,周辺地盤や建物などに対する障害,ヒービング・ボイリングなどの危険な兆候を事前に把握して速やかにこれに対応することにある。計測管理を行う期間,頻度および使用機器等は**表5−9・10**に示す通りである。

表5−9 測定期間および測定頻度の例

計測項目と計器		初期値	根切り開始まで	根切り期間	地下躯体構築期間
山留め架構	山留め壁に作用する側圧と水圧（土圧計・水圧計）	山留め壁設置前	1回／週	毎日（3回／日）	毎日（3回／日）
	山留め壁変形（固定式傾斜計）（挿入式傾斜計）	根切り開始前	1回／週	固定式傾斜計；毎日（3回／日）挿入式傾斜計；根切り段階ごとに1回およびプレロードの直前直後	固定式傾斜計；毎日（3回／日）挿入式傾斜計；切梁の解体直前直後
	山留め壁応力（鉄筋計）	根切り開始前	1回／週	毎日（3回／日）	毎日（3回／日）
	切梁軸力（歪計）	切梁設置直前	1回／週	毎日（3回／日）	毎日（3回／日）
周辺の地盤と構造物	周辺地盤沈下測定（レベル）	山留め壁設置前	初期値設定後,根切り開始までに3回	根切り段階ごとに1回	切梁解体ごとに1回
	周辺構造物と埋設物の沈下測定（レベル）	山留め壁設置前	初期値設定後,根切り開始までに3回	根切り段階ごとに1回	切梁解体ごとに1回

注）山留め壁の変形と応力は根切りの影響を把握するため,根切り直前を初期値とした
　　根切り開始までの期間の測定は,測定値の信頼性を確認するために行う

表5−10 主な計測の対象と使用機器

対象		項目	使用機器
山留め架構	山留め壁	山留め壁に作用する側圧と水圧	・壁面土圧計 ・壁面間隙水圧計
		山留め壁変形	・挿入式傾斜計 ・固定式傾斜計 ・浮式変位計 ・（トランシット）

5章 土工事・基礎工事

		山留め壁の応力	・歪計 ・鉄筋計
	切梁腹起し	切梁軸力	・歪計 ・(油圧計)
		地盤アンカー軸力	・センターホール型ロードセル
		腹起し応力	・歪計 ・鉄筋計
		腹起したわみ	・(水糸) ・(トランシット)
		切梁温度	・温度計
周辺の地盤と構造物	地盤	沈下	・(レベル) ・(二重管式沈下計)
		側方変位	・挿入式傾斜計 ・(トランシット)
		地下水	・観測井 ・間隙水圧計
	構造物	沈下	・(レベル) ・(二重管式沈下計) ・水盛管式沈下計
		傾斜	・固定式傾斜計 ・(水準器) ・(下振り)
		亀裂	・(スケール)

注）カッコ内は監視・観察で使用する主な機器

また，計測状況を以下に示す。

・山留め壁頭部の倒れ計測（ピアノ線）　　・切梁軸力計測用油圧計

写真5－13　杭頭部変位（ピアノ線）

写真5－14　切梁軸力（油圧計）

5.1 土工事

・地盤アンカー軸力計測用荷重計

写真5－15　地盤アンカー軸力（センターホール型荷重計）

(6) 異常事態とその対策

①ヒービング

　掘削部及び山留め壁の根入れ部分が粘着力の小さい軟弱な粘性土地盤の場合，山留め壁の背面の土の重量により，掘削底以深の山留め壁の根入れ部で地盤が円弧状にすべり，掘削底面が押し上げられ，最終的には山留め壁が崩壊し，背面地盤を大きく沈下させる（図5－24）。

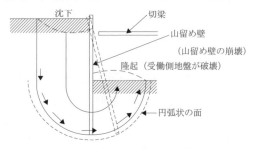

図5－24　ヒービング現象

ヒービングの防止策
・山留め壁の根入れ長を延長し，円弧状の面（抵抗する面積----）を大きくする
・山留め壁近傍の背面地盤を下げて，山留め壁背面と前面の土の重量差を低減する

②ボイリング

　掘削底以深が透水性の良い砂地盤で，その土層の水位が掘削底より高く，更に，その下に不透水層がないか，または深く，止水性のある山留め壁を設置しても地下水を締め切れない場合，止水性の山留め壁の下を回って地下水が流入する（図5－25）。山留め壁最下端における水圧が，山留め壁最下端から掘削底までの土の重量を超えたとき，掘削底の地盤を押し上げるように流入し，砂粒子が水中で浮遊した状態が発生する。これをクイックサンドという。この状態が更に進み，地盤内にパイプ状の水みちが形成さた状態をパイピングという。このパイピングの現象が掘削底に広がり，まさしく，水が沸騰したように掘削内に湧きあがり，掘削底の地盤を破壊する。この状態をボイリングといい，更に状態が進行すると山留め壁の崩壊につながる。

5章　土工事・基礎工事

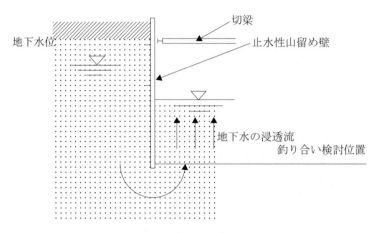

図5－25　ボイリングの概念図

ボイリングの防止策
・止水性山留め壁の根入れ深さを，その先端位置で，掘削内部側の土の重量が地下水圧以上となる深さ以上にする
・掘削内部にディープウェルを設置し地下水を汲み上げ，掘削底以深の水圧を，掘削内部側の土の重量以下に減圧する

③盤ぶくれ

　掘削底が不透水層の粘性土で，その下に水圧をもった帯水層が存在するとき，掘削により，掘削部の不透水層の土塊重量が帯水層の水圧を下回ると，掘削部が持ち上げられる現象が発生する（**図5－26**）。

　この現象が進むと，受働土圧が減少し，山留め壁の崩壊につながることがある。

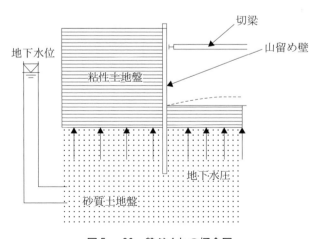

図5－26　盤ぶくれの概念図

5.1 土工事

盤ぶくれ防止策
- 帯水層の更に下の不透水層まで，止水性の山留め壁を根入れさせる
- 不透水層が出現しない場合，深層地盤改良にて，人工的に掘削部下に不透水層を構築することもある
- 掘削内部にディープウェルを設置し，帯水層の水圧を下げる

※静止土圧：壁の移動がないときの土圧
　主働土圧：壁が掘削側の方に動くときの土圧。壁が土から離れる方向（下方）に動く土圧
　受働土圧：外力により壁体が背面の方に動くときの土圧。壁が土に向かう（上方に押し出される）土圧

5.1.5 水替工事

(1) 地下水処理工法の分類

　止水性山留め壁等によって根切り部内への地下水の流入を防ぐ①止水工法と，流入する地下水を排水する②排水工法に大別される（図5－27）。止水工法でも，すでに存在する地下水や浸入する地下水を排水（揚水）するために，補助的に釜場工法やディープウェル工法によって根切り部内の地下水を揚水するので，主体は止水であっても厳密には止水・排水併用工法である場合が多い（図5－28）。

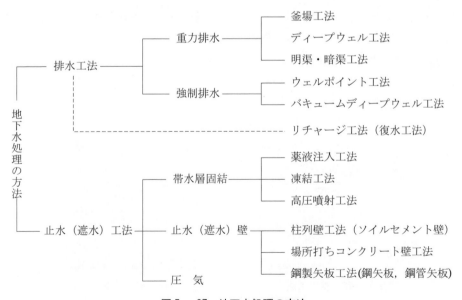

図5－27　地下水処理の方法

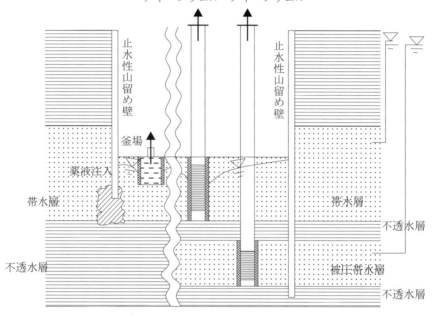

図5−28 止水工法,止水・排水併用工法

(2) 重力排水

重力により集めた地下水をポンプで揚水する工法で,**釜場工法**(**写真5−16**),**ディープウェル工法**(**写真5−17**),また,あまり採用されないが**暗きょ工法**などがある。

ディープウェル工法とは,地盤を500mmから1000mm程度の径で削孔し,そのなかに径300mmから600mm程度の鋼管にストレーナー(集水用のスリット)を取り付けたものを挿入し,その管の中に高揚程のポンプを設置し帯水層の水を揚水するのに使用される。

写真5−16 釜場工法

写真5−17 ディープウェル工法

5.2 地業（基礎）工事

(3) 強制排水

土中に打ち込まれたパイプの中を減圧し，地下水を吸い上げる工法で，管径40mm程度の鋼管を1mから2m程度のピッチで設置する工法を**ウェルポイント工法**という（図5－29）。**バキュームディープウェル工法**とは，上記のディープウェル工法の管内を減圧し，集水能力を高めた工法であるが，メンテナンスが難しく，採用頻度は低い。

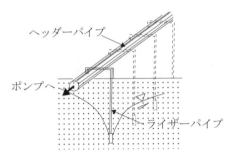

図5－29 ウェルポイント工法概要図

写真5－18 ウェルポイント工法

(4) 止水工法

止水性の山留め壁の設置や，透水層内に薬液注入や地盤改良または，凍結により帯水層を固結させ，止水壁を構築することで，掘削内部への地下水流入を防止する工法。圧気工法とは掘削部を先工躯体で覆い，その内部の気圧を上昇させることで地下水の流入を防止する工法。

5.2　地業（基礎）工事

5.2.1 基礎工事の概要

建築物の荷重を安全に支持するために地盤に施される対策と，その構築の過程において必要とされ地盤に施される対策がある。地業の種類としては，事前に工場で製作された杭を使用する既製コンクリート杭地業および鋼杭地業，現地で鉄筋を組みコンクリートを打設して杭体を製作する場所打ちコンクリート杭地業，地盤のコンクリート躯体設置部分に施工される砂利，砂及び捨コンクリート事業，地盤自体に改良材を混入することでその強度増強を図る地盤改良などがある。このうち，砂利，砂及び捨コンクリート事業は，上記の両方の役割がある。特殊なものとしては，場所打ち鉄筋コンクリート地中壁（RC連続壁）「5.1.3(2) 山留め壁の種類と特徴参照」を壁杭として利用する場合もある。

（注：鋼杭地業については，その施工方法が既製コンクリート杭事業とほぼ同じであること，最近では大型の建築物への採用事例が少ないことから詳細は省く）

5.2.2 既製コンクリート杭地業

(1) 既製コンクリート杭の分類

既製コンクリート杭は，工場などで製造された所定の性能を有する杭であり，形状や強度および仕様によって多くの種類がある（図5－30）。

杭の種類および施工方法などは，建物の構造や規模，建設場所，施工条件，地盤などの諸条件を考慮して設計段階で検討し，その結果を設計図書に特記仕様として記載する。

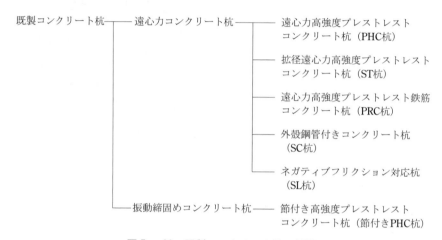

図5－30　既製コンクリート杭の種類

(2) 杭の設置方法

杭工事は適切な施工方法を決定し，施工時の管理項目，管理基準を施工計画として定め，これらに基づき施工管理し，施工記録を残すことが重要である。

既製コンクリート杭の設置方法の種類とその分類を図5－31に示す。杭の設置方法は，大きく分けて打込み杭，埋込み杭に分類される。打込み杭の場合，騒音・振動，そして油や煙の飛散など周辺に悪影響を及ぼすことが多いため，市街地では採用されない。埋込み杭は，そのほとんどが杭の製造メーカー各社が取得した認定工法で施工される。

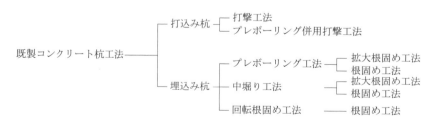

図5－31　既製コンクリート杭の設置方法

5.2 地業（基礎）工事

(3) 杭材の受入れ検査
杭材は製作工場で検査に合格した後に出荷されるが、現場搬入時にも受入れ検査として杭材の検査を実施する（**写真5－19**）。検査項目として以下の内容があげられる。

①杭の種類を刻印で確認
②杭径や杭長をスケールで確認
③ひび割れや欠けなどの目視確認

写真5－19　既製コンクリート杭の刻印表示例

(4) 杭芯位置の確認
一般工法の既製コンクリート杭の杭間隔は杭径の2.5倍であるが、拡大根固め工法などの認定工法では、それぞれ定められた杭間隔があるので注意が必要である。

(5) 掘削の施工手順
掘削は採用した工法と地盤に適した速度で掘り進め、オーガー（地盤を掘削するロッド）の引き上げ速度は根固め液等の注入量にあわせて行う。不適当な速度でオーガーを引き上げると、孔壁への負圧や逸水を招き、孔壁崩壊の原因となるので注意する（**表5－11**）。

写真5－20　既製コンクリート杭の掘削機

表5－11　地質別掘削速度（例）

地　　質	掘削速度（m/分）
シルト，粘土，緩い砂	2～6
固い粘土，中密砂	1～4
密な砂，砂礫	1～3

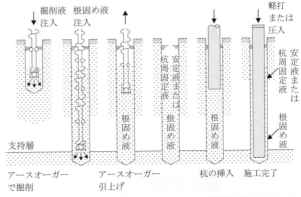

※セメントミルク：安定液または杭周固定液・根固め液を指す
図5－32　セメントミルク工法（一般工法）施工手順

(6) 根固め液・杭周固定液の充てん確認

根固め液や杭周固定液には，一般にセメントミルクが用いられる。セメントミルク工法の施工手順を図5−32に示す。根固め液の調合及び使用量は，それぞれの工法によって定められているので，その工法の認定の施工指針などで確認する。杭の先端支持力は，支持地盤と杭とが根固め部を介して一体化する事で発現する。杭周固定液は，杭と掘削孔壁との間に充てんして固結させ，周面摩擦力を発揮させる目的で使用する。杭周固定液と根固め液は，注入量の記録によって管理する。

(7) 施工精度

一般的に要求される杭の施工精度は，水平方向のずれがD/4（Dは杭径），かつ100mm以内で，鉛直精度は1/100以内である。施工精度は下記のような時期に確認する。

①仮杭設置時，掘削開始時の杭芯位置の確認
②掘削時のアースオーガーの鉛直精度の確認
③杭の建込み，打込み時の鉛直精度確認

(8) 支持層の確認

支持層の深さは，土質調査資料や設計図書で事前に確認するとともに，施工時にはアースオーガー駆動用電動機の積分電流値の変化（図5−33 グラフ3参照），掘削深度等の情報に基づいて行う。

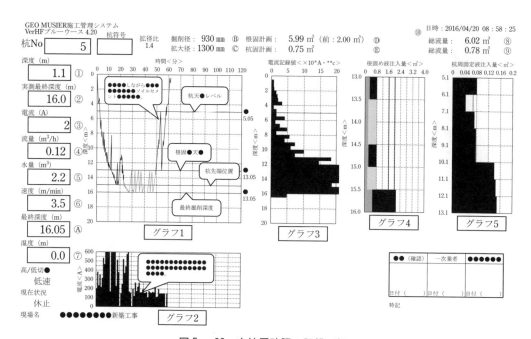

図5−33 支持層確認の記録（例）

5.2 地業（基礎）工事

(9) 継手部の施工

既製コンクリート杭の継手には，溶接継手工法と無溶接継手工法があり，溶接部の確認はJIS A7201による。また，無溶接継手工法については，各種の認定工法があり，それぞれの指針にしたがう。現在では，施工者の技量や天候の影響を受けにくい無溶接継手が主流となっている。

1) 溶接継手

継手の接合に当たっては，上下杭の端面を合わせ，かつ，軸線は同一直線状にあるようにする。溶接は原則としてアーク溶接とし，使用する溶接棒及びワイヤーは，基準に適合するもの，又はこれと同等以上の性能があるものとする（表5－12）。

溶接作業者は，JIS又はWESで定められた技量を有するものとする。開先の目違い量は2mm以下で許容可能なルート間隔の最大値は4mm以下とする（図5－34）。

降雨時，降雪時，強風時（10m/秒程度以上）には溶接を行なってはならない。ただし，溶接部が天候の影響を受けないような処置を行なう場合は，監理者の承諾を受ける。原則として気温が0℃以下場合は溶接を行ってはならない。ただし，0℃から－15℃の場合は，溶接から100mm以内の部分を36℃以上に余熱して行なう場合はこの限りではない。溶接部の検査は目視によって行い，使用上支障のある欠陥が発見された場合は，工事監理者の指示によって適切な処置をしなければならない。

表5－12 溶接棒，ワイヤーの種類及び径（JIS A 7201）

(単位：mm)

手 溶 接			半 自 動 溶 接	
種 類	層	棒 径	種 類	ワイヤー径
JIS Z 3211の D4301イルミナイト系又はD4316低水素系	1層目	3.2以下	JIS Z 3313の YFW-S430X，YFW-S500X YFW-S50DX，YFW-S502X YFW-S50GX	2.4，3.2
	2層目	3.2～6		

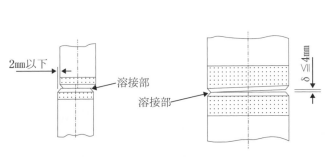

図5－34 杭の継手部許容値（JIS A 7201）

写真5－21 溶接の作業状況

2) 無溶接継手

① ペアリングジョイント

本工法は、端部金具、内リング、外リングから構成されている。テーパーのついた外リングを油圧ジャッキではめ込み、半径方向に結束力を発生させ、これによって内リングの突起を介して、上杭と下杭の端板を締め付けて、継手としての性能を発揮する（**図5－35**）。接合完了後の検査項目は、外リングと内リングのはめ込み代であり、規定の範囲内であるか確認する（**図5－36**）。

図5－35　無溶接継手の例（ペアリングジョイント）

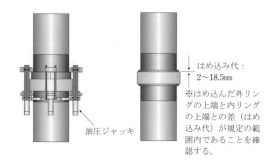

図5－36　ペアリングジョイント接合時の管理方法

② トリプルプレートジョイント

端板、側板、補強バンド、接続プレートおよび接続ボルトから構成されている。側板に接続プレートのボルト孔に対応したネジ穴が切られている。端板と接続プレートは、合わせた時にお互いに嵌合する凸凹形となっており、側板のネジ穴に接続ボルトを取り付けることにより凹凸を嵌号し、この嵌合部により杭に作用する応力を伝達する（**図5－37**，**写真5－22**）。

ボルト接合部の検査は、高力ボルトと同様に一次締め後にマーキングをして、本締め後にそのズレを確認する。

5.2 地業（基礎）工事

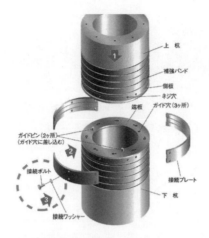

図5－37 無溶接継手の例（トリプルプレートジョイント）

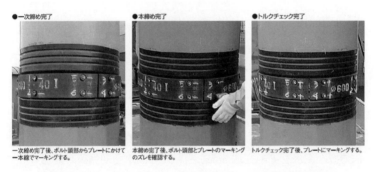

写真5－22 トリプルプレートジョイント接合時の管理方法

(10) 試験杭

　試験杭は，地質調査報告書などの資料に基づいて計画した杭が施工可能かどうかについて，選定した工法や施工機械などの適合性及び支持地盤の深さ，施工時間などの施工条件を確認するために行う。一般的には，本杭の施工に先立って行う。試験杭の位置や本数は設計図書の特記による。

　試験杭での主な確認項目を下記に示す。

① 使用する機械設備が適正であるか
② 注入液の量が適正であるか
③ サイクルタイムが適切であるか
④ 根固め部のソイルセメント強度は適切か
⑤ 試掘の際には，掘削ロッドに1mごとにマーキングを行い掘削深さと電流値の変化を調査し，支持層と想定される位置について変化状況を確認する。

5.2.3 場所打ちコンクリート杭地業

場所打ちコンクリート杭は，地盤を掘削し，掘削した孔内に鉄筋かごを建込み，コンクリートを打設して構築する杭である。

杭の施工方法は，掘削方法により，アースドリル工法，オールケーシング工法，リバースサーキュレーション工法，BH 工法，深礎工法に種別される（図5－38）。

アースドリル工法は，地表部に鋼製のケーシングを建て込み，ロッド先端に掘削ドリルと土砂搬出のバケットを兼ねたドリリングバケットがついており，ロッドを回転させ掘削する。支持地盤に達したら孔内に鉄筋を挿入し，コンクリートを打設して杭を構築する。孔壁保護に泥水を用いる（図5－39）。

オールケーシング工法は，鋼製のケーシングチューブを揺動圧入（ベノト工法）または，全周回転圧入（CD 工法）し，これにより掘削孔壁の崩壊を防止しながら，ハンマーグラブによりケーシング内の土砂を掘削し，支持層に達したら孔内に鉄筋を挿入し，コンクリートを打設して杭を構築する工法である。ケーシング内の掘削では，ヒービングやボイリングを防止するため，孔内に注水し水位を一定に保持する。泥水を用いないので，スライム（掘削により発生する掘りくずなどが，杭の孔底に沈積した沈殿物）の除去は容易である（図5－40）。

リバースサーキュレーション工法は，掘削土の地上への排出は，ロッド管を用いて水とともに泥水として吸い出す工法である。一般のボーリングではロッドを通して水を送り，先端ビットから水を噴出して土砂を地上まで排出しており，この水の循環を正循環と呼ぶが（BH 工法），リバースサーキュレーション工法では，泥水を掘削先端部から吸いだし，水を逆循環させるのでこの工法名が付いている。循環水で土砂を排出するので，多量の泥水が発生するため，大規模の沈殿槽が必要になる（図5－41）。

アースドリル工法，リバースサーチュレーション工法およびオールケーシング工法の特徴は，表5－13に示す通りである。

図5－38 場所打ちコンクリート杭の施工方法

5.2 地業（基礎）工事

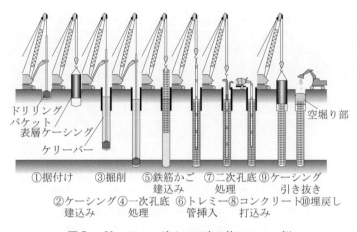

図5－39　アースドリル工法の施工フロー例

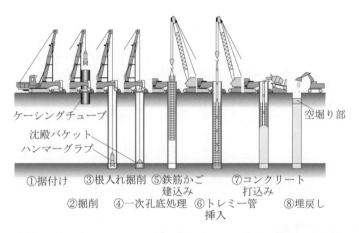

図5－40　オールケーシング工法（ベノト工法）の施工フロー例

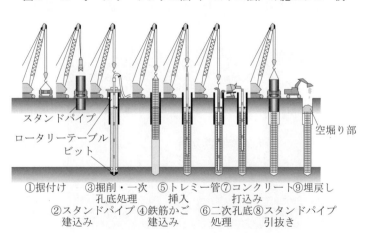

図5－41　リバースサーキュレーション工法の施工フロー例

表5－13 場所打ちコンクリート杭の工法の特徴

区分		アースドリル	リバース	オールケーシング(ベノト工法)
杭径（m）		0.7～3.0	0.8～4.0	1.0～3.0
掘削方式		回転バケット	回転ビット	ハンマーグラブ
孔壁保持		安定液	泥水水頭圧	ケーシングチューブ
掘削能力		60m程度（機種と孔径により異なる）	70m程度（機種と孔径により異なる）	60m程度（機種と孔径により異なる）
土質条件	砂利，礫	粒径10cm以下	ロット内径の70～80%以下	可 ［適］
	玉石	否	否	可（30～40cm径位まで）［適］
	土丹*	可	可	困難 ［可］
	軟岩	否	困難	困難 ［可］
長所		・低騒音，低振動 ・機械装置が簡単 ・仮設が簡単 ・施工速度が速い	・低騒音，低振動 ・通常自然泥水で孔壁保護が可能 ・岩の掘削が特殊ビットで可能 ・水上施工が可能	・ケーシングを使用するため孔壁の崩壊がない ・確実な杭断面形状の確保がしやすい ・残土処理が比較的容易
短所		・礫（約10cm以上）層の掘削が困難 ・安定液の管理が不適切な場合には孔壁崩壊や支持力，コンクリート強度の低下を生じることがある	・ドリルパイプ径より大きい玉石（約15cm以上）層の掘削が困難 ・水頭圧と比重の泥水管理が不適切な場合には孔壁崩壊を起こすことがある ・仮設が大がかり ・廃泥水の処理量が多い	・地下水位以下の細砂層が厚い場合にケーシング引抜きが困難 ・杭径に制約がある ・ボイリングやヒービングが発生しやすい ・鉄筋かごがとも上がりすることがある

＊土丹：粘土層が圧密によって硬化したもの。洪積層の硬質粘土層
＊オールケーシング［ ］は，CD工法による

(1) 杭芯出し及び逃げ杭の設定

ドリリングバケットやケーシングを仮杭（杭芯）に合わせ設置する（**写真5－23**）。仮杭は，杭孔

写真5－23 杭芯位置の確認状況

5.2 地業（基礎）工事

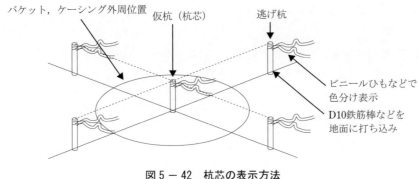

図5－42 杭芯の表示方法

を削孔したらなくなるので，掘削径（ケーシング径）より離れた位置へ逃げ杭を設ける。掘削精度を確認するため，その杭からドリリングバケットやケーシングの外周までの距離を計測する（**図5－42**）。

(2) ケーシング建入れ・ケリーバー（アースドリル）鉛直精度の確認

鉛直精度は1/100以内とし，トランシット（コラム参照）・下げ振りなどで2方向から確認する。

(3) 支持層の確認

支持層は，掘削機の音や振動の変化や，掘削抵抗値の変化のほか，地上に排出した土を，土質柱状図や土質資料及び試験杭掘削時に採取した土質サンプルと，視覚・触覚による色調，粒度などを対比して，杭ごとに確認する（**写真5－24**）。また，掘削を人力により行う深礎工法の場合は，目視により支持層を確認する。支持層確認時の掘削深さは記録を残し，さらに所定の根入れ深さまで掘削する。

写真5－24 土質サンプルの確認

(4) スライム除去及び安定液の性状確認
1) スライム除去
掘削終了後に孔底処理を実施する。孔底処理が不完全であった場合，コンクリートにスライムや堀くずが混入して杭の支持力が発揮できないおそれがあるため，施工管理には注意が必要である。

a) アースドリル工法
鉄筋かごを建て込む前に実施する一次孔底処理は，底ざらいバケットを用い，杭底の整形とスライムの除去を行う。掘削後の安定液中には堀くずやスライムが浮遊しているため，沈殿待ちした後に底ざらいを繰り返す。土質によって沈殿時間が長い場合は，安定液を置換する方が効率的なこともある（写真 5 − 25）。

写真 5 − 25　安定液の置換状況

b) オールケーシング工法
一次孔底処理は，孔内水がない場合は，ハンマーグラブにより孔底を乱さないように堀くずを除去する。孔内水が多い場合は，沈殿バケットを孔底に降ろし，一定時間沈殿待ちをした後に，沈殿バケットとともに沈積したスライムを引き上げ除去する。

c) リバースサーキュレーション工法
掘削終了後の孔底処理は，ビットを孔底より少し引き上げ，一定時間空回しをして，堀くずを除去する。二次孔底処理は，サクションポンプでスライムを吸い上げて排出する。また，エアーリフト方式により処理する場合もある。

2) 安定液の性状
アースドリル工法で掘削するにあたり安定液を用いる（図 5 − 43）。安定液は，地盤崩壊防止，スライム（掘削土等）沈降防止，良好なコンクリートとの置換を目的に使用するもので，ベントナイト系と CMC 系の 2 種類がある。安定液の注入前に，粘性，比重，PH 値，ろ過水量の試験を行い性状を確認する（表 5 − 14）。

5.2 地業（基礎）工事

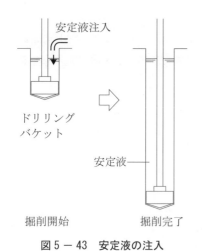

図 5－43 安定液の注入

表 5－14 安定液の確認項目

項目	許容範囲	備考
ファンネル粘性	必要粘性～初期粘性の130%	粘性が必要粘性以下となった時は，新液を補充して大きくする
比重	初期比重±0.005～1.2	比重が適正範囲より小さくなった時は，ベントナイトを補充する
ろ過水量（cc）294kPa/30分	20.0 (30.0)	ろ過時間が7.5分の場合は，この数字を1/2とする
pH	8.0～12.0	調合によって限界値以上でも差し支えがないことがある。それは粘性・ろ過試験結果より判定する

※ろ過水量の許容範囲の（ ）内の値は，CMC系安定液の場合

(5) 形状・杭径・杭長の確認

アースドリル工法の場合，杭長や支持層への根入れ長は，検尺テープによる測定を実施して確認する。拡底杭の場合は，掘削完了後に，超音波測定器による**孔壁測定**を実施し，杭の形状や径の確認を行う。また，コンクリートの打設量と打設時間からおおよその杭径が把握できるので，孔壁測定の結果などを参考にしながら，総合的に構築した杭径を確認することが必要である。

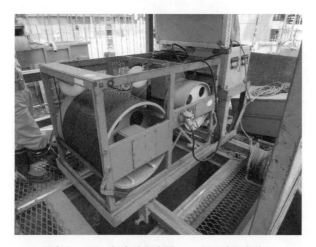

写真 5－26 超音波測定器による孔壁測定状況

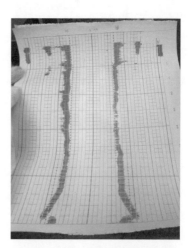

写真 5－27 孔壁測定結果の例

5章　土工事・基礎工事

(6) 鉄筋かごの組み立て・挿入

　鉄筋かごは，設計図書に基づき精度よく加工・配置して組み立てる。鉄筋かごは，保管や運搬などによって，有害な変形を生じないように，フラットバーなどの補強材を用いて堅固に組み立てる（**写真5-28**）。

　鉄筋かごは，有害な変形が生じないよう十分に注意して建て起しと建込みを行う。建込みは，鉄筋かごを杭中心に合わせ鉛直性を保ちながら，孔壁の崩壊に注意して静かに挿入する。鉄筋かごどうしの接続は重ね継手とし，原則として10番線結束などにより堅固に行う。

写真5-28　鉄筋かご組み立て状況

(7) コンクリートの打込み

　コンクリートの打設開始時は，トレミー管先端を孔底から20cm程度離す。コンクリートの分離防止のためプランジャーを投入する。コンクリート打設中は，トレミー管をコンクリート中に2m以上挿入し，かつコンクリートの流出を良好に保つため，挿入長さは最長でも9m程度とする（**図5-44**）。そのため，トレミー管はコンクリート打設に伴い随時クレーンで引上げて撤去する。打設完了時には，コンクリート天端高さを鉄筋かごの内外とも確認する。

(8) 杭頭の処理

　水中もしくは泥水中にコンクリートを打込む場合，コンクリートの上面部ではレイタンスや泥水あるいはスライムなどが混入した所要強度以下のコンクリート部分ができる。したがっ

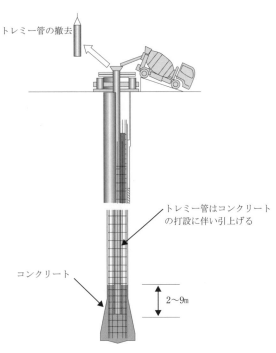

図5-44　杭コンクリート打設状況

5.2 地業（基礎）工事

て，この分だけあらかじめ余分にコンクリートを打込む，いわゆる余盛りが必要である。余盛り部分は，床付け完了後に杭頭部が現れてから杭頭処理によって取り除く。余盛り高さは，土質条件，掘削方法，コンクリートの打込み状況などによって異なるが，一般に，孔内水がない場合で50cm以上，孔内水がある場合で80～100cm程度とする場合が多い。

写真5－29　杭コンクリート打設状況

(9) 試験杭の調査項目

　試験杭は，地質調査報告書などの資料に基づいて計画した杭が施工可能かどうかについて，選定した工法や施工機械などの適合性及び支持地盤の深さ，施工時間などの施工条件を確認するために行うもので（表5－15），一般的には，本杭の施工に先立って行う。試験杭の位置や本数は設計図書の特記による。

表5－15　場所打ちコンクリート杭の試験杭施工時の調査項目

調査項目		内　容
掘削関係	施工性の検討	①掘削所要時間 ②掘削土砂量 ③掘削機，クレーン，泥水プラント，汚泥処理液装置等の諸機械の組合せの適否
	杭の施工状況の検討	①施工精度（掘削孔径と孔壁崩壊の程度，ずれ，傾斜） ②孔内水位変動，孔底のボイリング状況の検討（特にオールケーシングの場合） ③孔底スライムの沈積状況（時間－沈積量） ④土質柱状図またはボーリング柱状図と施工深度・排出土砂との対比 ⑤周辺地盤の変化 ⑥スライム処理方法・処理時間
コンクリート打込み関係	鉄筋かごの建込み	①鉄筋かごの加工精度 ②鉄筋かごの建込み時間，建込み方法
	コンクリート打込み	①コンクリートの調合，現場品質管理方法 ②杭1本当たりの使用量 ③打込み速度，打込み時間 ④コンクリート打込み高さとトレミー管引抜き高さチェック ⑤杭頭の劣化コンクリート処理方法，余盛り高さの検討

5.2.4　砂利・砂および捨てコンクリート地業

建築工事における，その他の地業としては，割栗地業，砂利地業，砂地業，捨てコンクリート地業がある（**写真5-30，図5-45**）。このうち，割栗地業は最近ほとんど使用されず，砂地業も砕石地業の目潰し程度の使用にとどまっているため，それら以外の地業について解説する。

写真5-30　捨てコンクリート打設状況
（打設済み）

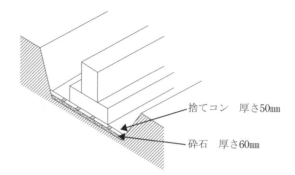

図5-45　例　布基礎の砕石地業，捨てコンクリート地業

(1) 砂利地業

(a) 目的

砂利を敷き均し転圧することにより，掘削により緩められた床付け表面を整形し，地盤の耐力を確保する。捨てコンクリートの下地となる。建物基礎や地中梁，耐圧版などの，地盤上に構築される躯体の施工中の重量を負担する。更に，直接基礎においては，建物完成後の建物重量も負担する。

(b) 材料

材料としては，**再生クラッシャラン**＊，切込砂利，**切込砕石**があるが，最近では，河川などからの砂利の採取が困難となり，切込砂利はほとんど使用されず，また環境への配慮から再生クラッシャランが増えている。砕石及び再生クラッシャランとも，その粒径は，敷き均し厚さが60㎜であることが多いため，JIS A 5001のC-40程度で，締め固めが可能な細粒分を含んだ通称40-0（ヨンジュウゼロ）と呼ばれる製品を使用する。

写真5-31　再生砕石

写真5-32　切込砕石

＊再生クラッシャラン：再生砕石とも呼ばれ，コンクリート塊を砕き再利用したもの

5.2 地業（基礎）工事

（c）施工

床付け面の躯体が接する部分に敷き均し，その上に捨てコンクリートを打設する。敷き均した後，主に振動ローラー（**写真5－33**）やタンパ（ランマー）（**写真5－34**），プレート（**写真5－35**）で転圧する。転圧後の厚さは60mmとする。

写真5－33　振動ローラー　　写真5－34　ランマー　　写真5－35　プレート

(2) 捨てコンクリート地業

（a）目的

基礎の躯体を構築するための墨出し（位置出し），鉄筋の支持および型枠の固定とコンクリート躯体底面の形成のために砂利地業の上にコンクリートを打設する。

（b）材料

呼び強度$15N/mm^2$，スランプ15cm程度の普通コンクリートを使用する。

構造体とは違い，強度補正値などはない。

（c）施工

捨てコンクリートの厚さは50mmとなるように敷き均し，その表面仕上げは，墨出しが可能で，レベル精度確保のため，木ごて押さえ程度とする。

5.2.5 地盤改良

地盤改良は，地盤のせん断強度の増大あるいは圧密沈下の促進などの目的で，土の締固め・固化及び置換などの処理を行うことをいう。建築工事で地盤改良を採用する目的は，支持地盤の造成，地震による液状化の防止などである。

(1) 地盤改良の種類

代表的な地盤改良工法の種類は**図5－46**に示す通りである。

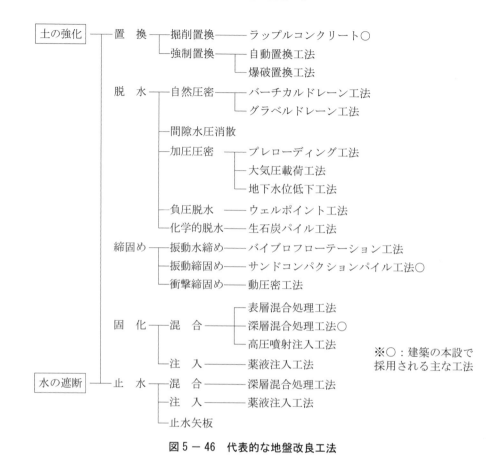

図5－46　代表的な地盤改良工法

(2) 地盤改良工法の特徴

建築基礎には，主に締固め，固化及び置換工法が用いられている。

締固め工法は，振動あるいは静的エネルギーを利用して，砂や砕石などの補給材を地盤中に充てんする工法と地表面に直接振動などを与える工法に分けられる。

固化工法は，浅層（表層）混合処理と深層混合処理に分類される。前者は，軟弱地盤の表層2m程度までを固化処理する工法であり，油圧ショベルを用いて攪拌・混合を行う地盤改良工法である。通常，改良対象土上に改良材を散布し，油圧ショベルを用いて所定の改良深度まで掘り起こすと同時に，改良材と原土の攪拌混合を行い，改良地盤を造成する（図5－47）。後者は，セメント系固化材液を地盤に注入しながら土と混合攪拌することによって，ソイルセメントコラムを築造する工法である。混合攪拌装置を回転掘進すると同時に，先端部から固化材液を注入し，土と固化材液を機械的に混合攪拌する。固化材液はプラント設備により，水とセメント系固化材を混練りして製造する（図5－48）。

5.2 地業(基礎)工事

　置換工法は,原地盤とコンクリートを置き換えるラップルコンクリートのほか,環境負荷低減を目的として,建設発生土を再利用した流動化処理土がある。

　各地盤改良工法の特徴を表5－16に示す。地盤改良の工法は,それぞれ様々な適用条件があるため,その採用目的を明確にし,工期や経済性などを考慮してから選定を行う。そのため,建築基礎に適用する場合は,設計図書に採用工法を示す。

表5－16　地盤改良工法の特徴

分類	工法の名称			適用	目的				対象土質		改良効果	施工実績	設計精度	可能規模	環境への影響	施工工期
					強度増加	沈下防止	液状化防止	透水性低減	粘性土	砂質土						
置換工法				機械的な掘削置換	○	○	△	×	○	×	中	多	優	大	大	短
脱水	自然圧密工法			圧密による強度増加や沈下防止を期待する工法	○	○	×	×	○	×	中	多	優	大	小	長
	バーチカルドレーン工法	サンドドレーン工法			○	○	×	×	○	×	中	多	優	大	小	中
		プラスチックドレーン工法			○	○	×	×	○	×	中	多	優	大	小	中
	水位低下	ウェルポイント工法		排水による圧力低下を利用する工法	△	△	×	×	△	○	小	多	優	中	中	中
		真空圧密工法			○	○	×	×	○	×	中	中	良	中	小	中
	生石炭パイル工法			化学的脱水を利用	○	○	△	×	○	△	中	多	良	大	中	中
	グラベルドレーン工法			砂質土の排水により液状化防止	×	×	○	×	×	○	中	中	良	大	小	短
	ドレーンパイプ工法				×	×	○	×	×	○	中	中	良	中	小	短
締固め	サイドコンパクションパイル工法			砂の締固め	○	○	○	×	△	○	大	多	優	大	中	短
	パイプフローテーション工法				○	△	○	×	×	○	大	中	良	中	中	短
	ロッドコンパクション工法				○	△	○	×	×	○	中	中	良	大	中	短
固化	重錘落下締め固め工法			化学的固結作用を利用	○	△	×	×	△	○	中	中	良	中	大	短
	深層混合処理工法				○	△	△	△	○	△	大	多	優	大	小	短
	浅層混合処理工法				○	△	△	△	○	×	大	多	優	中	小	短
	事前混合処理工法			化学的充てん固化法	○	△	○	△	×	○	中	少	良	中	小	短

5章 土工事・基礎工事

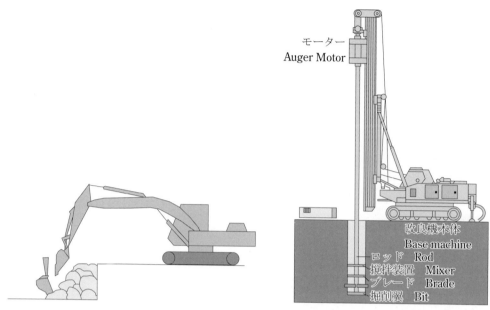

図5-47 浅層地盤改良（例）　　図5-48 深層地盤改良（例）

(3) 六価クロム溶出試験の実施

　セメント，セメント系固化材を地盤改良に使用する場合，固化材の種類や地盤の土質によっては六価クロム溶出量が土壌環境基準を上回ってしまう場合がある。事前に六価クロム溶出試験により確認し，固化材を選定する。関東ロームなどは，その危険性が高い。

参考文献

1) ものつくりの原点を考える会：建築携帯ブック現場管理（第1版），2007.
2) 日本建築学会：建築工事標準仕様書・同解説　JASS 3　土工事および山留め工事　JASS 4　杭・地業および基礎工事　2009.
3) 国土交通省大臣官房官庁営繕部監修　一般社団法人公共建築協会：公共建築工事標準仕様書（建築工事編）平成28年版，2016.
4) 国土交通省大臣官房官庁営繕部監修　一般社団法人公共建築協会：建築工事監理指針　平成28年版（上巻），2016.

5.2 地業(基礎)工事

コラム　測量と墨出し

測量と墨出し

測量とは，地表面上の各点の三次元的位置関係を計測することで，ダム，トンネル，道路など，地盤の掘削，造成，盛土などの土地の形状変更を主としておこなう土木工事において重要である。

建築においては，測量というと，敷地形状の測量とその敷地に対する建物位置の表示としての縄張り，遣り方がある。

縄張りは，工事の着工にあたり，敷地に対して，計画建物外周部の柱芯，壁芯を縄などで表示し，敷地境界からの離れを，法規上の制約，施工上の問題点の確認を行う。

遣り方は，垂木，貫，水糸を使用し，掘削工事前に，その芯とレベルを表示するが，最近では，芯，レベルとも計測機器で計測しながら施工し，あまり採用されなくなっている。

トランシット

レベル

その他では，杭の位置精度，鉄骨の位置精度確保のため，光波測量やGPSが利用されている。

建築においては，墨出しが重要で，捨てコン打設後の基礎位置表示から始まり，各階床に柱や壁の位置表示を行い，その後鉄骨やコンクリート躯体構築後の仕上げ材の位置だし，更にその後の取り付け器具の位置だしまで実施される。

墨出しに用いる機器は，トランシット，レベル，鋼製巻尺(スチールテープ)，下げ振り，墨さし，墨つぼ，赤鉛筆，コンベックスルール(通称：コンベックス)などである。

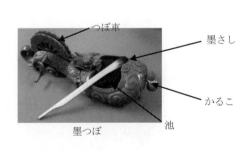
墨つぼ

最近の墨つぼ

5章　土工事・基礎工事

墨出しの方法

　かるこを引張ると，つぼ車に巻かれた糸が，墨汁を染みこませた綿が詰められた池の部分を通り，外に引張りだされる。その糸の両端を，あらかじめ印を付けた二点で押さえ，その糸を上に引張り，弾くと，その二点間に墨で直線をひくことができる。線を描くことを，この動作から，"墨を出す"とか"墨を打つ"とかいう。

　墨出しの墨の種類として，芯墨，芯の返り墨（逃げ墨），仕上げ墨，レベル墨（陸隅），縦墨などがある。

・芯墨
　通り芯，柱芯，壁芯等を床に表示した墨（通り芯とは，建物を設計，施工するうえで，通常X方向とY方向に表示する基準線，主な柱芯や壁芯が使用される）

・芯の返り墨
　床に打たれた芯墨は，その部分の柱や壁を構築するときや，構築後に，その真下になってしまい，事実上その墨を使って位置確認することは難しい。通常は，この芯墨に変わって，その位置から1mずれた位置に表示された返り墨が使用される。

・仕上げ墨
　鉄筋コンクリートの躯体等は，その上にモルタル塗りやボード張り等の仕上げが施される。この仕上げの表面の位置を，柱や壁ならば床に，床ならば柱や壁に墨で表示する。この墨を仕上げ墨という。

・レベル墨
　芯の返り墨と同様に，Z方向の位置（基準となる高さ，通常は，各階の床の高さ）の1m上がりの位置で，柱や壁に表示された墨

・縦墨
　柱や壁の躯体に表示される通り芯，柱芯，壁芯等の墨

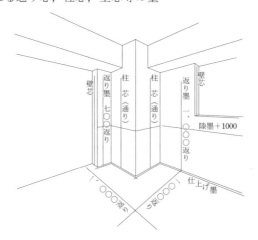

5.2　地業（基礎）工事

階段の仕上げ墨ってどう出すの？

階段躯体構築後，踏み面，蹴込みの仕上げ墨をその階段が取り付く壁に表示

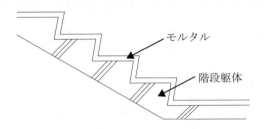

壁面に出されたレベル墨，芯墨からの距離を計測し，A点，B点の印しをつける
A点，B点から踏み面寸法 a だけ右方向へいった点A'，B'の印をつける。
A点，B点とA'点，B'点をそれぞれ結んだ線を打つ①
A点，B点とA'点，B'点間を段数分で等分に割る（例では三等分）
上記の点をそれぞれ結んで，延長して墨を打つ②
以上で踏み面，蹴込みの仕上げ墨がでる。

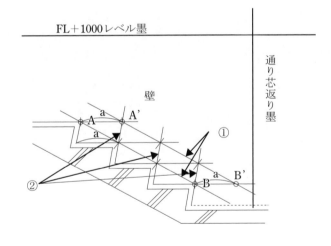

5章 土工事・基礎工事

演習問題

土工事及び山留め工事に関する次の記述のうち，もっとも不適切なものはどれか。

1. 山留め壁や山留め支保工に使用される鋼材は，新品の場合は短期許容応力度，中古品の場合は長期許容応力度で計算される。
2. 排水工法には，釜場排水工法，ウェルポイント工法，ディープウェル工法等があるが，地盤の盤ぶくれを防止するためには，ディープウェル工法が採用される。
3. 油圧ショベルの掘削バケットで床付けを行うと，バケットの爪で床付け面を乱してしまうため，特に直接基礎のように建物の荷重を床付け面の地盤で受ける場合は，爪に床付け専用の平鉄板を取り付けて施工を行う。
4. 地盤の強度を現す指標として内部摩擦角と粘着力があるが，粘性土地盤では粘着力，砂質土地盤では内部摩擦角が支配的である。
5. 山留め壁の断面は，そこに発生する応力で決まる他，その変形が直ちに周辺地盤に影響するため，敷地境界や既設構造物近辺に施工される場合は，変形量で決まる場合が多い。

解答　1

6章

鉄筋コンクリート工事

　鉄筋コンクリート構造は，構成材料である鉄筋とコンクリートが一体化し，一方の材料の短所をもう一方の材料の長所で補うことにより，優れた構造耐力ならびに耐久性を備えた構造体である。この性能を発揮するためには，所定の位置へ鉄筋が配筋され，コンクリートを流し込む型枠が正確に組み立てられ，コンクリートが型枠の隅々まで充てんされ，適切な養生が行われることなどが前提となる。
　本章では，鉄筋コンクリートの躯体工事を，鉄筋工事，型枠工事，コンクリート工事に分類し，以下に概説する。

6.1　鉄筋工事

　鉄筋は，鉄筋コンクリート構造体においてコンクリートとともに骨格を形成する材料であり，鉄筋工事においては，正確な配筋など，部材の機能が十分発揮されるような施工が求められる。鉄筋工事の流れを図6-1に示す。

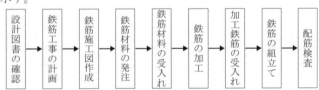

図6-1　鉄筋工事の流れ[1]

6.1.1　施工計画

　施工者は，設計図書で，共通仕様書，特記仕様書，構造設計図を十分に把握したうえで施工計画書および施工図を作成し，工事監理者の承認を受ける。
　施工計画の際は，鉄筋の組立は型枠の組立と同時に進められるといったように密接に関連しているため，他の工事との関連を考慮する必要がある。
　設計図書およびコンクリート躯体図に基づき，鉄筋施工図が作成される。

6.1.2　鉄筋の発注・受入れ

(1) 鉄筋の種類

　鉄筋工事で使用される材料には，鉄筋，溶接金網，鉄筋格子などがあり，いずれもJIS（日本産業規格）に適合するものを用いる。これらのうち，鉄筋はJIS G 3112：2020「鉄筋コンクリート用棒鋼」

に規定され，**丸鋼**（SR, Steel Round）と**異形棒鋼**（SD, Steel Deform）がある（**表6－1**）。後者は異形鉄筋と呼ばれ，コンクリートとの付着力を大きくするために表面に節やリブを付けたものであり，一般に多くの工事で用いられている（**図6－2**）。なお，表6－1に示す種類の記号のうち，日本建築学会：建築工事標準仕様書・同解説 JASS5鉄筋コンクリート工事（以下，JASS 5という）では，異形鉄筋は SD295～SD490（呼び名の数値は D41以下）を，丸鋼は SR235～SR295（径は19㎜以下）を対象にしている。

(2) 鉄筋の発注・受入れ

　鉄筋を，種類別，径別，長さ別に集計してメーカーに発注する。鉄筋加工工場あるいは現場の作業所に搬入された鉄筋は，発注したものと相違ないことを確認するために，鉄筋一結束ごと付けられている**メタルタグ**（種類の記号，鉄筋径，長さ，本数，製造番号，メーカー名などが記載）（**図6－3**），鉄筋の種類（鉄筋径，メーカー名，材質）の記号を表す鉄筋に刻印された**ロールマーク（圧延マーク）**（**図6－4，表6－2**），メーカーから提出された**鋼材検査証明書（ミルシート）**（**図6－5**）などによって確認・照合を行う。圧延マークや識別塗料は目視で確認できるようになっている。

表6－1　鉄筋の種類および性質（JIS G 3112：2020より一部抜粋）

区分	種類の記号	降伏点または耐力 N/mm²	引張強さ N/mm²	降伏比 %
丸鋼	SR 235	235以上	380～520	—
	SR 295	295以上	440～600	—
	SR 785	785以上	924以上	—
異形鉄筋	SD 295	295以上	440～600	—
	SD 345	345～440	490以上	80以下
	SD 390	390～510	560以上	80以下
	SD 490	490～625	620以上	80以下
	SD 590A	590～679	695以上	85以下
	SD 590B	590～650	738以上	80以下
	SD 685A	685～785	806以上	85以下
	SD 685B	685～755	857以上	80以下
	SD 685R	685～890	806以上	—
	SD 785R	785以上	924以上	—

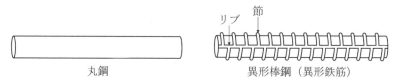

図6－2　丸鋼と異形棒鋼

6.1 鉄筋工事

図6-3 メタルタグ[2]

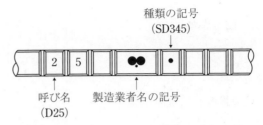

図6-4 ロールマーク(圧延マーク)の例

表6-2 鉄筋コンクリート用棒鋼の種類を区別する表示方法(JIS G 3112:2020)

区分	種類の記号	種類を区別する表示方法	
		圧延マークによる表示	色別塗色による表示
丸鋼	SR235	適用しない	赤(片断面)
	SR295		白(片断面)
	SR785		適用しない
異形棒鋼	SD295	圧延マークなし	適用しない
	SD345	突起の数1個(・)	黄(片断面)
	SD390	突起の数2個(‥)	緑(片断面)
	SD490	突起の数3個(…)	青(片断面)
	SD590A	突起の数4個(‥‥)	水色(片断面)
	SD590B	突起の数4個(‥‥)	ピンク(片断面)
	SD685A	突起の数5個(‥‥‥)	赤(片断面)
	SD685B	突起の数5個(‥‥‥)	黒(片断面)
	SD685R	圧延マークなし	黄土色(片断面)
	SD785R	圧延マークなし	紫(片断面)

```
                    鋼 材 検 査 証 明 書
                       (MILL SHEET)
契 約 番 号 MOX309
(CONTRACT NO.)
注  文  書 XXXXXXXX        証明書番号            発行年年月日             PAGE 100
(SUPPLIER)                (SHEET No.) 100      (DATE OF ISSUE)'77-01-20
需  要  家 ○○○○○○○  店部課コード          注文者照合番号
(CUSTOMER)                (SECTION CODE) XXX  (REFERENCE No.) XXXXX
品     名 DEFORMED BAR
(COMMODITY)
品     種 ZZZZZ *SD 35*
(SPECIFICATION)                          工事名          会社名及び製鉄所名
```

鋼板 CHARGE No.	寸法 (mm) SIZE	長さ LENGTH m	略番 ITEM No.	数量 NO.OF PIECES	重量 WEIGHT kg	化学成分(%) CHEMICAL COMPOSITION					引張試験 TENSILE TEST			曲試験 BEND TEST
						C ×100	Si ×100	Mn ×100	P ×1,000	S ×1,000	降伏点 YP kg/mm	引張強さ TS kg/mm	伸び E %	
K0053	D19.0	7.50		360	6,084	21	38	146	22	27	39	59	30	GOOD
G1983	D19.0	9.00		100	2,020	23	38	132	29	37	40	60	27	GOOD
G5808	D22.0	4.00		260	3,172	23	39	142	34	34	39	60	28	GOOD
G4414	D22.0	10.00		130	3,952	22	38	134	37	26	39	59	28	GOOD
K4260	D25.0	6.50		140	3,626	23	38	132	28	30	39	61	32	GOOD
K6684	D25.0	8.00		50	1,590	23	40	143	30	26	39	60	30	GOOD
TOTAL				1,040	20,444									

上記鋼材は規定の試験を行ないこれに合格したことを証明する。
It is herewith certified that the above material are satisfactory in compliance with the requirements specified in the contract.

図6-5 鋼材検査証明書(ミルシート)の例[3]

6.1.3 配筋基準

加工された鉄筋を所定の位置に配置することを配筋という。配筋に関する基本的な事項について以下に説明する。

(1) 配筋の基本

コンクリートは圧縮力に強く，引張力に弱い材料である。**図6－6(a)**のようなコンクリートだけで造られた無筋コンクリートの梁の中央に荷重が作用した場合，中立軸より下側には引張力が作用するが，コンクリートは引張力に弱いことからひび割れが発生して破壊する（曲げ破壊）。一方，鉄筋はコンクリートよりも引張力に強い材料であるため，**図6－6(d)**のように引張力が作用する部分に鉄筋を配置して，引張力を鉄筋が負担するようにした構造が鉄筋コンクリート構造である。したがって，鉄筋は引張力が作用する部分に配置するのが配筋の基本である。

ここで，鉛直荷重と水平荷重がラーメン骨組に作用した場合，曲げモーメント図は**図6－7(a)**のようになる。曲げモーメント図は引張側に描くため，鉛直荷重と水平荷重を考慮した場合の柱と梁の

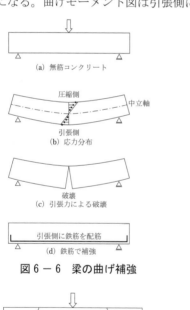

図6－6　梁の曲げ補強

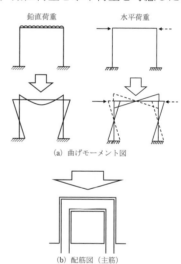

図6－7　RCラーメン骨組の主筋の配筋の概念図

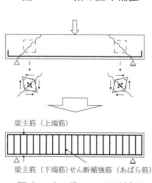

図6－8　梁のせん断補強

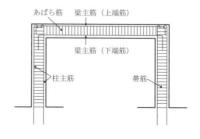

図6－9　RCラーメン骨組の配筋図

6.1 鉄筋工事

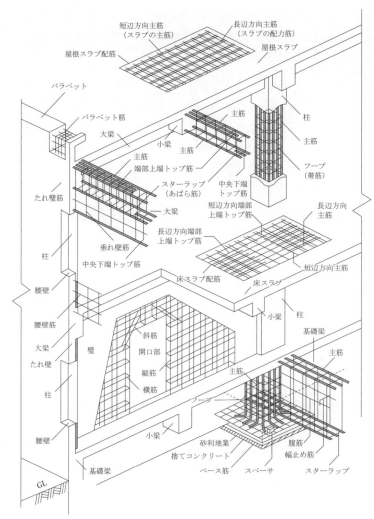

[鉄筋の名称と意味] [4) 5)]

●主筋（しゅきん）：
鉄筋コンクリート構造で，部材の軸方向に配置する鉄筋。軸方向力と曲げモーメントに対して抵抗する。
●上端筋（うわばきん）：
鉄筋コンクリート構造で梁，スラブの上端に配置する鉄筋。
●下端筋（したばきん）：
鉄筋コンクリート構造で梁，スラブの下端に配置する鉄筋。
●帯筋（おびきん，フープ）：
鉄筋コンクリート柱の主筋の周囲に一定の間隔で配置するせん断補強のための鉄筋。柱の圧縮強度，靭性を高める効果がある。
●あばら筋（スターラップ）：
鉄筋コンクリート梁の主筋の位置の保持およびせん断補強のために，材軸に直交して主筋の周囲に配置する鉄筋。
●らせん筋（スパイラル筋）：
鉄筋コンクリート柱の主筋の周囲にらせん状に巻き付ける鉄筋。せん断補強およびコンクリートの横方向拘束に対する効果は帯筋よりも高い。
●縦筋（たてきん）：
鉄筋コンクリート構造において部材の材軸方向に配置する鉄筋。
●横筋（よこきん）：
鉄筋コンクリート造壁体内に水平方向に配置した鉄筋。
●腹鉄筋，腹筋（はらきん）：
鉄筋コンクリートの梁で梁成が大きい場合，梁の中央部分に主筋方向に配置する鉄筋。あばら筋（スターラップ）の振れ止めやはらみ出し防止を目的としたもの。腹鉄筋ともいう。
●幅止め筋：
①鉄筋コンクリートの梁の腹筋間に架け渡した補助鉄筋のこと。あばら筋の幅を保ち，配筋全体を固定することを目的としたもの。
②RC壁のダブル配筋の場合に，壁筋の位置を保つために配置するつなぎ用の鉄筋。
●斜筋：
壁・スラブ・基礎などの鉄筋のうち，斜め方向に配置される補助鉄筋，および開口隅角部の補強用鉄筋のこと。
●ベース筋：
基礎（フーチング）底面（ベース）に発生する引張力に抵抗させるために，もち網状に組んで敷く鉄筋。
●カットオフ筋（トップ筋）：
梁またはスラブの主筋のうち，上端筋，下端筋に関係なくスパンの中央で止める鉄筋の総称。

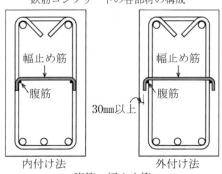

鉄筋コンクリートの各部材の構成[1)]

腹筋，幅止め筋

図6-10 鉄筋コンクリートの各部材の構成と鉄筋の名称

配筋は**図 6 − 7b**)のようになる。このように柱および梁の軸方向に配筋され,曲げモーメントや軸方向力に抵抗する鉄筋を**主筋**と呼び,梁の上側に配置される主筋を**上端筋**,下側に配置される主筋を**下端筋**と呼ぶ。

一方,**図 6 − 8** に示すように梁に荷重が作用した場合,曲げモーメントの他にせん断力も作用する。せん断力が作用すると,斜め方向に引張力と圧縮力を生じ,この引張力により,コンクリートには斜めのひび割れが発生して破壊する(せん断破壊)。このため,せん断力によって生じた引張力に抵抗するための鉄筋を配置して補強する必要がある。このせん断力に抵抗するために主筋の周囲を巻くように配置する鉄筋が**せん断補強筋**であり,柱の場合は**帯筋**(または**フープ**),梁の場合は**あばら筋**(または**スターラップ**)と呼ぶ。なお,帯筋はコンクリートのはらみ出しを防ぐ効果もある。

以上から,曲げモーメントとせん断力を考慮すると,鉄筋コンクリートの柱および梁の配筋は**図 6 − 9** のようになる。鉄筋コンクリートの各部材の構成と鉄筋の名称を**図 6 − 10** に示す。

(2) かぶり厚さ

かぶり厚さとは,鉄筋を覆っているコンクリートの厚さであり,最外側の鉄筋の表面(中心からではない)とコンクリート表面との最短距離をいう。かぶり厚さの確保は,鉄筋コンクリート構造体の耐久性(鉄筋の防錆),耐火性および付着強度などを確保するうえで極めて重要である。主な部材・部位のかぶり厚さを**図 6 − 11** に示す。

JASS 5には,建築基準法施行令のかぶり厚さ,最小かぶり厚さ,設計かぶり厚さ,構造体におけるかぶり厚さとそれぞれの関係,最小かぶり厚さおよび設計かぶり厚さの数値(表に示す値以上)が**図 6 − 12** および**表 6 − 3** のように規定されている。鉄筋および型枠の加工・組立ての精度やコンクリート打込み時における移動など考慮して,最小かぶり厚さが確保されるように,最小かぶり厚さに原則として10mm割増したものが設計かぶり厚さである。割増しは実情を考慮して10mmよりもさらに余裕

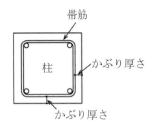
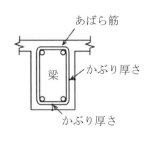

(a) 柱では,コンクリート外面から帯筋(フープ)外面まで
(b) 梁では,コンクリート外面からあばら筋(スターラップ)外面まで
(c) 基礎底面では,捨てコンクリートを除いた構造部コンクリートの下面から基礎筋の外面まで

図 6 − 11 各部材・部位のかぶり厚さ

6.1 鉄筋工事

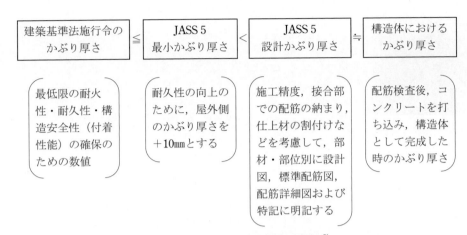

図6-12 各種かぶり厚さの関係[6]

表6-3 最小かぶり厚さ・設計かぶり厚さ[6などから作成]

部材の種類		施行令	最小かぶり厚さ（左）・設計かぶり厚さ（右）			
			一般劣化環境（非腐食環境）	一般劣化環境（腐食環境） 計画供用期間の級		
				屋内	屋外[(2)]	屋内[(2)]
構造部材	柱・梁・耐力壁	30	30・40	30・40	40・50	30・40
	床スラブ・屋根スラブ	20	20・30	20・30	30・40	30・40
非構造部材	構造部材と同等の耐久性を要求する部材		20・30	20・30	30・40	30・40
	計画供用期間中に維持保全を行う部材[(1)]		20・30	20・30	30・40	(20・30)
直接土に接する柱・梁・壁・床および布基礎の立上り部		40	40・50			
基礎		60	60・70			

［注］(1) 計画供用期間の級が超長期で計画供用期間中に維持保全を行う部材では，維持保全の周期に応じて定める。
(2) 計画供用期間の級が標準，長期および超長期で，耐久性上有効な仕上げが施されている場合は，一般劣化環境（腐食環境）では，最小かぶり厚さを10mm減じた値とすることができる（ただし，基礎，直接土に接する柱・梁・壁・床および布基礎の立上り部を除く）

を持たせておくことが望ましい。

コンクリートの打込み完了までに，鉄筋を所定の位置に固定してかぶり厚さを確保するために，**スペーサ**（側面の型枠に対してかぶり厚さの寸法を保持）および**サポート**（水平方向の鉄筋の位置を保持）が用いられる（図6-13）。

JASS 5には，スペーサおよびサポートの種類・配置の標準が示されている。図6-14は，一例として梁部材におけるスペーサの配置を図示したものである。スペーサおよびサポートの種類は鋼製・

6章 鉄筋コンクリート工事

コンクリート製バーサポート

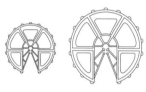
プラスチック製スペーサ

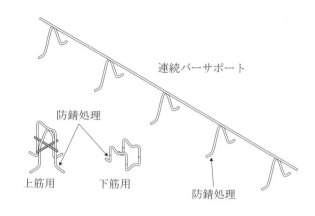
連続バーサポート
防錆処理
上筋用　下筋用
防錆処理
鋼製バーサポート

図6－13　スペーサおよびサポートの例

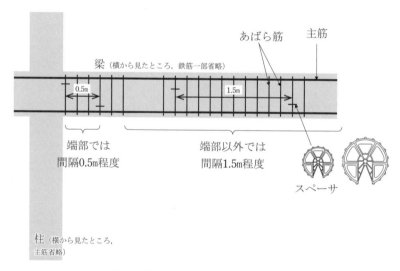

図6－14　スペーサの位置（梁部材）

コンクリート製・モルタル製を標準とし，側面に限りプラスチック製のものが認められている。

(3) 鉄筋のあき・間隔

　コンクリートを打ち込む際に，鉄筋間をコンクリートがスムーズに通過するためには鉄筋間に粗骨材よりも大きい適当な隙間が必要である。この隙間を**あき**という。鉄筋のあきはコンクリートの鉄筋通過性だけではなく，コンクリートと鉄筋との付着強度の確保のためにも重要である。JASS 5においては，並行して並ぶ鉄筋の表面間の最短距離を鉄筋のあきとし，鉄筋の**間隔**（鉄筋の中心間の距

6.1 鉄筋工事

表6−4 鉄筋のあき・間隔の最小寸法[6]

		あ き	間 隔
異形鉄筋	竹節等	・呼び名の数値の1.5倍 ・粗骨材最大寸法の1.25倍 ・25mm 　のうち最も大きい数値	・呼び名に用いた数値の1.5倍＋最外径 ・粗骨材最大寸法の1.25倍＋最外径 ・25mm＋最外径 　のうち最も大きい数値
	ねじ筋		
丸 鋼		・鉄筋径の1.5倍 ・粗骨材最大寸法の1.25倍 ・25mm 　のうち最も大きい数値	・鉄筋径の2.5倍 ・粗骨材の最大寸法の1.25倍＋鉄筋径 ・25mm＋鉄筋径 　のうち最も大きい数値

[注] D：鉄筋の最外径，d：鉄筋径

梁筋のあき不足の事例[2]

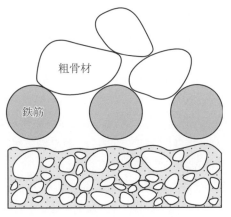
あき不足による充填不良箇所の発生

図6−15 鉄筋のあき不足

離）とともに表6−4のように規定されている。

(4) 継手

　限られた長さの鉄筋を現場で軸方向に継ぐ場合の接合部分を**継手**という。接合した鉄筋どうしの応力が確実に伝達されるように施工しなければならない。鉄筋の継手は，原則として応力の小さいところで，かつ常時はコンクリートに圧縮応力が生じている部分に設ける。

6章　鉄筋コンクリート工事

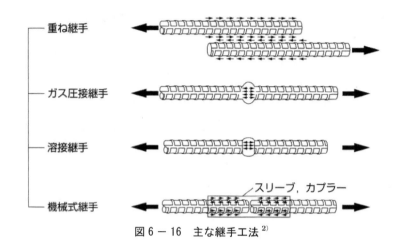

図6－16　主な継手工法[2]

主な継手の種類には，**重ね継手**，**ガス圧接継手**，**機械式継手**，**溶接継手**がある（図6－16）。

(a) 重ね継手

鉄筋どうしを端部から一定の長さで重ね（**重ね継手の長さ**），周囲のコンクリートとの付着力で応力を伝達する継手工法である。JASS 5や公共建築工事標準仕様書（以下，標仕という）では，重ね継手の長さは，異形の鉄筋の径（呼び名）の数値dに，コンクリートの設計基準強度，鉄筋の種類およびフックの有無によって定められた係数を乗じた値が規定されている（**表6－5**）。

重ね継手に関する施工管理上の主な留意事項は下記の通りである。

・フック付き重ね継手の長さは，鉄筋の折曲げ開始点間の距離とし，折曲げ以降のフック部は継手長さに含めない（**図6－17**）
・直径が異なる鉄筋相互の重ね継手の長さは，細い方のd（呼び名）を用いる
・D35以上の異形鉄筋には，原則として重ね継手を用いない

(a) 直線重ね継手の長さL_1　　　　(b) フックあり重ね継手の長さL_{1h}[7]

図6－17　重ね継手の長さ

6.1 鉄筋工事

表 6 − 5　鉄筋の重ね継手の長さ[7]

鉄筋の種類	コンクリートの設計基準強度 Fc (N/mm^2)	L_1（フックなし）	L_{1h}（フックあり）
SD295	18	45d	35d
	21	40d	30d
	24, 27	35d	25d
	30, 33, 36	35d	25d
SD345	18	50d	35d
	21	45d	30d
	24, 27	40d	30d
	30, 33, 36	35d	25d
SD390	21	50d	35d
	24, 27	45d	35d
	30, 33, 36	40d	30d

［注］1. L_1, L_{1h}：重ね継手の長さおよびフックあり重ね継手の長さ
2. d：異形鉄筋の呼び名の数値
3. フックありの場合のL_{1h}は，図6-17に示すようにフック部分 l を含まない．
4. 軽量コンクリートの場合は，表の値に5dを加えたものとする．

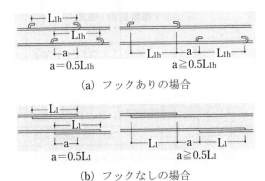

(a) フックありの場合

(b) フックなしの場合

図 6 − 18　隣接鉄筋の重ね継手のずらし方[7]

・隣接する継手の位置は，一カ所に集中しないようにずらす（図 6 − 18）

(b) **ガス圧接継手**

　ガス圧接継手は，鉄筋どうしを突きあわせて，軸方向に圧縮力を加えながら接合部を酸素，アセチレン炎で加熱して接合する継手工法である（図 6 − 19）．圧接が完了すると，継手部分がこぶ状にふくらんで接合される．ふくらみの形状や鉄筋どうしの中心軸の偏心量などが検査される（ガス圧接継手部の検査については6.1.5を参照）．ガス圧接不良部の例を図 6 − 20に示す．

　ガス圧接継手に関する施工管理上の主な留意事項は下記の通りである．

・鉄筋径または呼び名の差が7mmを超える場合には，原則として圧接継手を設けてはいけない
・鉄筋突合わせ面の隙間は2mm以下とする
・強風，降雨時には原則として作業を行わない（風除けなどの対策をした場合には工事監理者の承

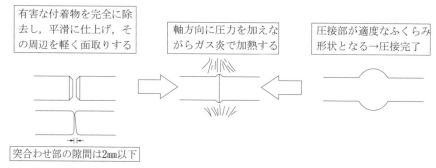

図6－19　ガス圧接継手

偏心量が大きい[2]

ふくらみの直径と長さが小さい[2]

圧接で生じた鉄筋の割れ[1]

図6－20　不良圧接部の例

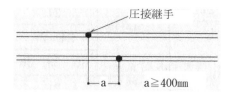

図6－21　隣接鉄筋の圧接継手のずらし方[7]

認を得て作業を行うことができる）
- 隣接する継手の位置は，一カ所に集中しないように，ガス圧接継手の位置を400mm以上ずらす（図6－21）

(5) 定着

定着とは，柱や梁などの部材どうしの接合部を剛接合とするために，他方の部材にもう一方の部材の鉄筋を延ばしこんで埋め込み，コンクリートとの付着力によって固定することをいう。また，その延ばし込む鉄筋の長さを**定着長さ**という（**図6－22，図6－23**）。JASS 5や標仕では，定着長さは異形鉄筋の径（呼び名）の数値 d に，コンクリートの設計基準強度，鉄筋の種類およびフック有無によって定められた係数を乗じた値が規定されている（**表6－6，表6－7**）。

定着に関する施工管理上の主な留意事項は下記の通りである。

6.1 鉄筋工事

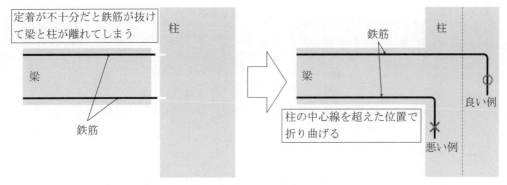

図6-22 定着

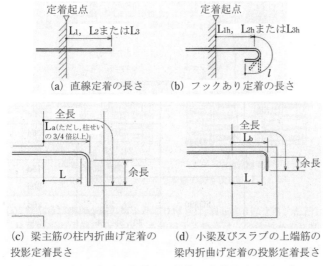

(a) 直線定着の長さ　(b) フックあり定着の長さ

(c) 梁主筋の柱内折曲げ定着の投影定着長さ　(d) 小梁及びスラブの上端筋の梁内折曲げ定着の投影定着長さ

(仕口内に縦に折り曲げて定着する鉄筋の定着長さLが，表6-6のフックあり定着の長さを確保できない場合の折曲げ定着の方法)

図6-23 定着長さ[7]

・柱の中心線を越えた位置で折り曲げる
・一般層の梁の主筋は，通常90°フック付き定着とし，柱せいの3/4倍以上を柱の中心線を越えた位置までのみ込ませる
・折曲げ開始点以降の末端のフックは定着長さに含まない

6章　鉄筋コンクリート工事

表6－6　鉄筋の定着長さ[7]

鉄筋の種類	コンクリートの設計基準強度 Fc (N/mm²)	直線定着の長さ				フックあり定着の長さ			
		L_1	L_2	L_3		L_{1h}	L_{2h}	L_{3h}	
				小梁	スラブ			小梁	スラブ
SD295	18	45d	40d	20d（片持小梁の場合は25d）	10dかつ150mm以上（片持スラブの場合は25d）	35d	30d	10d	—
	21	40d	35d			30d	25d		
	24, 27	35d	30d			25d	20d		
	30, 33, 36	35d	30d			25d	20d		
SD345	18	50d	40d			35d	30d		
	21	45d	35d			30d	25d		
	24, 27	40d	35d			30d	25d		
	30, 33, 36	35d	30d			25d	20d		
SD390	21	50d	40d			35d	30d		
	24, 27	45d	40d			35d	30d		
	30, 33, 36	40d	35d			30d	25d		

[注] 1. L_1, L_{1h}: 2. から4. まで以外の直線定着の長さおよびフックありの定着の長さ
 2. L_2, L_{2h}: 割裂破壊のおそれのない箇所への直線定着の長さおよびフックあり定着の長さ
 3. L_3: 小梁およびスラブの下端筋の直線定着の長さ。ただし、基礎耐圧スラブおよびこれを受ける小梁は除く。
 4. L_{3h}: 小梁の下端筋のフックありの定着の長さ
 5. d: 異形鉄筋の呼び名の数値
 6. フックあり定着の場合は、図6-23に示すようにフック部分 l を含まない。また、中間部での折曲げは行わない。
 7. 軽量コンクリートの場合は、表の値に5dを加えたものとする。

表6－7　異形鉄筋の仕口内の折曲げ定着の投影定着長さ[7]

鉄筋の種類	コンクリートの設計基準強度 Fc (N/mm²)	L_a	L_b
SD295	18	20d	15d
	21	15d	15d
	24, 27	15d	15d
	30, 33, 36	15d	15d
SD345	18	20d	20d
	21	20d	20d
	24, 27	20d	15d
	30, 33, 36	15d	15d
SD390	21	20d	20d
	24, 27	20d	20d
	30, 33, 36	20d	15d

注） 1. L_a: 梁主筋の柱内折曲げ定着の投影定着長さ（基礎梁、片持梁および片持スラブを含む。）
 2. L_b: 小梁及びスラブの上端筋の梁内折曲げ定着の投影定着長さ（片持小梁および片持スラブを除く。）
 3. d: 異形鉄筋の呼び名の数値
 4. 軽量コンクリートの場合は、表の値に5dを加えたものとする。

6.1.4　鉄筋の加工・組立て

(1) 鉄筋の加工

　鉄筋施工図から作成された部材加工図（加工帳・加工絵符）に基づいて鉄筋の加工が行われる（図6－24～26）。加工帳は切断長さや折曲げ寸法を記載したもので、加工帳の内容をひとつずつ1枚の

6.1 鉄筋工事

絵符に分けて記載したものが加工絵符である。加工絵符が荷札となって現場に搬入される。鉄筋の加工は，加工スペース等の制約から，現場加工よりも一般的に鉄筋専門業者の加工場で行われる。鉄筋の加工作業には切断と折曲げ加工があり，鉄筋は熱により性能が変化するため，切断および折曲げ加工は，常温（冷間）で行う。JASS 5 では，鉄筋の加工寸法の許容差が規定されている。

鉄筋の加工に関する施工管理上の主な留意点は下記の通りである。

・切断および折曲げ加工は常温（冷間）で行う

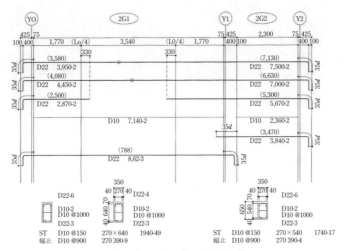

図 6 − 24　鉄筋施工図の例[8]

形　状	規格	径	長さ	本数
(3,580)	SD 345	D22	3,950	2
(4,080)	SD 345	D22	4,450	2
(2,500)	SD 345	D22	2,870	2
(7,130)	SD 345	D22	7,500	2
(6,630)	SD 345	D22	7,000	2
(5,300)	SD 345	D22	5,670	2
(3,740)	SD 345	D22	3,840	2
(7,880)	SD 345	D22	8,620	3
———	SD 295A	D10	7,140	2
———	SD 295A	D10	3,840	2
640　270	SD 295A	D10	1,940	49
540　270	SD 295A	D10	1,740	17
270	SD 295A	D10	390	13

図 6 − 25　加工帳の例[8]

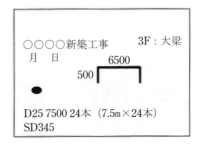

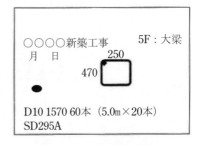

図 6 − 26　加工絵符の例[2]

6章 鉄筋コンクリート工事

- 有害な曲がり，鉄筋の断面欠損，ひび割れ，過度な錆がある鉄筋は使用しない
- 鉄筋には点付け溶接を行ってはならない

(a) 切断

鉄筋の切断は，通常，**シヤーカッター**によって行われ（**図6-27**），その他，電動カッターなどの直角切断機が用いられる。

図6-27 シヤーカッターによる切断[9]

(b) 曲げ加工

鉄筋の曲げ加工作業は**バーベンダー**によって行われる（**図6-28**）。鉄筋の折曲げ形状・寸法を**表6-8**に示す。JASS 5 では，以下の鉄筋の末端部にはフックを付けるように規定されている。

- 丸鋼
- あばら筋および帯筋
- 柱および梁（基礎梁を除く）の出隅部の鉄筋（鉄筋のかぶり厚さが二方向となるため，かぶり部分のコンクリートが割れやすくなるため）
- 煙突の鉄筋（コンクリートが火熱を受けて付着力が低下するおそれがあるため）

 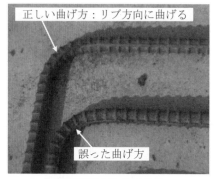

バーベンダー　　　　　　異形鉄筋の折曲げ方向

図6-28 バーベンダーおよび異形鉄筋の折曲げ方向[9]

6.1 鉄筋工事

表6－8 鉄筋の折曲げ形状・寸法[7]

折曲げ角度	折曲げ図	折曲げ内法直径（D）		
		SD295，SD345		SD390
		D16以下	D19～D38	D19～D38
180°		3d以上	4d以上	5d以上
135°				
90°				
135° および 90° （幅止め筋）				

［注］ 1．d：異形鉄筋の呼び名の数値
2．片持スラブ先端，壁筋の自由端側の先端で90°フックまたは135°フックを用いる場合には，余長は4d以上とする。
3．90°未満の折曲げの内法直径は特記による。

(2) 鉄筋の組立て

鉄筋の組立て工法には，鉄筋を現場の所定の位置で組み立てる直組み鉄筋工法と，工期の短縮や施工の省力化を目的として，工場や工事現場で鉄筋をかご状に組み，移動して所定の位置に立て込む先組み鉄筋工法がある。

鉄筋コンクリート造の一般的な配筋順序は，基礎部においては，基礎，柱（基礎部），基礎梁の順に，一般階においては，柱，壁，大梁，小梁，スラブ，その他（階段ほか）の順に行われる。以下に主として日本建築学会：鉄筋コンクリート造配筋指針・同解説[10]に準じた場合の一般階における各部材の鉄筋の組立て方法を示す。

(a) 柱の配筋（図6－29）

下階からの柱主筋が正しい位置にあることを，柱地墨によって確認する。もし柱主筋が正しい位置にない場合は台直しを行って位置を修正する。やむを得ず台直しを行う場合は，監理者の承認を受け，鉄筋周囲のコンクリートをはつって，急に折り曲げず，常温でゆっくりとした勾配で折り曲げる

(図6-30)。台直し作業が発生しないように施工中は留意しなければならない。

柱主筋に下部の帯筋を挿入し，柱主筋を継手で接合した後に，上部の帯筋を挿入し，帯筋を所定の位置に主筋に結束する。結束作業には，ハッカーと呼ばれる工具が一般的に使用される（図6-31）。その他，近年では作業の省力化のため電動で結束する鉄筋結束機も普及してきている（図6-32）。帯筋の結束には，通常0.8mm程度のなまし鉄線が用いられる。結束線の残った部分は，腐食や危険防止のため部材内部へ必ず折り曲げる。全ての帯筋を固定した後，所定の位置にスペーサを取り付ける。

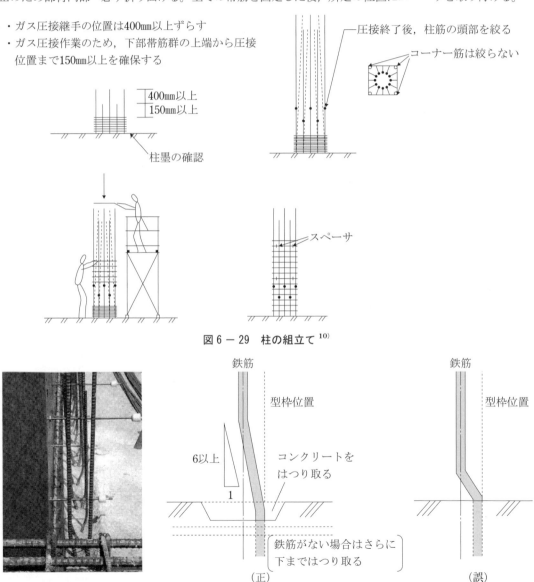

図6-29　柱の組立て[10]

図6-30　鉄筋の台直し例[2]

6.1 鉄筋工事

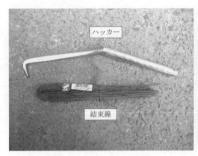

図6－31　ハッカーによる鉄筋相互の結束　　　　　　　　図6－32　鉄筋結束機[11]

(b) 壁の配筋（複筋の場合）
1) 縦筋・横筋の配筋（図6－33）
・先に立て込んだ壁の型枠側の縦筋を配筋し，次に反対側（返し壁）の縦筋を配筋する
・横筋をマーキングにしたがって配筋する
・幅止め筋を所定の位置に挿入し，結束する
・スペーサを所定の位置に取り付ける

2) 開口補強筋の配筋

　耐震壁に開口部があると，開口周囲の隅角部には，乾燥収縮や不同沈下，地震力などによって応力が集中し，ひび割れが生じやすくなるため，開口部周辺に沿って鉄筋で補強する必要がある（縦補強筋，横補強筋，斜め補強筋）。コンクリートの充てん性や施工が複雑なことなどを考慮して，斜め補強筋の代わりに縦・横筋間隔を部分的に密にするか，溶接金網・鉄筋格子などを用いて補強する方法もある。

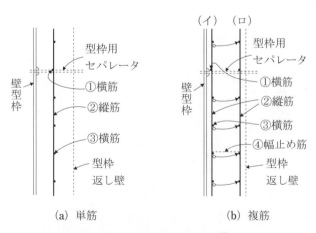

図6－33　壁の組立て[10]

(c) **梁の配筋（落込み工法）（図6－34・35）**
- スラブ型枠のせき板上に受けかんざし（単管など）を渡し，その上に梁下端筋を載せる
- うまと呼ばれる架台を設置し，この上に受けかんざしを設置後，梁上端筋を配筋する（圧接工事の場合はガス圧接工事を行う）
- あばら筋を配筋する
- 梁上端筋とあばら筋を結束する。あばら筋にスペーサを取り付ける
- 受けかんざしを取り外し，梁下端筋を落とし込み，所定の位置に結束する
- 腹筋，幅止め筋を配筋する
- うまおよび受けかんざしを取り外し，組み立てた梁の鉄筋を落とし込む
- かんざし（鉄筋を用いることが多い）およびバーサポートで所定のかぶり厚さを確保する

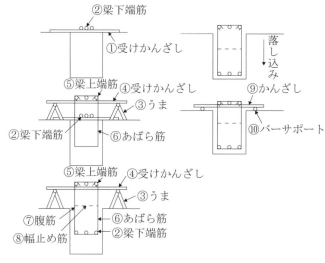

図6－34　梁の組立て[10]

図6－35　落込み工法[9]

6.1 鉄筋工事

(d) スラブの配筋（図6-36）

　長方形のスラブでは，短辺方向の鉄筋を主筋，長辺方向の鉄筋を配力筋という。スラブには，スラブの支持方法によって4辺固定・3辺固定・片持ちスラブなどの種類がある。各種スラブとも配筋順序は，最下端に配筋される鉄筋より順次上筋へと配筋し，組み立てるのが原則である。

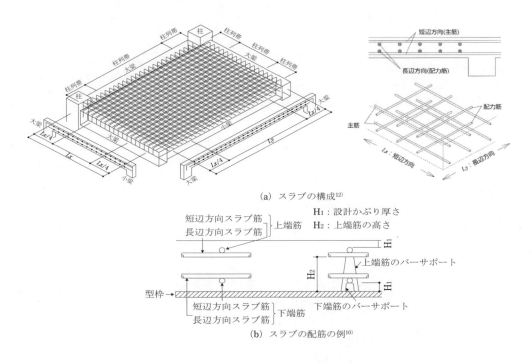

図6-36　スラブの構成および配筋

6.1.5　品質管理および検査

(1) 鉄筋の加工・組立てにおける品質管理・検査

　JASS 5における鉄筋の加工・組立てにおける品質管理および検査項目を表6-9に示す。施工者は，表6-9に示される品質管理・検査を随時実施する。また，鉄筋組立て後はコンクリート打込み前に工事監理者の配筋検査を受ける。なお，検査箇所，検査方法および判定基準は工事監理者の指示による。

6章 鉄筋コンクリート工事

表6-9 鉄筋の加工・組立てにおける品質管理・検査[6]

項目	判定基準	試験・検査方法	時期・回数
鉄筋および溶接金網	設計図書または10.1[(1)]の規定に適合すること	ミルシート，圧延マーク，1結束ごとの表示などと押印・署名付きの納入書との照合による確認 目視 径・長さの測定	コンクリート工事開始前および受入れ時
鉄筋の種類・径	設計図書に規定されたものであること	ミルシート，圧延マーク，1結束ごとの表示などと押印・署名付きの納入書との照合による確認 目視 径の測定	鉄筋搬入時，または組立て鉄筋搬入時
加工寸法	10.3[(2)]の規定に適合すること	スケールなどによる測定	加工種別ごとに加工鉄筋搬入時または現場加工後，最初の1本あるいは一組
数量	設計図書または施工図どおりであること	目視 スケールなどによる測定	組立て中随時または組立て後
鉄筋の位置			
鉄筋間隔			
継手および定着の位置，長さ			
鉄筋相互のあき		スケールなどによる測定	
鉄筋のサポートおよびスペーサの材質，配置・数量	10.6[(3)]の規定に適合すること	目視 触診	
鉄筋の固定度	コンクリートの打込みに際し，変形・移動のおそれのないこと		

[注] (1) JASS 5 10.1 総則
    (2) JASS 5 10.3 鉄筋の加工
    (3) JASS 5 10.6 直組み鉄筋

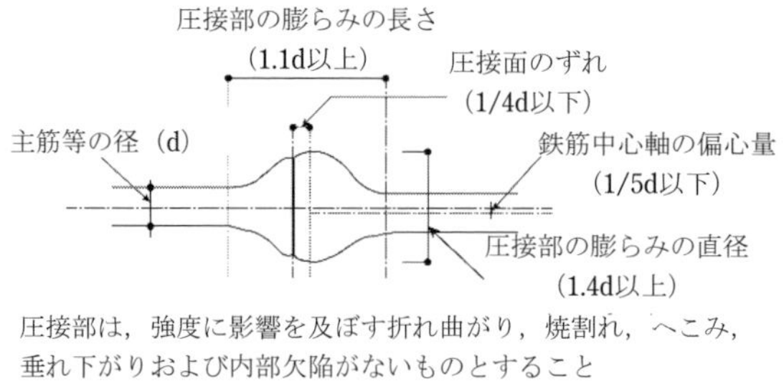

圧接部は，強度に影響を及ぼす折れ曲がり，焼割れ，へこみ，垂れ下がりおよび内部欠陥がないものとすること

図6-37 圧接継手部に関する主な規定（平12建告第1463号）

(2) ガス圧接継手の継手部の品質管理・検査

ガス圧接継手部の検査方法を表6－10に示す。検査方法には，全数検査と抜取り検査があり，外観検査で合格していることを確認した後，抜取検査が行われる。図6－37は圧接継手部に関する主な規定である。圧接部のふくらみや直径が規定値に満たないなど，外観検査で不合格となった場合は不良部に対して措置を行う（表6－11）。

表6－10　ガス圧接継手の継手部の品質管理・検査[6より一部抜粋]

	検査項目	試験・検査方法	時期・回数
全数検査	外観検査	目視 ノギス，スケールまたは専用検査器具による測定	原則として圧接作業完了時全数
抜取検査	超音波探傷法	JIS Z 3062 による	・1検査ロットからランダムに30か所 ・検査率は特記による
	引張試験法（超音波探傷法の代替）	JIS Z 3120 による	検査率は特記による

［注］1検査ロットは，1組の作業班が1日に施工した圧接箇所の数量

表6－11　不良ガス圧接部の措置（外観検査で不合格となった場合）[13から作成]

原　因	措　置
圧接部のふくらみや直径が規定値に満たない場合	再加熱し，加圧して所定のふくらみに修正する
圧接部の折曲がりの角度が2°以上の場合	再加熱して修正する
圧接部の片ふくらみが著しい場合	圧接部を切り取って再圧接する
圧接部のずれが規定値を超えた場合	
圧接部における鉄筋中心軸の偏心量が規定値を超えた場合	
圧接部のふくらみが著しいつば形である場合，著しいたれ，へこみ，焼き割れが生じた場合	

参考文献

1) 江口清監修：現場技術者が教える「施工の本」〈躯体編〉，建築技術，2006.
2) 建築技術：No.724，建築技術，2010.
3) 建築技術：No.770，建築技術，2014.
4) 日本建築学会：建築学用語辞典第2版：岩波書店，2005.
5) 建築慣用語研究会編：建築現場実用語辞典［改定版］，井上書院，2006.
6) 日本建築学会：建築工事標準仕様書・同解説　JASS 5　鉄筋コンクリート工事，2022.
7) 公共建築協会：公共建築工事標準仕様書（建築工事編）令和4年版，2022.
8) 建築技術：No.795，建築技術，2016.
9) 掛川純行：写真でわかる建築施工，オーム社，2004.
10) 日本建築学会：鉄筋コンクリート造配筋指針・同解説，日本建築学会，2010.

11) マックス（株）：カタログ，http://wis.max-ltd.co.jp.
12) 鈴木秀三編：［図解］建築の構造と構法，井上書院，2008.
13) 日本建築学会：建築工事標準仕様書・同解説　JASS 5　鉄筋コンクリート工事，2018.

6.2　型枠工事

　型枠とは，打ち込まれたコンクリートを所定の位置・形状・寸法に保ち，コンクリートが適切な強度に達するまで支持する仮設構造物の総称[1]である。型枠には打ち込まれたコンクリートによる側圧などの荷重が作用することから，コンクリート部材の仕上がりやかぶり厚さ等の精度は型枠の精度により決定される。しかし，精度を確保するためには，組立ての精度のほかに，型枠自体の強度や剛性などが要求される。また，転用（型枠材の再使用）計画など，経済性も要求される。型枠工事の流れを図 6 − 38 に示す。

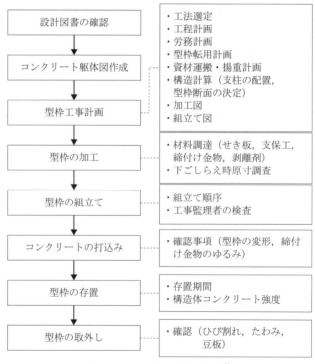

図 6 − 38　型枠工事の流れ[2]

6.2 型枠工事

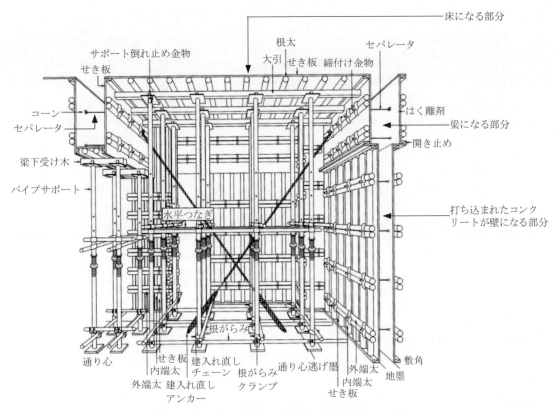

図6－39　在来工法における型枠の構成材料[1]に一部加筆

6.2.1　型枠の構成部材

(1) 型枠工法

型枠工法には，従来から一般的に採用されている在来工法（**図6－39**）のほか，現場施工の省力化を目的として，鉄筋の一部がコンクリート型枠に埋め込まれ，現場でコンクリートを打ち込んで一体化させる打込み型枠工法（ハーフPCa型枠など）など，多くの種類がある。以下に，在来工法で使用される型枠の構成部材について説明する。

(2) せき板

せき板は，コンクリートと直接接する部材であるため，その性能はコンクリートの寸法精度やテクスチャーに直接影響する。材質は木製のほか，金属製（鋼製，アルミニウム製），コンクリート製，プラスチック製，紙製など，多くの種類がある。これらのうち，**合板**（ごうはん，plywood（プライウッド））がせき板として従来から一般的に用いられている。

JASS 5では，特記がない場合，合板は農林水産省告示第303号「合板の日本農林規格」（最終改正：

平成 26 年）の中のコンクリート型枠用合板に適合するものを用いると規定されている。同規格では，コンクリート型枠用合板は「合板のうち，コンクリートを打ち込み，所定の形に成形するための型枠として使用する合板（表面又は表裏面に塗装又はオーバーレイを施したもの（表面加工コンクリート型枠用合板）を含む。）をいう。」と定義されており，合板を構成する単板の積層数（3 以上），厚さ（12mm 以上），接着の程度（1 類の基準に適合），曲げ剛性などが規定されている。一般的に厚さ 12mm のものが多く用いられる。

　せき板に関する施工管理上の主な留意事項は以下の通りである。

- 合板の保管の際は，シートなどで直射日光が当たらないように保護する。これは，合板に直射日光が当たると，木材成分のタンニン酸などが表面に滲み出ることでコンクリート表面の硬化不良を引き起こすためである
- せき板を再利用する場合は，コンクリートに接する面をよく清掃し，締付けボルトなどの貫通孔または破損箇所を修理のうえ，必要に応じて剥離剤を塗布して用いる
- 剥離剤は型枠の取外しの際にせき板をコンクリートから剥がしやすくするために使用される

(3) 支保工

　支保工は，型枠に打ち込まれたコンクリートが所定の強度を発現するまでの間，せき板を保持するための部材であり，**端太**（ばた），**大引**（おおびき），**根太**（ねだ），**支柱**（サポート）などから構成される。

(a) 端太

　端太材，端太角とも呼ばれる。コンクリート打込み時の側圧などによるせき板の変形を防ぐために，外側からせき板と押さえるものであり，設置する方向で**縦端太（内端太）**と**横端太（外端太）**に分けられる（**図 6 − 39** の右）。丸パイプ，角パイプ，軽量形鋼などが用いられる。その他，せき板を外側から押さえるための支保工として**コラムクランプ**（**図 6 − 40**）があり，主として独立柱の型枠を組立てる際に四方から水平に締め付けるために用いられる。

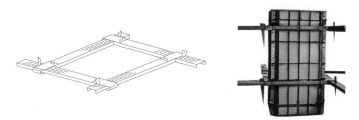

図 6 − 40　コラムクランプ[3]

(b) 大引・根太・桟木

　大引・根太は，スラブ下や梁下などのせき板を受けるための横架材（**図 6 − 39** の上）で，根太，

6.2 型枠工事

大引を介して鉛直荷重が支柱に伝えられる。鋼管（丸パイプ，角パイプ），軽量溝形鋼，アルミ製大引きおよび木製大引きなどが用いられる。

桟木は，合板パネル（合板に桟木を取り付けたもの）の補強材として使用される小角材である。

(c) 支柱（サポート）

支柱は，打ち込まれたコンクリートが所定の強度を発現するまでの間，スラブ下および梁下などにおいて鉛直荷重を支える支保工の中で重要な要素である。一般的な支柱として**パイプサポート（鋼管支柱）**（図6-41）が用いられる。パイプサポートは長さが調整できるようになっている。補助サポートはパイプサポートに継ぎ足して長くする場合に用いる。地梁間に支柱を用いない工法として，軽量型支保梁工法やデッキプレート工法がある。

支柱に関する施工管理上の主な留意事項は下記の通りである。
・支柱は垂直に立て，上下階の支柱はできるだけ同一位置に配置する
・地盤上に直接支柱を立てる場合は支柱が沈下しないような措置（地盤の十分な締固め，剛性のある板を敷くなど）をする
・パイプサポートを3本以上継いではならない
・パイプサポートを2本継ぐときは4本以上のボルトまたは専用の金具を用いる
・パイプサポートの高さが3.5mを超える場合は，2m以内に水平つなぎを2方向に設ける

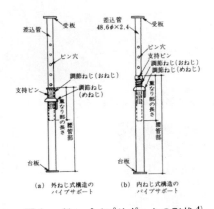

図6-41　パイプサポートの形状[4]

(d) 締付け金物

締付け金物は，側圧に抵抗するために，せき板と端太などの支保工を締付けて固定するための金物であり，**フォームタイ，座金，セパレータ，コーン**などで構成される（図6-42）。

1) フォームタイ・座金

端太材の形状により，ねじ締付け方式とくさび締付け方式がある。

6章 鉄筋コンクリート工事

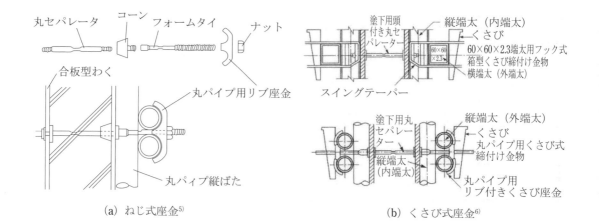

(a) ねじ式座金[5]　　(b) くさび式座金[6]
（上：角パイプ用，下：丸パイプ用）

図6－42　締付け金物の例

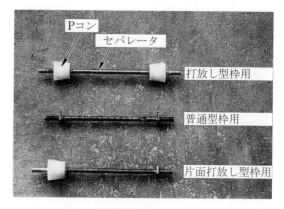

品名	寸法図	ねじ径
丸セパ B型	壁厚 両面打放し用	$W\frac{5}{16}$ $W\frac{3}{8}$
丸セパ C型	壁厚 両面仕上げ用	$W\frac{5}{16}$ $W\frac{3}{8}$
丸セパ BC型	壁厚 片面打放し 片面仕上げ用	$W\frac{5}{16}$ $W\frac{3}{8}$

図6－43　仕上げの有無によるセパレータとコーンの組み合わせ[6)7)]

図6－44　セパレータとPコン（打放し用）

6.2 型枠工事

2) セパレータ

　型枠の幅を固定するための金物である。仕上げの有無により端部の形状が異なっている（**図6－43**）。打放し仕上げの場合は端部にコーンが取り付けられている。コーンは脱型後に取り外すことができるようになっており，コーンがあった部分はモルタルで穴埋めされるため，セパレータの先端はコンクリート表面に現れない。打放しコンクリートの表面において規則的にみられる円状の跡はコーンが穴埋めされた部分である（**図6－44**）。コーンにはプラスチック製のもの（Pコン）が一般的に用いられる。

6.2.2　型枠の構造設計

　型枠は，コンクリートが打ち込まれてから所定の強度が得られるまでの間，コンクリートの側圧をはじめとする様々な外力に対して強度および剛性を有し，安全性が確保されるものでなくてはならない。

　JASS 5では，型枠の強度および剛性の計算は，打込み時の振動・衝撃を考慮したコンクリート施工時の**鉛直荷重**，**水平荷重**およびコンクリートの**側圧**について行うようにされており，それぞれ以下のように規定されている。

(1) 鉛直荷重

　コンクリート，鉄筋・型枠，建設機械，各種資材および作業員などの重量により，型枠に鉛直荷重方向の外力として加わるものを対象とし，その値は実情に応じて定める。

　JASS 5には鉛直荷重（固定荷重＋積載荷重）の種類として**表6－12**が示されている。通常のポンプ施工の場合，打込み時の積載荷重（作業荷重＋衝撃荷重）は労働安全衛生規則から1.5kN/m^{2}とする。

表6－12　鉛直荷重の種類[8]

荷重の種類		鉛直荷重の種類	備考
固定荷重	普通コンクリート	24kN/m^3 × d (2.4tf/m^3 × d)	d：部材厚さ (m)
	軽量コンクリート	20kN/m^3 × d (2.0tf/m^3 × d)	軽量1種
		18kN/m^3 × d (1.8tf/m^3 × d)	軽量2種
	型　枠　重　量	0.4kN/m^2 (40kgf/m^2)	
積載荷重	通常のポンプ工法	1.5kN/m^2 (150kgf/m^2)	作業荷重＋衝撃荷重
	特殊な打込み工法	1.5kN/m^{2}以上 (150kgf/m^{2}以上)	実情による

(2) 水平荷重

　風圧，コンクリート打込み時の偏心荷重，および機械類の始動・停止・走行などにより，型枠に水平方向の外力として加わるものを対象とし，その値は実情に応じて定める。一般的に水平荷重は鉛直荷重に対する割合で決められる。

(3) 側圧

JASS 5 では，型枠設計用のコンクリートの側圧は，フレッシュコンクリートの単位体積重量にフレッシュコンクリートのヘッド（側圧を求める位置から上のコンクリートの打込み高さ）を乗じて求めるように規定されている。

6.2.3 型枠の加工・組立て

(1) 加工（下ごしらえ）

コンクリート躯体図から型枠加工図を作成し，現場外あるいは現場内に設けた加工場で型枠加工図に基づいて型枠を加工する。型枠加工図は一般に専門工事業者が作成する。

(2) 組立て

コンクリート躯体図を基にして，型枠を設置する位置を墨出し作業によりコンクリート面に定め，型枠を精度よく建て込む。型枠の組立は，鉄筋工事などと並行して行われるため，調整を十分に行っておく必要がある。型枠の施工順序を図 6 − 45 に示す。

型枠の組立て時に関する施工管理上の主な留意事項は下記の通りである。

- 型枠は，足場，遣方等の仮設物と連結させない
- コンクリートに埋め込むボックス，スリーブ，埋込み金物等は，位置を正確に出し，動かないよう型枠内に取り付ける
- 型枠は，セメントペーストまたはモルタルが継目などから漏出しないように緊密に組み立てる
- 型枠には清掃用の掃除口を必ず設け，打込み前に型枠内の不要物を取り除く

6.2 型枠工事

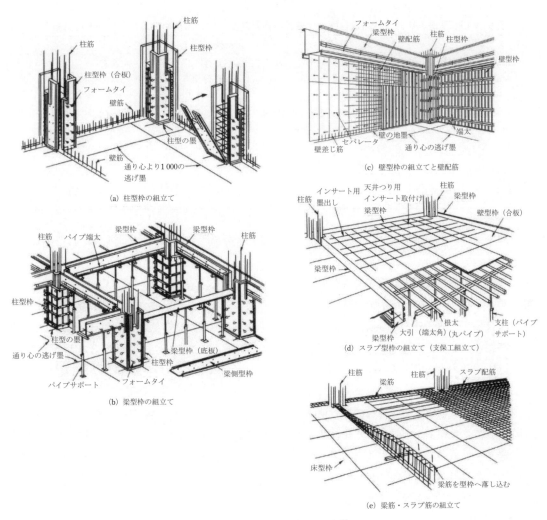

図6-45 型枠の施工順序[1]

6.2.4 型枠の存置期間・取外し

型枠の存置期間とは，コンクリートが打ち込まれてから所定の強度に達した後，型枠を構成するせき板や支保工を取り外すまでの期間である。JASS 5 では，外力や初期凍害等を考慮して，存置期間が以下のように規定されている。

(1) 基礎，梁側，柱および壁のせき板の存置期間

計画供用期間の級が短期および標準の場合は，構造体コンクリートの圧縮強度が 5N/mm² 以上，長期および超長期の場合は 10N/mm² 以上に達したことが確認されるまでとする。ただし，せき板存置期間中の平均気温が 10℃ 以上であれば，コンクリートの材齢が**表6-13**に示す日数以上経過すれば，計画供用期間の級が短期および標準の場合，圧縮強度試験をせずにせき板を取り外すことができる。

表 6 − 13　基礎・梁側・柱および壁のせき板の存置期間を定めるためのコンクリートの材齢[8]

平均気温＼総合材の種類	早強ポルトランドセメント	普通ポルトランドセメント 高炉セメントA種 高炉セメントA種相当 フライアッシュセメントA種 フライアッシュセメントA種相当	高炉セメントB種 高炉セメントB種相当 フライアッシュセメントB種 フライアッシュセメントB種相当	中庸熱ポルトランドセメント 低熱ポルトランドセメント 高炉セメントC種 高炉セメントC種相当 フライアッシュセメントC種 フライアッシュセメントC種相当
	コンクリートの材齢（日）			
20℃以上	2	4	5	7
20℃未満 10℃以上	3	6	8	9

なお，コンクリートの養生を目的として型枠を存置する場合については「6.3.4 養生」に示している。

(2) スラブ下および梁下の支保工の存置期間

構造体コンクリートの強度がその部材の設計基準強度に達したことが確認されるまでとする。これより早く支保工を取り外す場合は，対象とする部材が取外し直後，その部材に加わる荷重を安全に支持できるだけの強度を適切な計算方法から求め，その圧縮強度を実際のコンクリートの圧縮強度が上回ることを確認する必要がある。ただし，取外し可能な圧縮強度は，この計算結果にかかわらず，最低 12N/mm² 以上としなければならない。

(3) スラブ下および梁下のせき板の存置期間

原則として，支保工を取り外した後に取り外す。ただし，施工方法によっては，支柱を取外すことなくせき板を取り外せる場合がある。その場合は昭和46年建設省告示第110号で取外しが認められている設計基準強度の50％を準用するか，あるいは，適切な構造計算により十分安全であることを確かめられれば，支柱を取外す前にせき板を取り外してもよい。

(4) 支柱の盛替え

支柱の盛替え（いったん型枠を取り外し，再び支柱のみを立て直す作業）は原則として行わない。やむを得ず盛替えを行う必要が生じた場合は，その範囲と方法を定めて工事監理者の承認を受ける。

6.2.5　品質管理および検査

JASS 5 における型枠の品質管理・検査項目を**表 6 − 14** に示す。施工者は，コンクリート打込み前に，せき板と最外側鉄筋とのあきについて工事監理者の検査を受ける。検査箇所は，工事監理者の指示による。

6.3 コンクリート工事

表 6-14 型枠の材料・組立て・取外しの品質管理・検査 [8]

項目	判定基準	試験・検査方法	時期・回数
せき板・支保工・締付け金物などの材料	9.3[(1)]，9.4[(2)]，9.5[(3)]の規定に適合していること	目視 刻印・シール・納入書などの確認	搬入時 組立て中随時
支保工の配置・取付け	型枠計画図および工作図に合致すること，ゆるみなどのないこと	目視 スケールなどによる測定	組立て中随時 組立後
締付け金物の位置・数量 型枠の建込み 位置・精度	型枠計画図および工作図に合致すること	スケール・トランシット・レベルなどによる測定	
せき板と最外側鉄筋とのあき	所定のかぶり厚さが得られる状態になっていること，測定ができない部分については所定のスペーサなどが配置されていること	スケール・定規などによる測定 ただし測定ができない場合は目視	
せき板および支柱取外しの時期	せき板の取外し時期：9.10a.[(4)]および9.10b[(5)]の規定に適合していること	JASS 5 T-603 に基づく圧縮強度の推定，または構造体コンクリートの履歴温度の測定に基づく圧縮強度の推定 存置期間の確認	せき板・支保工取外し前（必要に応じて）
	支柱の取外し時期：9.10c.[(6)]および9.10f[(7)]の規定に適合していること	JASS 5 T-603 に基づく圧縮強度の推定	

[注] (1) JASS 5 9.3　せき板の材料・種類
　　 (2) JASS 5 9.4　支保工の材料・種類
　　 (3) JASS 5 9.5　その他の材料
　　 (4) JASS 5 9.10 a．型枠の存置期間
　　 (5) JASS 5 9.10 b．型枠の存置期間
　　 (6) JASS 5 9.10 c．型枠の存置期間
　　 (7) JASS 5 9.10 f．型枠の存置期間

参考文献

1) 日本建築学会：型枠の設計・施工指針，2015.
2) 日本建築学会関東支部：コンクリートの調合と施工　知っておきたい建築材料・工法，2013.
3) 日建リース工業（株）：カタログ，www.nrg.co.jp/nikkenlease
4) 仮設工業会：仮設機材構造基準とその解説（労働大臣が定める規格と認定基準），2007.
5) 畑中和穂：図説　建築の型わく工事，理工学社，1994.
6) 公共建築協会：建築工事管理指針 平成 28 年版（上巻），2016.
7) 中澤明夫，角田誠：初学者の建築講座　建築施工〈改定版〉，市ヶ谷出版，2010.
8) 日本建築学会：建築工事標準仕様書・同解説　JASS 5　鉄筋コンクリート工事，2020.

6.3 コンクリート工事

コンクリート工事で用いられるコンクリートは，現在はそのほとんどが工場で練混ぜられ，工事現場に運搬される。このようなコンクリートをレディーミクストコンクリート，または生コンという。工場で製造された生コンは，トラックアジテータで工事現場まで運搬され，荷卸し場所において品質確認のための受入検査が行われる。その後，通常，コンクリートポンプ車によって型枠内に打ち込まれ，締固め・仕上げ作業ののち，所定の期間，養生が行われる。コンクリート工事の流れを**図6-51**に示す。

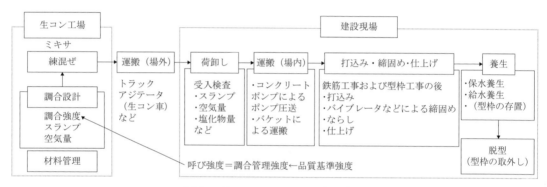

図6-46 コンクリート工事の流れ

6.3.1 工場の選定と発注

施工者は，工事現場周辺の生コン工場について，工場から現場までの運搬時間や工場の出荷能力などを調査して選定し，工事監理者の承認を受ける。通常，生コンの発注に際しては，施工者が商社を通して，商社が工事現場のある地域の生コン共同組合と契約を結び，共同組合が組合の工場を割当てるといった流れで行われることが多い。

生コンの種類はJIS A 5308：レディーミクストコンクリートに規定されている。同規格に適合する生コンを発注する場合は，**呼び強度**やスランプなどの項目（呼び方）を指定する（**表6-15**）。生コンの呼び方は，「普通　27　18　20　N」のように記号で表示され，それぞれ順に「コンクリートの種類による記号　呼び強度　スランプまたはスランプフロー　粗骨材最大寸法　セメント種類による記号」を表している（**表6-16・17**）。

JIS規格に適合しないコンクリートを使用する場合（例えば，呼び強度が**表6-15**の60を超えるような高強度コンクリートなど）は，建築基準法第37条第二号の国土交通大臣による認定（大臣認定）を取得しなければならない。

6.3 コンクリート工事

表6-15 レディーミクストコンクリートの種類および区分（JIS A 5308：2019）

コンクリートの種類	粗骨材の最大寸法 mm	スランプ又はスランプフロー[(1)] cm	呼び強度													
			18	21	24	27	30	33	36	40	42	45	50	55	60	曲げ4.5
普通コンクリート	20,25	8,10,12,15,18	○	○	○	○	○	○	○	○	○	○	—	—	—	—
		21	—	○	○	○	○	○	○	○	○	○	—	—	—	—
		45	—	—	—	○	○	○	○	○	○	○	—	—	—	—
		50	—	—	—	—	—	—	○	○	○	○	—	—	—	—
		55	—	—	—	—	—	—	—	○	○	○	—	—	—	—
		60	—	—	—	—	—	—	—	○	○	○	—	—	—	—
	40	5,8,10,12,15	○	○	○	○	○	○	—	—	—	—	—	—	—	—
軽量コンクリート	15	8,12,15,18,21	○	○	○	○	○	○	○	—	—	—	—	—	—	—
舗装コンクリート	20,25,40	2.5,6.5	—	—	—	—	—	—	—	—	—	—	—	—	—	○
高強度コンクリート	20,25	10,15,18,21	—	—	—	—	—	—	—	—	—	—	○	—	—	—
		45,50,55,60	—	—	—	—	—	—	—	—	—	—	○	○	○	—

[注] (1) 荷卸し地点での値であり，45 cm，50 cm，55 cmおよび60 cmはスランプフローの値である．

表6-16 コンクリートの種類による記号および用いる骨材（JIS A 5308：2019）

コンクリートの種類	記号	粗骨材	細骨材
普通コンクリート	普通	砕石，各種スラグ粗骨材，再生粗骨材H，砂利	砕砂，各種スラグ細骨材，再生細骨材H，砂
軽量コンクリート	軽量1種	人工軽量粗骨材	砕砂，高炉スラグ細骨材，砂
	軽量2種		人工軽量細骨材，人工軽量細骨材に一部砕砂，高炉スラグ細骨材，砂を混入したもの
舗装コンクリート	舗装	砕石，各種スラグ粗骨材，再生粗骨材H，砂利	砕砂，各種スラグ細骨材，再生細骨材H，砂
高強度コンクリート	高強度	砕石，砂利	砕砂，各種スラグ細骨材，砂

表6-17 セメントの種類による記号（JIS A 5308：2019）

種類	記号
普通ポルトランドセメント	N
普通ポルトランドセメント（低アルカリ形）	NL
早強ポルトランドセメント	H
早強ポルトランドセメント（低アルカリ形）	HL
超早強ポルトランドセメント	UH
超早強ポルトランドセメント（低アルカリ形）	UHL
中庸熱ポルトランドセメント	M
中庸熱ポルトランドセメント（低アルカリ形）	ML
低熱ポルトランドセメント	L
低熱ポルトランドセメント（低アルカリ形）	LL
耐硫酸塩ポルトランドセメント	SR
耐硫酸塩ポルトランドセメント（低アルカリ形）	SRL
高炉セメントA種	BA
高炉セメントB種	BB
高炉セメントC種	BC
シリカセメントA種	SA
シリカセメントB種	SB
シリカセメントC種	SC
フライアッシュセメントA種	FA
フライアッシュセメントB種	FB
フライアッシュセメントC種	FC
普通エコセメント	E

6.3.2 運搬（場外運搬）・受入れ

(1) 運搬（場外運搬）

JASS 5 では，運搬という用語について，以下のように定義されている。
- **運搬**：フレッシュコンクリートを製造地点から打込み地点まで運ぶこと。運搬には，レディーミクストコンクリート工場から工事現場の荷卸し地点まで運ぶことと，工事現場内で荷卸し地点から打込み地点まで運ぶことが含まれ，以下のように区別することがある。
- **場外運搬**：レディーミクストコンクリート工場から工事現場の荷卸し地点まで運ぶこと
- **場内運搬**：工事現場内で荷卸し時点から打込み地点まで運ぶこと

生コン工場から工事現場までの運搬（場外）には**トラックアジテータ（生コン車）**が用いられる。生コン車のドラムの内部はらせん状のブレードが付いた構造となっており，分離などによって品質が低下しないよう，生コンはドラムの回転によりゆっくり撹拌（かくはん，アジテート）されながら現場まで運搬される（図6－47・48）。JIS A 5308 では，普通コンクリートの場合，コンクリートの荷卸しを完了し，全量を排出した後における生コン車のドラムの内壁や羽根に付着したフレッシュモルタルの再利用（所定の処理を行い，新たに積み込むコンクリートと混合）を認めている。

図6－47 トラックアジテータ（生コン車）[1]

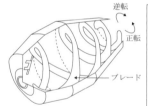

図6－48 ドラム内部の構造[1]

図6－49 受入検査

(2) 受入れ

　現場まで運搬された生コンは荷卸しされ，打ち込まれるコンクリートの品質が発注時に指定した事項を満足していることを確認するために，施工者は，まず生コン車ごとに納入伝票を確認し，その後，スランプ，空気量，塩化物量などの検査項目からなる**受入検査**（検査項目の詳細は 6.3.5 表6－20 を参照）を行う。最近では，試験・結果の公平性および信頼性のために，第三者試験機関に試験を依頼することが通例となっている。

6.3.3 運搬（場内運搬）・打込み・締固め

(1) 運搬（場内運搬）

荷卸し位置から打ち込み地点までの運搬（場内）方法には，生コンを生コン車から**コンクリートポンプ車**に移し替えて圧送する方法（**図6-51**），**バケット**（**図6-52**）をクレーンで吊って運搬する方法やシュートによる方法などがあり，一般にはコンクリートポンプ車による圧送が多く行われている。

コンクリートポンプでの圧送に先立ち，配管内の水密性や潤滑性を高めることでコンクリートの圧送をスムーズにして品質低下を防ぐ目的で，セメント分の多いモルタル（**先送りモルタル**）を圧送する。先送りモルタルは廃棄し，型枠内に打ち込んではならない。先送りモルタルを打ち込むと硬化不良などの欠陥発生の原因となる（**図6-53**）ので，型枠に打ち込まず廃棄する。

圧送の際，コンクリートが配管内で**閉塞**しないように留意しなければならない。閉塞は，配管の継手部分からの水漏れや先送りモルタルの圧送を行わないことなどにより，部分的に粗骨材の割合が多くなり，粗骨材どうしがかみ合うことによって生じる。閉塞したコンクリートは，セメントペースト部分が少なく，構造体コンクリートの欠陥発生につながるため，型枠に打ち込まないで廃棄する。

図6-50 コンクリートポンプ車[2)に一部加筆]

図6-51 ポンプ車によるコンクリートの圧送[3)に一部加筆]

図6-52 バケット[4)]

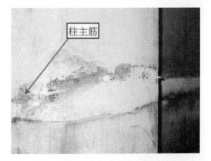

図6-53 先送りモルタルが打ち込まれた柱に発生した欠陥[5)]

(2) 打込み・締固め

(a) コンクリートの練混ぜから打込み終了までの時間

　JASS 5 では，コンクリートの練混ぜから打込み終了までの時間の限度は，外気温が25℃未満のときは120分，25℃以上のときは90分と規定されている。なお，高流動コンクリートおよび高強度コンクリートにおいては，練混ぜから打込み終了までの時間は外気温にかかわらず，原則として120分を限度として規定されている。

(b) 打込み方法

　コンクリートの打込みの際は，コンクリートが分離しないように配慮して行う。打込み時における施工管理上の主な留意事項は下記の通りである。

- 打込みに先立ち，打込み場所を清掃して異物を取り除き，型枠などに散水した水は，打込み前に取り除く
- 目的の位置にできるだけ近づけて打ち込む
- 打込み速度は良好な締固めができる範囲とする
- コンクリートの自由落下高さおよび水平移動距離は，コンクリートが分離しない範囲とする型枠の背が高い場合は，たて型シュートや打込み用ホースを接続して自由落下高さを低くし，分離を防止する（図6－54）
- 内部振動機によるコンクリートの横流しは分離の原因となるので行ってはならない（図6－55）
- 1回に打ち込むように計画された区間内では，コンクリートが一体になるように連続して打ち込む
- 沈みひび割れの防止のため，梁およびスラブの打込みは下記のように行う（図6－56）
  梁：壁および柱のコンクリートの沈みが落ち着いた後に行う
  スラブ：梁のコンクリートが落ち着いた後に行う
- 沈みひび割れやプラスチック収縮ひび割れなどが発生した場合は，コンクリートの凝結終了前にタンピング（図6－57）などで処理する
- パラペットの立上り，ひさし，バルコニー等は，これを支持する構造体部分と同一の打込み区画とする

6.3 コンクリート工事

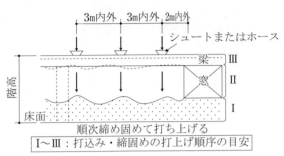

図6-54 垂直部材の打込み方法[6]

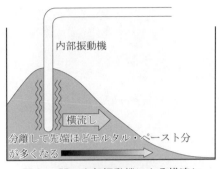

図6-55 内部振動機による横流し

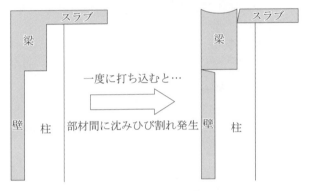

図6-56 部材接合部の沈みひび割れ

図6-57 タンピング作業の例

(c) 打重ね

　打重ねとは，コンクリートの打込み中に，まだ固まらないコンクリートに新たなコンクリートを打ち足すことをいう。打重ね時間の間隔が長くなるほど，**コールドジョイント**（**図6-58**）と呼ばれる欠陥が発生しやすくなる。**打重ね時間間隔の限度**は，コールドジョイントが生じないように定め，一般的には，**外気温が25℃未満の場合は150分，25℃以上の場合は120分**を目安とし，先に打ち込んだコンクリートの再振動可能時間以内（最初の締固め作業の後から，再度，内部振動機による締固めが可能な時間）とする。

(d) 締固め

　締固めとは，型枠に打ち込まれたコンクリートを隅々まで充てんし，密実にする作業である。コンクリート内部の締固めには一般に**内部振動機**（**図6-59**）が使用される。その他，締固め用の機材として外部振動機（**図6-60**），突き棒，木槌が用いられる。外部振動機は，高い壁や柱などの鉛直部材の締固めに用いる振動機で，端太材に取り付けて型枠を振動してコンクリートを締め固めるものである。不十分な締固めや過度な締固めは，豆板（ジャンカ）（**図6-66**）などのコンクリートの欠陥に直結する。

6章　鉄筋コンクリート工事

コールドジョイント：
コンクリートを打ち重ねる時間の間隔の限度を過ぎて打ち込んだ場合に、前に打ち込まれたコンクリートと一体化しない状態となって打ち重ねた部分に発生する不連続な面

図6-58　コールドジョイント[7)に一部加筆]

内部振動機による締固めに関する施工管理上の主な留意事項は下記の通りである。
・内部振動機を用いる場合は、締固めは打込み各層ごとに行い、コールドジョイントの防止のため、その下層に振動体の先端が入るようにほぼ垂直に挿入して加振する
・振動体の先端は、鉄筋、埋込み配管、型枠、金物などとなるべく接触させない
・振動機の挿入間隔は、振動体の呼び径に応じて振動による充填ができる範囲（振動体の呼び径が45mmであれば、挿入間隔は60cm程度以下）とし、加振はコンクリートの上面にペーストが浮くまでとする。一般的な加振時間は1か所につき5～15秒の範囲である
・内部振動機を引き抜くときは、コンクリートに穴を残さないように加振しながら徐々に引き抜く

(e) 打継ぎ

打継ぎとは、既に硬化した状態のコンクリートの上に新たなコンクリートを打ち込むことをいう。鉄筋コンクリート構造物は下階から階毎に順次施工され、施工や設計上の理由から各階のコンクリートは数日の間をあけて打ち込まれる。このため、鉄筋コンクリート構造物の各階間の床位置の水平方向の境界には完全に一体化していない打継ぎ部（**水平打継ぎ部**）（図6-63）が存在する。また、施工する階の面積が広く、工区分けが必要な場合は鉛直方法にも打継ぎ部（**鉛直打継ぎ部**）が生じる。打継ぎ部は完全には一体化していないので、外部からの漏水や構造耐力上からの配慮が必要である。なお、壁、梁および床スクラブなどの鉛直打ち継ぎ部は欠陥が生じやすいので、できるだけ設けない方がよい。

打継ぎに関する施工管理上の主な留意事項は下記の通りである。
・打継ぎ部の一体性をできるだけ確保するため、打継ぎ面はレイタンス、脆弱なコンクリート、ゴミなどを取り除き、健全なコンクリートを露出させ、散水などにより湿潤にしておく。ただし、打継ぎ面の水はコンクリートの打込み前に取り除く

6.3 コンクリート工事

図6-59 内部振動機による締固め[9]

図6-60 外部振動機による締固め[8]

豆板（ジャンカ）：
打ち込まれたコンクリートの一部において，セメントペースト，モルタルの廻りが悪く粗骨材が多く集まってできた空隙の多い欠陥部
発生原因：
・打込み時における材料の分離
・締固め不足
・型枠の継目などからのセメントペーストの漏れなど

図6-61 豆板（ジャンカ）[7]

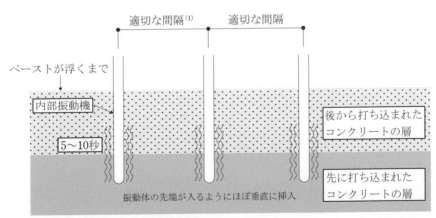

[注]（1）振動体の呼び径が45mmの場合60cm程度以下

図6-62 内部振動機による締固めの方法

・打継ぎ部の位置は，構造部材の耐力への影響のもっとも少ない位置に設けるものとし，次の①～③を標準とする（**図6－69**）
　①梁，床スラブおよび屋根スラブの鉛直打継ぎ部は，スパンの中央または端から1/4付近に設ける
　②柱および壁の水平打継ぎ部は，床スラブ・梁の下端または床スラブ・梁・基礎梁の上端に設ける
　③片持ち床スラブなどのはね出し部分は，これを支持する構造体部材と一緒に打ち込み，打継ぎを設けない

6.3.4　養生

　コンクリートは，型枠に打ち込まれた後，硬化して所定の性能を発現するまでに十分な養生が行われなければならない。コンクリートの養生の意味には大きく2つがあり，初期材齢において水分と温度を制御することと，振動や外力から保護することである。

　温度の制御については，特に寒中コンクリート工事においては硬化初期にコンクリートが凍結するとその後の品質に致命的な影響をあたえるため，その管理が極めて重要となる。

　水分の制御は，具体的には硬化初期において湿潤養生を行うことであり，強度や耐久性は湿潤養生の良否に影響される。湿潤養生に不備があるとこれらの性能が損なわれ，特に水分が蒸発しやすい暑中コンクリート工事において，その影響が顕著となることから，水分を適切に制御することが重要である。

　湿潤養生は，外部から水分を供給する**給水養生**（散水，噴霧など）と，コンクリート内部の水分をできるだけ蒸発させないようにする**保水養生**（シート，膜養生剤の使用など）に分けられる。なお，6.2.4（1）で示した，せき板の存置も保水養生として位置づけることができる。JASS 5ではこれら**湿潤養生の期間**を，セメント種別と計画供用期間別に定めている（**表6－18**）。

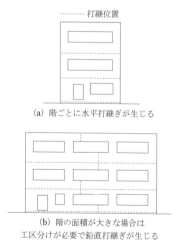

図6－63　水平・鉛直打継ぎ[9]

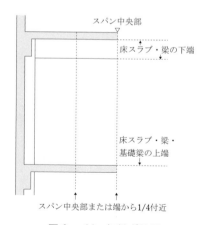

図6－64　打継ぎ位置

6.3 コンクリート工事

養生に関する施工管理上の主な留意事項は下記の通りである。
- 打込み後のコンクリートは，透水性の小さいせき板による被覆（せき板の存置），養生マットまたは水密シートによる被覆，散水・噴霧，膜養生剤の塗布などによって表6-18の期間，湿潤養生を行う
- 下記の圧縮強度に達したことを確認した場合，以降の湿潤養生を打ち切ることができる（コンクリートの部材厚さが18cm以上，早強，普通および中庸熱ポルトランドセメントを用いる場合）
  ①計画供用期間の級が短期および標準の場合：10N/mm^2
  ②計画供用期間の級が長期および超長期の場合：15N/mm^2
- 寒冷期においては，コンクリートを寒気から保護し，打込み後5日間以上（早強ポルトランドセメントの場合は，3日間以上）は，コンクリート温度を2℃以上に保つ
- コンクリート打込み後，セメントの水和熱により部材断面の中心部温度が外気温より25℃以上高くなるおそれがある場合は，温度応力による悪影響が生じないような養生を行う
- コンクリートの打込み後，少なくとも1日間はその上の歩行または作業をしない

表6-18 湿潤養生の期間 [6]

結合材の種類	計画供用期間の級 短期および標準	長期および超長期
早強ポルトランドセメント	3日以上	5日以上
普通ポルトランドセメント，フライアッシュセメントA種，フライアッシュセメントA種相当，高炉セメントA種，高炉セメントA種相当，エコセメント	5日以上	7日以上
中庸熱ポルトランドセメント，低熱ポルトランドセメント，フライアッシュセメントB種，フライアッシュセメントB種相当，高炉セメントB種，高炉セメントB種相当	7日以上	10日以上
フライアッシュセメントC種，フライアッシュセメントC種相当，高炉セメントC種，高炉セメントC種相当	9日以上	14日以上

6.3.5 品質管理および検査

(1) 品質管理

コンクリート工事の品質管理は品質管理計画に基づいて行われる。JASS 5には，コンクリートの打込み時（荷卸し，運搬，打込み，締固め，上面の仕上げなど）および養生中（湿潤養生，養生温度，振動・外部からの保護）における品質管理項目が示されている。

(2) 検査

コンクリート工事における検査項目には，荷卸し時における生コンの受入検査（使用するコンク

リートの強度検査を含む），硬化後の構造体コンクリートにおける強度の検査，仕上がりの検査，かぶり厚さの検査などがある。

(a) 受入検査

生コンの受入検査の試験項目に関する検査項目を**表6-19**に示す。これらの検査項目のうち，JIS A 5308におけるスランプ，空気量の規定値を**表6-20**および**表6-21**に示す（圧縮強度については(b)で示す）。塩化物量についてはJASS 5では以下のように規定されている。

- 塩化物量は塩化物イオン量として $0.30 kg/m^3$ 以下とする
- やむを得ずこれを超える場合は，鉄筋防錆上有効な対策を講じるものとし，その方法は特記による
- この場合においても，塩化物量は塩化物イオン量として $0.60 kg/m^3$ を超えないものとする

(b) 圧縮強度の検査

コンクリート工事における品質管理のための圧縮強度の検査には，主に受入検査における**使用するコンクリートの強度**の検査と，**構造体コンクリート強度**の検査がある。

JASS 5では，使用するコンクリートの強度と構造体コンクリート強度を**表6-22**のように定義している。使用するコンクリートの強度の検査は，生コンを発注した際の呼び強度を確認するために行うものである。また，構造体コンクリート強度の検査は，実際の構造体に打ち込まれたコンクリートが品質基準強度を確保していることを確認するために行うものである。それぞれの検査方法・検査結果の判定基準等を**表6-24**に示す。

せき板の取外し時期や湿潤養生の終了時期などの判断にも構造コンクリートの圧縮強度が用いられている。なお，構造体コンクリート強度は，通常，構造体から削孔して採取したコア供試体（供試体：圧縮強度試験に供するための円柱型の試験体）ではなく，工事現場において構造体に打ち込まれるものと同じコンクリートを採取して作製した供試体の圧縮強度により間接的に推定されている。

参考文献

1) 「コンクリート技術　達人への道」編集委員会編：コンクリート技術　達人への道～入門編～，セメントジャーナル社，2009.
2) IHI建機（株）：カタログ，http://www.ihi-kenki.co.jp/
3) （社）セメント協会：セメントの常識，セメント協会，2013.
4) （株）アクティオ：カタログ，http://www.aktio.co.jp/products/catalog
5) 酒見荘次郎：耐震建築をつくる　RC造の要素技術，技報堂出版，2007.
6) 日本建築学会：建築工事標準仕様書・同解説　JASS 5　鉄筋コンクリート工事，2022.
7) （社）日本コンクリート工学会：コンクリートの診断技術 '17[基礎編]，日本コンクリート工学会，2013.
8) 建築知識，No.628，エクスナレッジ，2007.
9) 日本建築構造技術者協会：見落としてはならないRC造の打継ぎチェックリスト，技報堂出版，2017.

6.3 コンクリート工事

表6-19 レディーミクストコンクリートの受入れ時の検査[6]

項目		判定基準	試験・検査方法	時期・回数
コンクリートの種類 呼び強度 指定スランプ 粗骨材の最大寸法 セメントの種類 混和材の種類および使用量		発注時の指定事項に適合すること	配合計画書，納入書，またはコンクリート製造管理記録による確認	受入れ時，運搬車ごと
単位水量		単位水量185kg/m³以下であること，発注時の指定事項に適合すること	配合計画書，納入書，またはコンクリートの製造管理記録による確認	受入れ時，運搬車ごと
アルカリシリカ反応抑制対策	アルカリ量[(1)]	JIS A 5308 附属書B.3による	材料の試験成績書，および配合計画書，またはコンクリートの製造管理記録による確認	受入れ時，運搬車ごと
	混和材の質量分率[(2)]	JIS A 5308 附属書B.4による	材料の試験成績書，および配合計画書，またはコンクリートの製造管理記録による確認	受入れ時，運搬車ごと
運搬時間 納入容積		発注時の指定事項に適合すること	納入書による確認	受入れ時，運搬車ごと
ワーカビリティーおよびフレッシュコンクリートの状態		ワーカビリティーが良いこと 品質が安定していること	目視	受入れ時，運搬車ごと，打込み時随時
コンクリートの温度		発注時の指定事項に適合すること	JIS A 1156	圧縮強度試験用供試体採取時，および打込み中に品質変化が認められた場合
スランプ			JIS A 1101	
空気量			JIS A 1106 JIS A 1108 JIS A 1128	
圧縮強度		JIS A 5308 の品質基準による JIS A 5308 の品質基準によらない場合は特記による	JIS A 1108 供試体の養生方法は標準養生[(3)]とし，材齢は28日とする	1回の試験は，打込み工区ごと，打込み日ごと，かつ150m³以下にほぼ均等に分割した単位ごとに3個の試験体を用いて行う。3回の試験で1検査ロットを構成する。上記によらない場合は特記による
塩化物量[(4)]			JIS A 1144 JASS 5 T-502	海砂など塩化物を含むおそれのある骨材を用いる場合，ならびに打込み当初および1日の計画打込み量が150m³を超える場合は150m³以下にほぼ均等に分割した単位ごとに1回以上，その他の骨材を用いる場合は1日に1回以上とする

[注] (1) アルカリ量の検査はJIS A 5308 附属書Aのアルカリシリカ反応性による区分Bの骨材を用い，アルカリ骨材反応対策として，コンクリート1m³中に含まれるアルカリ量（酸化ナトリウム換算）の総量を3.0kg以下とする対策を採用する場合に行う。
(2) 混和材の質量分率の検査は，JIS A 5308 附属書Aのアルカリシリカ反応性による区分Bの骨材を用い，アルカリシリカ反応抑制として，アルカリシリカ反応抑制効果のある混合セメントなどを使用する抑制対策を採用する場合に行う。
(3) 供試体成形後，翌日までは常温で，日光および風が直接当たらない箇所で，乾燥しないように養生して保存する。
(4) 納入されるコンクリートがJISマーク表示製品の場合は，当該工場の品質管理における試験結果によって判定することもできる。

表 6 − 20　荷卸し地点でのスランプおよびスランプフローの許容差（JIS A 5308：2019）

スランプ（cm）	スランプの許容差（cm）	スランプフロー[2]（cm）	スランプフローの許容差[2]（cm）
2.5	± 1	40，50 および 55	± 7.5
5 および 6.5	± 1.5	60	± 10
8 以上 18 以下	± 2.5		
21	± 1.5 [1]		

［注］(1) 呼び強度 27 以上で，高性能 AE 減水剤を使用する場合は± 2 とする。
　　　(2) JIS 5:2022 では，15 節　高流動コンクリートにおいて，上記の数値に加え，スランプフロー：65cm（スランプフローの許容差：-10.0，+5.0）が規定される。

表 6 − 21　荷卸し地点での空気量およびその許容差（JIS A 5308：2019）

コンクリートの種類	空気量（%）	空気量の許容差（%）
普通コンクリート	4.5	± 1.5
軽量コンクリート	5.0	
舗装コンクリート	4.5	
高強度コンクリート	4.5	

表 6 − 22　使用するコンクリートの強度と構造体コンクリートの強度の定義 [6] より作成

種類	使用するコンクリート[1] の強度	構造体コンクリート[3] 強度
定義	コンクリートが保有するポテンシャルの強度[2] で，標準養生した供試体の 28 日における圧縮強度で表す[4]。	構造体コンクリートが発現している圧縮強度。構造体または構造体と同時に打ち込まれ，同じ養生が施された部材から採取したコア供試体，もしくはこれと類似の強度特性を有する供試体の圧縮強度で表す。

［注］(1) 工事現場に共有され，構造体に打ち込まれるコンクリート。その性能は，フレッシュ状態の性能および硬化後のポテンシャルの性能で表される。
　　　(2) 使用するコンクリートが本来発揮しうる圧縮強度
　　　(3) 構造体とするために打ち込まれ，周囲の環境条件や水和熱による温度条件の下で硬化したコンクリート
　　　(4) 中庸熱ポルトランドセメント，低熱ポルトランドセメント，高炉セメント，フライアッシュセメントなどの比較的強度の発現が遅いセメントを用いたコンクリートにあっては，28 日を超え 91 日以内の材齢における圧縮強度で表すことがある

表 6 − 23　コンクリート強度の検査 [6] より作成

検査の位置付け	JASS 5（2022）受入れ	JASS 5（2022）構造体 A 法	JASS 5（2022）構造体 B 法
1 回の試験	打込み日，打込み工区ごと，かつ 150m³ 以下にほぼ均等に分割した単位ごとに 1 回の試験を行う。	打込み日，打込み工区ごと，かつ 150m³ 以下にほぼ均等に分割した単位ごとに 1 回の試験を行う。	打込み日，打込み工区ごと，かつ 150m³ 以下にほぼ均等に分割した単位ごとに 1 回の試験を行う。
検査ロット	3 回の試験で構成	1 回の試験で構成	1 回の試験で構成
供試体の取り方	適当な 1 台から 3 個	適当な 1 台から 3 個	均等に分けた 3 台から 1 個ずつ
供試体の養生・試験材齢	標準養生・28 日	標準養生・m[1] 日	標準養生・m[1] 日／現場水中用上・m 日／現場封かん養生・m 日を超え n[1] 日以内
判定基準	$X^{(2)} \geq 0.85 Fr^{(4)}$／$X_{ave.}^{(3)} \geq Fr$	$X \geq Fm^{(5)}$	標準養生：$X \geq Fm$／現場水中養生（平均気温が 20℃以上の場合）：$X \geq Fm$／現場水中養生（平均気温が 20℃未満の場合）：$X \geq Fq^{(6)}+3$／現場封かん養生：$X \geq Fq+3$
少量ロット	記載なし	50m³ 以下	50m³ 以下

［注］(1) 特記がない場合，m 日を 28 日または 56 日，n を 91 日とする。
　　　(2) 1 回の試験結果（供試体 3 個の平均値）
　　　(3) 3 回の試験結果の平均値
　　　(4) Fr：呼び強度
　　　(5) Fm：調合管理強度
　　　(6) Fq：品質基準強度

7章　鉄骨工事

7.1　鉄骨工事の流れ

　鉄骨工事は，鉄骨製作工場で加工・組み立てされた形鋼や鋼板を建設現場に搬入して建て，ボルトや溶接で接合する作業であり，良好な品質管理をすれば良質な構造体を得ることができる（**図7－1・2**）。構造体の品質は，設計者，鉄骨加工業者，施工業者の総合力によって決まる。

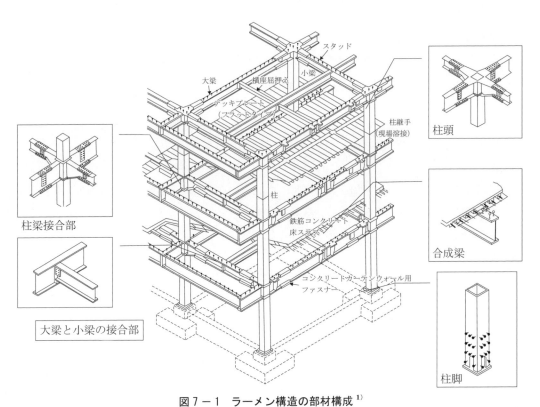

図7－1　ラーメン構造の部材構成 [1]

7章　鉄骨工事

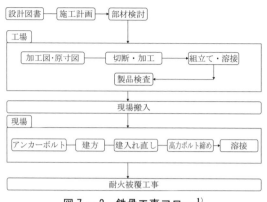

図7-2　鉄骨工事フロー[1]

7.2　工作一般

(1) 基準巻尺

鉄骨工事では，工事現場と鉄骨製作工場で別々の基準巻尺を使用することから，製作開始前に双方の基準巻尺の照合（テープ合わせ）を行う。

工事現場で鋼製巻尺を使用する場合は，気温による伸縮を考慮して，測定時刻を定めるか，気温変化による温度補正を行う必要がある。なお，鉄骨工事に使用する鋼製巻尺は，**JIS B 7512**（鋼製巻尺）に規定されている1級品とする。

(2) けがき

けがきは，加工・組立て時の情報を直接鋼材上に記入する作業である。けがき寸法は，製作中に生じる収縮や変形などを考慮した値とする。なお，高張力鋼や曲げ加工される外側の箇所には，応力集中によるき裂を防ぐため，ポンチ，たがね等により傷をつけてはならない。

(3) 切断

けがきにしたがって鋼材を切断するが，切断には，機械切断法（せん断切断），自動ガス切断法，プラズマ切断法，レーザー切断法がある。なお，せん断切断が行えるのは，厚さ13mm以下の鋼板に限られている。

(4) 曲げ加工

曲げ加工は，常温加工または加熱加工とする。加熱加工は赤熱状態（850〜900℃）で行わなければならない。200〜400℃の範囲は，青熱脆性域と呼ばれ，鋼材が常温よりも脆くなるので，この範囲での曲げ加工は行ってはならない。

(5) 孔あけ加工

孔あけは，鉄骨製作工場でドリル孔あけとする。ただし，普通ボルト，アンカーボルト及び鉄筋貫通孔で板厚が13mm以下の場合は，せん断孔あけとすることができる。

7.3 鋼材の接合

7.3.1 高力ボルト接合

(1) 接合方式（図7－3）

引張強さが，普通ボルトの2倍以上もある高力ボルトを用いて鋼材を接合する方法を高力ボルト接合という。高力ボルト接合は，摩擦接合，引張接合などの形式があり，摩擦接合が多く用いられる。

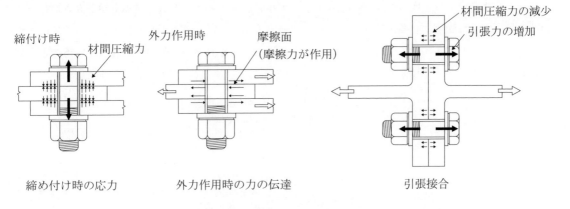

図7－3 高力ボルト接合[1]

摩擦接合は，高力ボルトで接合部分を締め付け，部材間に生じる摩擦力によって応力を伝達する接合法である。引張接合は，高力ボルト張力による材間圧縮力を利用して，高力ボルトの軸方向の応力を伝達する接合方法である。

(2) 高力ボルトの種類

高力ボルトは，JISで形状や性能が規定された **JIS形高力ボルト**（JIS B 1186:2007）とそれ以外の特殊高力ボルトに分類される。これらのうち，特殊高力ボルトのひとつであるトルシア形高力ボルト（日本鋼構造協会規格（JSS Ⅱ 09））が多く用いられている。高力ボルトには軸径により，M12～M30まで7種類（M12はJIS形のみ）があり，呼びで示される。呼びのMの後に続く数値が軸径（mm）である。

(a) JIS形高力ボルト（図7－4）

JIS形高力ボルトは，JIS B 1186（摩擦接合用高力六角ボルト・六角ナット・平座金のセット）の規格品であり，六角ボルト・六角ナット・座金2枚を1組のセットとして用いる。

7章 鉄骨工事

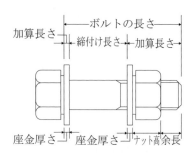

図7-4 JIS形高力ボルト[2]

(b) トルシア形高力ボルト（図7-5）

ボルト・六角ナット・座金を1組のセットとして用いる。このボルトは，ボルト頭が大きくなっているので，座金は頭側に必要としない。トルシア形高力ボルトは，導入ボルト張力が所定の値に達するとピンテールが破断するようになっており，これにより所要のボルト張力が得られていることを容易に確認できる。

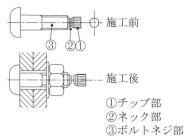

図7-5 トルシア形高力ボルト[2]

(3) 高力ボルト孔

高力ボルトのボルト孔の大きさは，ボルトの呼び径＋2mm以内としなければならない。ただし，ボルトの呼び径が27mm以上であり，かつ，構造耐力上支障がない場合は，ボルトの呼び径＋3mmまでとすることができる。また，ボルト孔の中心間距離（ピッチ）は，ボルトの呼び径の2.5倍以上としなければならない。

(4) 摩擦面の処理

摩擦面は，摩擦係数値0.45以上確保するために，ミルスケールを除去した後，一様に錆を発生させたものとする。摩擦面の処理において，ショットブラストやグリットブラストにより摩擦面の表面粗度を50μmRz以上確保できる場合は，錆の発生の代わりの処理とみなすことができる。なお，ボルトの頭部または座金の接触面に，鋼材のまくれ，ひずみ等がある場合は，ディスクグラインダーを用いて平らに仕上げる。

(5) 組立

接合面と添え板（スプライスプレート）との間に，部材の板厚の差によって生じる隙間（肌すき）が1mmを超える場合は，フィラープレートを挿入する。

7.3 鋼材の接合

接合部組立て時にボルトの孔心が一致せず，ボルトが挿入できない場合は，スプライスプレートなどを取り替える。ただし，2mm以下のボルト孔の食い違いは，リーマー掛けして修正して良い。リーマーは，機械的に切削して整孔する作業に用いる工具である。

(6) 締付け

高力ボルトの締め付け手順は，一次締め，マーキング，本締めの順序で行う。一次締めは，インパクトレンチやトルクレンチなどを用いて所定のトルク値で締付ける。マーキングは，ボルトとナットの共回り・軸回りの有無を確認するため，全てのボルトに対して，ボルト・ナット・座金・母材にかけて行う。

本締めは，標準ボルト張力が得られるよう締付ける。トルシア形高力ボルトは，専用のレンチを用いてピンテールが破断するまで締付ける。JIS形高力ボルトは，トルクコントロール法またはナット回転法で締付ける。なお，1群のボルトの締付けは，群の中央部より周辺に向かう順序で行う。

ウェブを高力ボルト接合，フランジを現場溶接接合とする混用継手は，材間摩擦力を確保するため，原則として高力ボルトを先に締付け，その後溶接を行う。

(7) 締付けの確認

(a) トルシア形高力ボルト

締付け完了後に，ピンテールの破断により全数本締めが完了したこと，マーキングのずれによる共回り・軸回りの有無，ナット回転量およびナット面から出たボルトの余長を確認する。ナット回転量は，ボルト群の平均回転角度±30°範囲のものを合格とする。また，ボルトの余長は，ねじ山の出が1〜6山のものを合格とする（図7－6）。

（イ）マークのつけ方　　（ロ）本締め正常終了
図7－6　トルシア形高力ボルトのマーキング例[2]

(b) JIS形高力ボルト

締付け完了後に，マーキングのずれにより，全数本締めが完了したこと，共回り・軸回りの有無，ナット回転量およびナット面から出たボルトの余長を確認する。ボルトの余長は，ねじ山の出が1〜6山のものを合格とする。トルクコントロール法で行う場合，ナットの回転量に著しいばらつきが認められるボルト群については，ナットを追締めして締付けトルクの適否を検査する。この結果，作業前に調整した平均トルク値の±10％以内にあるものを合格とする。ナット回転法で行う場合，一次締付け後のナット回転量が120°±30°の範囲にあるものを合格とする。

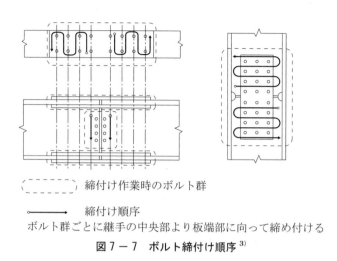

図7－7　ボルト締付け順序[3]

（a），（b）いずれの場合も，ナット回転量が不足しているボルトは，所定の回転量まで追締めする。回転量が許容範囲を超えたものは取り替える。また，共回りまたは軸回り，余長が過大または過小などの問題が発生した場合についても，当該ボルトセットを新しいものに取り替える。なお，一度使用したボルトセットは，再使用してはならない（図7－7）。

7.3.2　普通ボルト接合（図7－8）

引張強さが高力ボルトほど大きくないボルトと，ナット・座金を用いて接合する方法を普通ボルト接合という。この方法は，ボルトのせん断抵抗によって応力を伝達する形式であり，ボルトを強い力で締付けることができないため，接合部に滑りが生じやすい。繰り返しの荷重を受けると，接合部は次第に緩み，建築物に変形を生じさせる。このため，溶接や二重ナットなどの戻り止めを行った上で，軒高9m以下，スパン13m以下，かつ，延べ面積3,000m²以下の建築物を除いて使用することができない。

普通ボルトの長さ（首下長さ）は，締付け終了後に，ねじ山がナットの外に3山以上出るものを選定する。

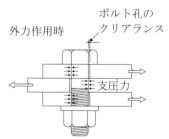

図7－8　普通ボルト接合[4]

7.3 鋼材の接合

7.3.3 溶接接合

(1) 接合の種類

溶接には，融接・圧接・ろう接がある。鉄骨構造では，融接の中で，電極間のアーク熱で鋼材の接合部を溶かし，鋼材と鋼材を一体化するアーク溶接が多く用いられている（図7－9）。

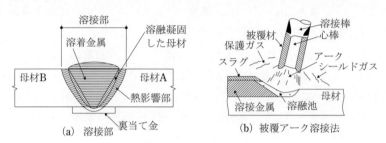

図7－9　アーク溶接[1]

(2) 部材の組立

(a) 開先の加工

開先の加工は，自動ガス切断または機械加工とする。ただし，精度が不良のもの，著しい凹凸のあるものは修正する。

(b) 溶接材料

吸湿または錆が発生した溶接棒を使用すると，アークが不安定となり，スパッタが増大してビード外観を損なう原因となる。また，ブローホールやピットなどの欠陥が発生しやすくなる。さらに，溶接棒に含まれる水分中の水素が原因となり，溶接割れなどの欠陥を生じやすくなる。したがって，溶接棒は吸湿しないように保管し，吸湿の疑いがあるものは乾燥させて使用する。

(c) 組立溶接

組立溶接の位置は，継手の端部，隅角部，本溶接の始点および終点などの強度上および施工上支障のある箇所を避ける。また，柱梁接合部にエンドタブを取り付ける場合は，裏当て金に取り付けることとし，直接，接合部の母材に組立溶接をしない（図7－10）。

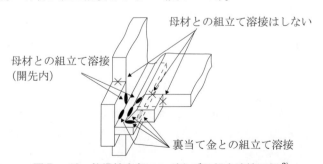

図7－10　柱梁接合部エンドタブの組立溶接の例[3]

組立溶接は，溶接が割れないように，必要で十分な長さと 4mm 以上の脚長を持つビードを適当な間隔で配置する。手溶接または半自動溶接を行う箇所の組立溶接の最小ビード長さは，組み立てられる部材の板厚が 6mm 以下の場合 30mm，6mm を超える場合 40mm とする。

(3) 溶接施工

(a) 共通事項

溶接に支障となるスラグは入念に除去する。溶接パスごとに入念に行うことが重要である。また，著しいスパッタおよび塗装下地となる部分のスパッタは除去する。

溶接姿勢は，作業架台，ポジショナーなどを利用して部材の位置を調整し，できるだけ下向きとする。

作業場所の気温が − 5℃ 未満の場合は，溶接を行わない。作業場所の気温が − 5℃ から 5℃ の場合は，溶接線から 100mm 程度の範囲を適切な方法で加熱して溶接を行う。溶接部およびその周辺を加熱することを予熱と呼び，急速な冷却による溶接部の硬化および割れの防止に効果がある。予熱温度は 50 〜 100℃ 程度とする場合が多い。

(b) 完全溶込み溶接

溶接部の強度が，母材と同等になるように全断面を完全に溶け込ませた溶接形式であり，突合せ継手，T 継手，角継手などがある。接合部は，内部まで完全に溶かし合わせなければならない。このため，接合部に溝状の加工を行う。この加工された溝をグルーブ（開先）という（図 7 − 11・12）。

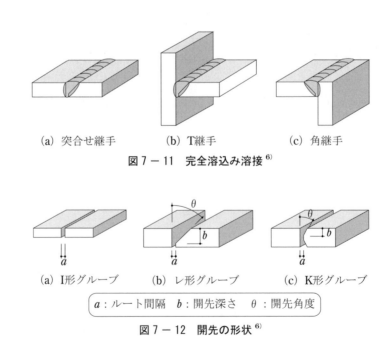

　　(a) 突合せ継手　　　　(b) T継手　　　　(c) 角継手

図 7 − 11　完全溶込み溶接 [6]

　(a) I形グルーブ　　(b) レ形グルーブ　　(c) K形グルーブ

a：ルート間隔　b：開先深さ　θ：開先角度

図 7 − 12　開先の形状 [6]

7.3 鋼材の接合

　完全溶込み溶接は，片面から溶接する方法と，両面から溶接する方法がある。片面から溶接する場合は，開先の底部に溶込み不足が生じやすいので**裏当て金**を用いる（図7－13）。両面から溶接する場合は，先に溶接した面の第一層に欠陥が生じやすいので**裏はつり**を行う（図7－14）。

図7－13　裏当て金[7]　　　　図7－14　裏はつり[7]

　完全溶込み溶接は，接合部の全幅を完全に溶接するので，溶接の始端と終端には欠陥が生じやすく，**エンドタブ**を用いて始端・終端を接合に必要な範囲外に出す。エンドタブの材質は，一般に母材と同等以上とし，同厚・同開先のものが用いられる。また，溶接線が交差する部分は欠陥が発生することが多いため**スカラップ**を設けることもある（図7－15）。

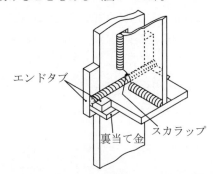

図7－15　エンドタブとスカラップ[1]

(c) 部分溶込み溶接（図7－16）

　部分溶込み溶接は，接合部の全断面を溶け込ませないものであり，継目の全断面が一体化していないので継目の直角方向に引張力が作用する部分や，継目を軸とする曲げが作用する部分，繰返し荷重が作用する部分には用いることができない。

図7－16　部分溶込み溶接[2]

(d) 隅肉溶接（図7－17）

　隅肉溶接は，母材の隅部分を溶接する方法であり，完全溶込み溶接と異なり，力の伝わり方が滑らかでなく，全断面を溶接しないので母材の強さより接合部の方が弱くなることが多い。設計図書で示される溶接長さは，有効長さに隅肉サイズの2倍を加えたものであり，その長さを確保する必要がある。

隅肉溶接は，著しい凸型ビートを避け，余盛りの許容差は，JASS 6 付則 6「鉄骨精度検査基準」による。過大な余盛りは応力集中を招くので避けなければならない。

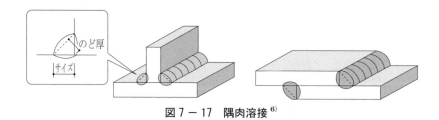

図7－17　隅肉溶接[6]

(4) 溶接部の確認

溶接完了後，溶接部の精度，表面欠陥および内部欠陥の確認を行う。精度および表面欠陥の合否判定は，JASS 6 付則 6「鉄骨精度検査基準」による。内部欠陥を調べる方法としては，超音波探傷試験，放射線透過試験などがあり，表面の欠陥には外観試験，浸透探傷試験，磁粉探傷試験などがある。

溶接接合部には，構造体の耐力に有害な影響を及ぼす欠陥があってはならない。溶接部に，溶込み不良，スラグの巻込み，ブローホール，融合不良などの有害な欠陥がある場合は，削り取り，再溶接を行う（**図7－18・19**）。

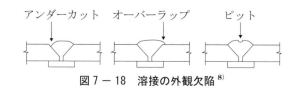

図7－18　溶接の外観欠陥[8]

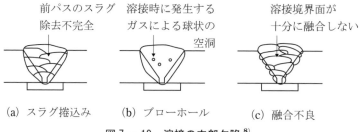

図7－19　溶接の内部欠陥[8]

7.4 工事現場施工

7.4.1 アンカーボルトの設置

(1) 設置の留意事項

鉄骨柱脚部のベースプレートを固定するアンカーボルトの設置にあたって，ベースプレートに設けるボルト孔の径は，ボルト径に5mmを加えた値以下とする。柱脚には露出式柱脚，根巻式柱脚，埋込型柱脚があるが，露出式の場合，アンカーボルトは二重ナットおよび座金を用い，ねじ先端がナットの外に3山以上出るようにする（図7－20）。

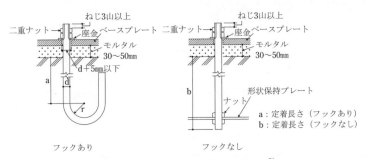

図7－20 アンカーボルトの設置[2]

(2) 柱底部の仕上げ

鉄骨柱の底部を基礎に定着させるためのモルタル塗り仕上げには，全面塗りと中心塗りがある。ベースプレートが小さい場合は，全面モルタル塗りを行い仕上げるが，ベースプレートが大きい場合は，モルタルとの密着性に問題が出ることがあるため，あと詰め中心塗り工法を用いることが多い。あと詰めモルタルには流動性の良い無収縮モルタルを用いる（図7－21）。

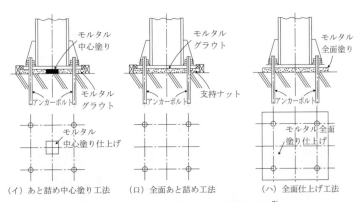

図7－21 ベースプレートの支持方法[2]

(3) ナットの締付け

ナットの締付けは，建入れ直し完了後，アンカーボルトの張力が均一となるようにレンチなどで緩みのないように行う。ナットは，コンクリートに埋め込まれる場合を除き，二重ナットを用いて戻り止めを行う。アンカーボルトの締付けはナット回転法で行い，ナットの密着を確認した後，30°回転させる。

7.4.2 建方

(1) 建方計画

建方とは，工場から運び込まれた部材を組立て，鉄骨構造体を造り上げることである。建方は，建方計画書に基づいて作業を進める。特に建方時の強風などに対する補強について十分に検討を行い，本接合が完了するまで安全を確保する計画とする。

鉄骨建方にあたっては，建方の能率，建入れ精度の向上および鉄骨骨組の施工中の安全を確保するために，十分な調査検討のもとに事前の準備計画が必要である。

(2) 建方方法（図7-22）

建方方法については，与えられた立地条件・工程・コストから，十分な安全管理体制を前提として建方順序を決定する。建方方式としては，下図に示すような方法などがある。積上げ方式は，鉄骨を各節ごとに全平面にわたって積み上げていき，後続工事の耐火被覆やカーテンウォール工事を下階から追いかけてできるようにする方式である。建逃げ方式は，一部を最上階まで段形に組み上げ，後退しながら建方を進めていく方式である。輪切り建て方式は，低層建物の建逃げ方式で，1～2スパンごとに軸組を完成させながら建逃げを行う方式である。

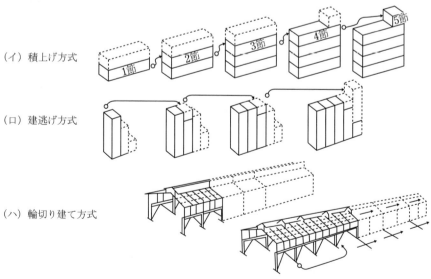

図7-22 建方方法の例[5]

7.4 工事現場施工

(3) 仮ボルト

仮ボルトは，建方作業における部材の組立てに使用し，本締めまたは溶接を行うまでの間，予想される外力に対して架構の変形および倒壊を防ぐためのものである。

仮ボルトは，本接合のボルトと同軸径の普通ボルトで損傷のないものを用い，締付け本数は1群のボルト数の1/3以上，かつ，2本以上とする。また，溶接接合と高力ボルト接合を併用した混用接合あるいは併用継手の場合は，1群のボルト数の1/2以上，かつ，2本以上とする。

柱および梁を現場接合とする場合，エレクションピースに使用する仮ボルトは，高力ボルトを使用して全数締め付ける。なお，仮ボルトを本締めに使用してはならない（図7－23）。

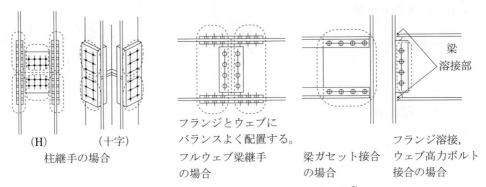

図7－23　仮ボルトにおける1群の考え方[2]

(4) 建入れ直し（図7－24）

建入れ直しとは，建物の垂直度を矯正する作業のことであり，建方の進行とともに，できる限り小区画に区切って建入れ直しと建入れ検査を行うことが望ましい。

ターンバックル付き筋かいを有する構造物においては，その筋かいを用いて建入れ直しを行ってはならない。これに対して，架構の倒壊防止用ワイヤーロープ（仮設）は，建入れ直しに兼用してよい。

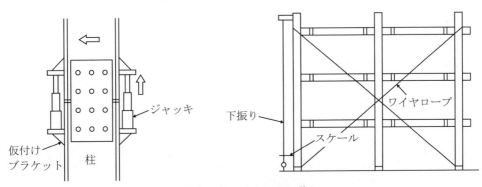

図7－24　建入れ直し[1]

7.4.3 建方精度

建方精度の測定にあたっては，温度の影響を考慮する。骨組全体，鋼製巻尺，器具などの温度による変動が少なくなるような時刻に測定する。

JASS 6 付則 6「鉄骨精度検査基準」では，一般の構造物の主要な鉄骨の製作ならびに施工に際しての寸法精度の許容差を定めている。限界許容差は，これを超える誤差は原則として許されない製品の合否判定のための基準値である。

7.5　スタッド溶接

(1) スタッドの溶接施工

デッキプレートを貫通して行うスタッド溶接は，工事に使用されるものと同一の材料および条件で試験溶接を行い，適正な溶接ができることを確認する。

(2) スタッド溶接後の試験

　(a) 外観試験

溶接部のアンダーカットの有無を全数について確認する。スタッド溶接の仕上がり高さは，指定された寸法の±2mm以内，傾きは5°以内とする。仕上がり高さおよび傾きの試験は，スタッドの種類，スタッドが溶接される部材ごとに，かつ，100本ごとおよびその端数について試験ロットを構成し，1ロットにつき1本以上抜き取り，測定器具を用いて計測する。

　(b) 打撃曲げ試験

外観試験と同様の方法で抜き取りを行い，スタッドをハンマーで打撃により角度15°まで曲げた後，溶接部に割れ，その他の欠陥の有無を確認する。欠陥がなければ，その試験スタッドは，曲がったまま使用することができる。

　(c) 合否の判定方法

試験したスタッドが合格の場合，そのロットを合格とする。試験したスタッドが不合格の場合は，同一ロットからさらに2本のスタッドを試験し，2本とも合格した場合は，そのロットを合格とする。それ以外の場合は，ロット全数について試験する。

　(d) 不合格スタッドの補修方法

不合格となったスタッドは，50～100mmの隣接部に増し打ちを行うか，不合格スタッドを除去し，母材表面を補修溶接してグラインダーで仕上げた後に打ち直す。

7.6　錆止め塗装

長時間にわたる防錆効果を与えるため，鋼材には錆止め塗装を行う。塗装場所の気温が5℃以下または湿度が85%以上，炎天下で鋼材表面が50℃以上の場合，降雪雨・強風・結露等によって水滴が塗装面に付着しやすい場合は，塗装工事を中止する。

錆止め塗装を行わない主な部分は以下の通りである。

① コンクリートに密着する部分および埋込まれる部分
② 高力ボルト摩擦接合部の摩擦面
③ 耐火被覆材の接着面
④ 密閉される閉鎖型断面の内面
⑤ 現場溶接を行う部分の両側それぞれ100mm程度の範囲および超音波探傷試験に支障を及ぼす範囲

7.7　耐火被覆

鋼材は耐火材料ではないため，鉄骨構造建築物の用途に応じて耐火被覆が必要となる。耐火被覆には，耐火材の吹付け工法，耐火板の張付け工法，ラス張りモルタル塗り工法などがある（**図7-25**）。

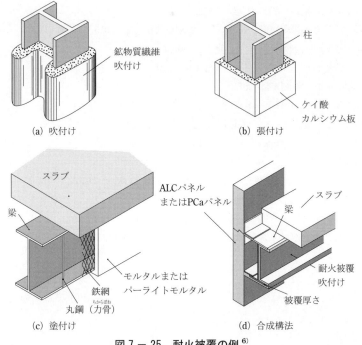

図7-25　耐火被覆の例[6]

(1) 耐火材吹付け

現在の鉄骨構造物に対する耐火被覆材料としてもっとも普及しているのは，吹付けロックウールである。この工法には，現場配合によるセメントスラリーによる半乾式工法と，工場配合による乾式工法がある。施工中は，施工面積 $5m^2$ あたり 1 カ所を単位として，確認ピンを用いて厚さを確認しながら施工する。なお，確認ピンは施工後もそのまま残しておく。

(2) 耐火板張付け

無機繊維混入ケイ酸カルシウム板などの成型板を釘，かすがい，および接着剤で張付ける工法であり，塗装による化粧仕上げも可能である。耐火被覆成形板は一般に吸水性が大きいため，建築物の外周部にあたる鉄骨架構の耐火被覆に使用する場合には，施工時に雨水がかからないように養生を行う。

(3) ラス張りモルタル塗り

鋼材を下地として鉄網を巻き，モルタルを所定の厚さに塗り付けた工法である。施工中は (1) と同様，確認ピンを用いて塗り付け厚さを確認しながら施工する。

引用・参考文献

1) 日本建築学会編：建築施工用教材，丸善出版，2013.
2) 公共建築協会編：建築工事監理指針（上巻）平成 25 年度版
3) 日本建築学会編：建築工事標準仕様書・同解説　JASS6　鉄骨工事，2015.
4) 日本建築学会編：建築構造用教材［デジタル版］，丸善出版，2013.
5) 日本建築学会編：鉄骨工事技術指針・工事現場施工編，2007.
6) 桑村　仁ほか：建築構造，実教出版，2015.
7) 今村仁美，田中美都：やさしい建築一般構造，学芸出版社，2013.
8) 青山良穂，武田雄二：建築学テキスト 建築施工，学芸出版社，2004.
9) 日本建築学会編：建築工事標準仕様書・同解説　JASS6　鉄骨工事，2015.
10) 中川基治著：基礎教材 建築施工，井上書院，2015.
11) （一財）地域開発研究所：建築施工管理技術テキスト－改訂第 11 版－，2015.
12) 桑村　仁ほか：建築構造，実教出版，2015.
13) 今村仁美，田中美都：やさしい建築一般構造，学芸出版社，2013.
14) 青山良穂，武田雄二：建築学テキスト 建築施工，学芸出版社，2004.

8章

その他の工事

8.1 防水工事

　防水工事には，メンブレン防水工事，ステンレスシート防水工事，ケイ酸質系塗布防水工事およびシーリング工事がある。防水工事の不良は漏水などの重大な欠陥につながるため，十分な管理が必要である。

8.1.1 メンブレン防水

　メンブレン防水は不透水性被膜を形成するものであり，アスファルト防水工事，改質アスファルトシート防水工事（トーチ工法，常温粘着工法），合成高分子系シート防水工事および塗膜防水工事を指す。

(1) 下地
- コンクリート下地面はできるだけ速やかに排水させるための勾配をとる。防水層を保護仕上げとする場合（保護コンクリートなど）は1/100～1/50とするが，保護仕上げなし（露出防水など）では水が留まらないように1/50～1/20と勾配を大きくする
- 平場コンクリート表面は，金ごてで平たんに仕上げ，浮き，レイタンス，脆弱部などの欠陥がない良好な状態にする
- 入隅は，アスファルト防水層の場合は通りよく三角形の面取りとし，それ以外の防水層では通りよく直角とする。また，出隅は通りよく面取りとする
- 下地の乾燥状態が不十分だと，プライマーの付着が悪い。また，防水層のはく離や施工後の膨れが生じるので，十分に乾燥させる

(2) ドレン・貫通パイプ回り
- ドレンの位置は，防水施工に支障がないように，パラペットなどの立ち上がり部分に接近させない
- ドレンはコンクリート打込み前に型枠に固定し，コンクリートに打ち込むことを原則とする。取付けに際しては，ドレンのつばの天端レベルを周辺コンクリート天端より30～50mmほど下げる

(3) 作業環境
- 降雨・降雪時または降雨・降雪が予想される場合，もしくは降雨・降雪後で下地が未乾燥の場合には，施工してはならない

・気温が著しく低く，施工に支障を生ずることが予想される場合には，施工してはならない

8.1.2 アスファルト防水工事

(1) 材料

(a) アスファルトプライマー

アスファルトプライマーを防水下地に塗布すると，その表層にアスファルト被膜を形成して下地と防水層の接着性を向上させる。有機溶剤タイプとエマルションタイプがあるが，エマルションタイプのものは引火の危険がないことや施工環境および健康上の理由から，従来の有機溶剤タイプに代えて使用される場合が多い。

(b) アスファルト

防水工事用アスファルトはJIS K 2207で1～4種に区分されているが，3種の使用を標準とする。アスファルト溶融釜で220℃～270℃に溶融するため，市街地などで使用する場合は，低煙，低臭タイプの環境対応型工事用アスファルトを用いることが望ましい。

(c) アスファルトルーフィング

主として天然の有機繊維（古紙，木質パルプ，毛くずなど）を原料として抄造したフェルト状のルーフィング原紙に，アスファルトを含浸・被覆し，その表裏面に鉱物質粉末を散着したシート状のものである。

(2) 工法の種類

アスファルト防水は，溶融したアスファルトが接着剤としての役目を果たし，ルーフィング類を数層重ねて防水層を構成する。従来から屋上防水や室内防水に多く用いられており，信頼性の高い工法であり，下地と防水層の接着方法の違いで，**密着工法**と**絶縁工法**がある。

(a) 密着工法

下地面にアスファルトルーフィングを全面にわたって接着する工法で，防水層は構造体の動きに追従する。露出仕上げで下地コンクリートの水分が多い場合には，膨れが生じやすい。

(b) 絶縁工法

下地と防水層に不連続部分を設けることにより，下地のひび割れや継目の動きによって生じる防水層の破断を防ぐことができる。また，下地コンクリートから気化・膨張した水分が絶縁層の間を自由に拡散・移行することができるため，密着工法のように直ちに膨れが生じることはないが，水分が多い場合には脱気装置を設けることにより防水層の膨れを低減できる。最下層に粘着層付き改質アスファルトシートを用いて部分的に下地の接着させる方法と，**図8－1**に示すように砂付き穴あきルーフィングを用いて穴あき部分のみで下地に接着させる方法がある。

8.1 防水工事

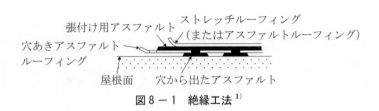

図8-1 絶縁工法[1]

(3) 防水層の施工
- アスファルトプライマーは，下地が十分乾燥した後に清掃を行い塗布する。ルーフィング類の張付けはアスファルトプライマーを塗布した翌日とし，十分に乾燥させる
- 出隅・入隅は一般平場のルーフィングの張付けに先立ち，幅300mm以上のストレッチルーフィングを最下層に図8-2に示すように**増張り**する

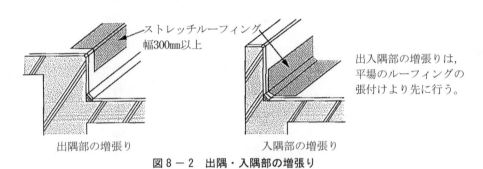

図8-2 出隅・入隅部の増張り

- 下地コンクリートの打継ぎ箇所には，幅50mm程度の絶縁用テープを張り付け，その上に幅300mm以上のストレッチルーフィングを図8-3に示すように増張りする

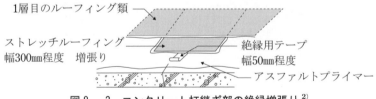

図8-3 コンクリート打継ぎ部の絶縁増張り[2]

- ルーフィング類の継目は，水下側のルーフィング類が下側になるように張り重ね，重ね幅は長手・幅方向とも100mm以上とする

(4) 保護・仕上げ（現場打ちコンクリート）
- 防水層の完成後，平場には絶縁用シートを全面に敷き込み，**伸縮目地**を設置しコンクリートを施工する。コンクリートには溶接金網を挿入する

8章　その他の工事

- パラペットおよび塔屋などの立上り際には，成形緩衝材を取り付ける。伸縮目地の割付けは，**図8－4**に示すように，縦・横の間隔が3m程度と，パラペットおよび塔屋などの立上り際から600mm以内の位置とする
- 成形伸縮目地材はひび割れの発生や熱膨張によって，パラペットを押し出したりすることを防ぐものであるので，**図8－5**に示すように，防水層上面の絶縁シートから保護コンクリート表面に達するものとする

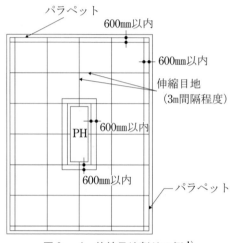

図8－4　伸縮目地割りの例[1]

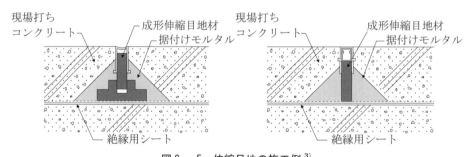

図8－5　伸縮目地の施工例[3]

8.1.3　改質アスファルト防水工事

　トーチ工法と常温粘着工法があり，トーチ工法は下地と全面接着する密着工法である。常温粘着工法には，**粘着層付改質アスファルトシート**を使用する密着工法と部分粘着層付改質アスファルトシートを使用する絶縁工法とがある。

8.1 防水工事

(1) 材料

改質アスファルトとは，ポリマーや合成ゴム等を加えて性状を改善したものであり，アスファルト混合物の各種性状が向上する。

(a) 改質アスファルトシート

トーチ工法に用いる改質アスファルトシートは，図8−6に示すように，その裏面をトーチであぶって，裏面の改質アスファルトを十分に溶融させて，シートと下地およびシート相互を張り付けることで，接着性および水密性を発揮する。

図8−6 トーチ工法 [2]

(b) 粘着層付改質アスファルトシート

常温粘着工法に用いる粘着層付改質アスファルトシートは，シートの裏面全体に粘着層を設けた全面接着型と，部分的に粘着層を設けた部分接着型がある。

(c) 増張り用シート

下地の動きの大きいプレキャスト鉄筋コンクリート部材接合部や防水層の納まり上の欠陥となりやすい出入隅角，ドレン回りなどの要所に防水性を高めるために用いる。図8−7に示すように，出入隅は幅200mm程度の増張り用シートを100mm程度ずつ張り掛けて増張りする。

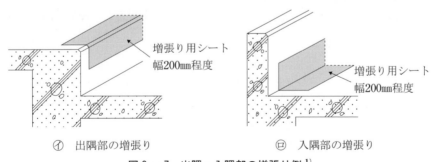

図8−7 出隅・入隅部の増張り例 [1]

(2) 改質アスファルトシートの張付け

トーチ工法では，接合部は，先に張り付けた改質アスファルトシートの接合箇所表面と張り合わせる改質アスファルトシートの裏面をあぶり，改質アスファルトがはみ出す程度まで十分溶融させる。常温粘着工法では，裏面のはく離紙をはがしながら，転圧ローラーなどで平均に押し広げて張り付け，ローラー転圧し十分接着させる。両者とも，シートの相互の重ね幅は，長手・幅方向とも100㎜以上とし，水勾配に逆らわないように接合する。

8.1.4　合成高分子系シート防水工事

合成高分子系シートには加硫ゴム系，塩化ビニル樹脂系などがあり，下地への固定は接着剤や固定金具が用いられる。下地のひび割れや挙動に対して追従性があり，耐候性も良く，露出防水に適する。

(1) 出入隅角の処理

加硫ゴム系シート防水では，シートの張付けに先立ち下地の出隅角に非加硫ゴム系シートを図8－8に示すように増張りする。塩化ビニル樹脂系シート防水では，出入隅角はシート施工後，成形役物を図8－9に示すように張り付け，その端部はシール材で処理する。

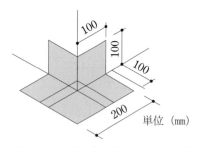

図8－8　加硫ゴム系シート防水の出隅角処理の例[2]

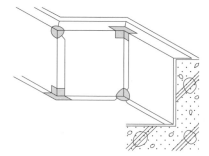

図8－9　塩化ビニル樹脂系シート防水の出入隅角処理の例[2]

(2) シートの張付け

原則として，水上側のシートが水下側のシートの上になるように行い，できるだけシートに引張りを与えないよう，また，しわができないよう注意する。シートの接合幅は，図8－10・11に示すように，加硫ゴム系シートでは接着剤による接合で100㎜以上，塩化ビニル樹脂系シートでは溶着剤または熱風による接合で40㎜以上とする。

8.1 防水工事

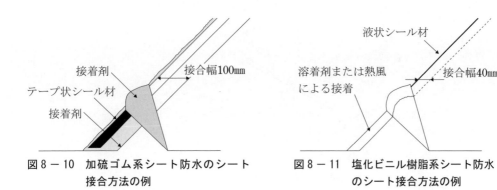

図8－10 加硫ゴム系シート防水のシート接合方法の例

図8－11 塩化ビニル樹脂系シート防水のシート接合方法の例

8.1.5 塗膜防水工事

ウレタンゴム系，アクリルゴム系，ゴムアスファルト系などがあり，吹付けまたは塗布により塗り重ねて，連続的な膜を構成する。複雑な形状の下地にも対応でき，平たんで美しい仕上がりになる。

(1) 補強布

下地のひび割れに対して，防水層の局部的変形を抑制するために，補強布による補強を行う。塗膜防水材を補強布に均等に塗り込むため，塗膜厚さの確保に有効である。補強布は下地によくなじませ，耳立ち，しわなどが生じないように防水材で張り付け，重ね幅は50mm程度とする。

(2) 防水材の塗布

防水材は，ピンホールが生じないように，はけ，金ごて，ゴムべら，吹付け機械などでむらなく塗布し，防水材の塗り継ぎ幅は100mm程度とする。

8.1.6 ステンレスシート防水工事

躯体と吊子で固定したステンレス（またはチタン）シート同士を，電気抵抗溶接の一種であるシーム溶接によって連続溶接し，一体化して防水層を形成する。

(1) 下葺き防湿材の施工

軒先より葺き始め，隣接する下葺き防湿材の重ね幅はシートの短辺部で200mm以上，長辺部で100mm以上とする。

(2) 防水層の施工

吊子でシートを下地に固定して，シーム溶接を行う。仮付け溶接後，自走式シーム溶接を行う。Tジョイントの施工は，図8－12に示すように，シーム溶接を終えた成型材の末端から約150mmの折上げ部を倒し，接続する成型材と平行に折り上げてシーム溶接する。

8章　その他の工事

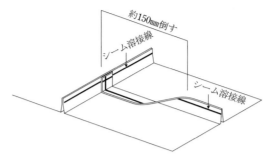

図8-12　Tジョイントの一例

8.1.7　ケイ酸質系塗布防水工事

コンクリート表面に塗布することにより，その生成物でコンクリートの毛細管空隙を充てんし，防水性能を付与する。現場打ち鉄筋コンクリート造および鉄骨鉄筋コンクリート造の地下構造物（外壁・内壁および床）などに適用する。

(1) 材料

ケイ酸質系塗布防止材は，主にポルトランドセメントとケイ酸質微粉末などから構成される粉末で，水と練り混ぜるIタイプと水および専用のポリマーディスパージョンと練り混ぜるPタイプの2種類がある。

(2) 防水材の塗布

防水材は，はけ，こて，吹付け，ローラーばけなどによりコンクリート面に均一に塗布する。1回目に塗布した防水層が指触で手に付着しない状態になった後に，2回目の塗布を行う。1回目の塗布後，24時間以上間隔をおいて2回目の塗布を行う場合は，塗布前に水湿しを行う。

8.1.8　シーリング工事

シーリング工事は，部材と部材の接合部に適切な目地を設けて，その目地に防水性能を付与する目的でシーリング材を充てんする工事である。接合部の目地の挙動であるムーブメントが大きいワーキングジョイントと，ムーブメントが生じないかあるいは非常に小さいノンワーキングジョイントがある。

(1) ワーキングジョイント

目地底に接着させない2面接着の目地構造とする。ワーキングジョイントの場合3面接着にすると，図8-13に示すように，ムーブメントによりシーリング材に局部的な応力が生じ破断しやすい。シーリング材と被着体の接着は図8-14に示すように2面で接着し，目地底が所定の目地深さよりも深い場合はバックアップ材を使用し，目地底が目地深さと同程度の場合にはボンドブレーカーを使用して3面接着を防止する。

8.1 防水工事

図8−13 2面接着と3面接着の場合のシーリング材の伸び状態の違い[4]

図8−14 バックアップ材,ボンドブレーカーによる3面接着の防止[3]

(2) ノンワーキングジョイント

　ノンワーキングジョイントの場合は,3面接着の構造を標準とする。コンクリートの打継ぎ目地,ひび割れ誘発目地などのノンワーキングジョイントの場合は,図8−15に示すように目地底に水が侵入した場合に水みちとなる2面接着よりも,シーリング材が目地底に接着している3面接着の方が有効である。

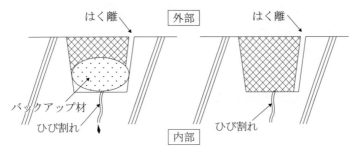

図8−15 水みちに対する2面接着と3面接着の違い[3]

(3) シーリング材の種類
　(a) シリコーン系
　耐熱性・耐候性に優れているが,表面に仕上げ材が付着しにくい。また,目地周辺部を汚染することがある。金属・ガラス回りに使われる。
　(b) 変性シリコーン系

8章 その他の工事

耐熱性を有し，耐候性もよい。目地周辺の汚染も少なく，柔軟性があるのでムーブメントの大きな目地に使用できる。ガラス回りでは使用できない。

(c) ポリサルファイド系

ムーブメントの大きい目地に適さない。石材，タイルの外壁に使われる。

(d) ポリウレタン系

耐熱性・耐候性にやや劣り，耐候性を補うため表面には塗装するのが望ましい。サイディング，ALCなどの外壁に使われるが，ガラス回りに使用できない。

(4) シーリング材の充てん

・被着体とシーリング材との接着性を良好にするために，プライマーを塗布する。シーリング材の充てん前には，プライマーが十分に乾燥していることを確認する
・2成分形シーリング材は，1組の作業班が1日に行った施工箇所を1ロットとして，ロットごとにサンプリングを行い，硬化状態を確認する

(5) 清掃および養生

・マスキングテープの除去は，シーリング材表面仕上げ直後に行う
・シーリング材がタックフリーの状態になるまでは触れないようにし，硬化するまでは塵埃等が付着しないように養生する。外装仕上げは，シーリング材が硬化してから行う

引用文献
1) 国土交通省官庁営繕部監修：建築工事監理指針，上巻　平成28年版
2) 日本建築学会：建築工事標準仕様書・同解説　JASS8　防水工事，2014.
3) 国土交通省官庁営繕部監修：建築工事監理指針，上巻　平成21年版
4) 中川基治：基礎教材建築施工，井上書院，2015.

8.2　タイル工事

外装仕上げ材としてのタイルは，コンクリート躯体の耐久性能や美観性を向上させる重要な役割があるため，ひび割れやはく落が生じると建物の価値を下げることになる。また，はく落は安全性に対しても大きな問題を抱えることになるので，施工時に十分な対策を講じることが重要である。

8.2.1　材料

(1) 吸水率によるタイルの区分

外装に用いるタイルは，Ⅰ・Ⅱ類とし耐凍害性に優れたものとする。特にⅡ類の場合は，吸水率が

8.2 タイル工事

Ⅰ類に比べて大きいので,耐凍害性の確認が必要である.内装に用いるタイルは,Ⅰ・Ⅱ類またはⅢ類とする.ただし,寒冷地および外部に準ずる部位ではⅠ・Ⅱ類とする(**表8-1**)。

表8-1 タイルの種類と吸水率

種類	吸水率	用途	特徴
Ⅰ類	3%以下	内装,外装,床	高温で焼成され,吸水率が小さいため,寒冷地で使用される.耐久性も高く,汚れもつきにくい.
Ⅱ類	10%以下		外装に使用できるが,凍害に注意が必要である.
Ⅲ類	50%以下	内装	吸水率が大きく,外装には使用できない.

(2) タイルの寸法(表8-2)

タイルの寸法はレンガのサイズに由来しており,小口平はレンガの小口面,二丁掛は長手面のサイズになっている.三丁掛は,高さが二丁掛の1.5倍で,四丁掛は2倍である.また,50二丁のように表面積が$50cm^2$以下の小さいタイルをモザイクタイルと呼び,通常,施工しやすいようにユニット化(台紙などに複数のタイルを並べて連結)されている.

表8-2 主なタイルの寸法

名称	寸法(mm)	名称	寸法(mm)
小口平	108×60	50(45)二丁	95×45
二丁掛	227×60	50(45)三丁	145×45
三丁掛	227×90	50角	45×45
四丁掛	227×120	100角	95×95

8.2.2 セメントモルタルによるタイル後張り工法

(1) **タイル張りの下地**

(a) **コンクリートの場合**

・タイル張り面の伸縮調整目地の位置は,**図8-16**に示すように,コンクリート躯体のひび割れ誘発目地・水平打継ぎ目地・構造スリット目地と一致させる
・伸縮調整目地を設ける位置は,横目地については各階の水平打継ぎ箇所で4m内外ごと,縦目地については柱型・開口部寸法に応じた構造上の要所とし,3m内外ごとに設ける
・コンクリート下地壁面の精度は,長さ3mにつき7mm以内とし,段差,不陸の著しい箇所はつけ送りするなどの不陸調整を行う
・コンクリートの表面は,はく離防止のための清掃および目荒しなどを確実に実施する.その方法を**表8-3**に示す

8章 その他の工事

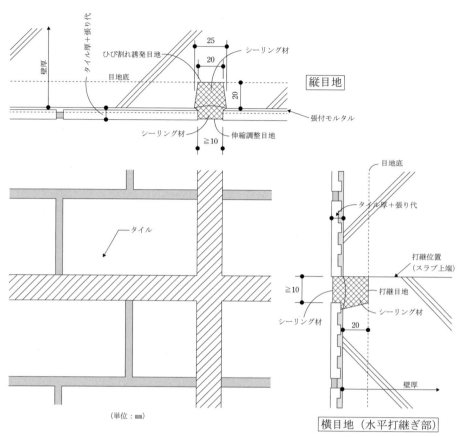

図8－16 伸縮調整目地の詳細納まり（コンクリート下地）[1]

表8－3 コンクリート表面の清掃および目荒し方法

名称	概要	清掃	目荒し
ワイヤーブラシ掛け	ワイヤーブラシでコンクリート表面を擦り，脆弱層を除去する方法	○	×
高圧水洗浄法	吐出圧 $30 \sim 70 N/mm^2$，ノズル距離10cm以内，運行速度 $3 \sim 5 min/m^2$	○	△
超高圧水洗浄法	吐出圧 $150 \sim 200 N/mm^2$，ノズル距離5cm以内，運行速度はコンクリートの強度・材質により異なる	○	○
MCR工法	型枠に専用シートを張り，コンクリート表面に凹凸を付与して，それにモルタルが食い込むことにより，はく離を防止する工法	—	○

(b) モルタルの場合

・原則として木ごて押さえとし，精度はサイズの小さいモザイクタイルでは2mにつき3mm以内，小口以上のタイルでは2mにつき4mm以内とする
・図8－17に示すように，タイル張り面の伸縮調整目地の位置と，モルタル下地の伸縮調整目地と一致させる

8.2 タイル工事

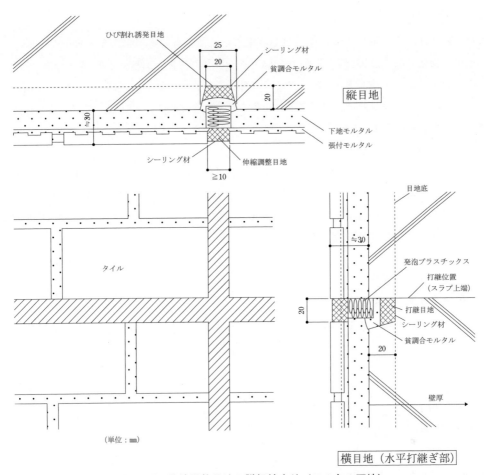

図8－17 伸縮調整目地の詳細納まり（モルタル下地）

(c) パネル下地の場合
・押出成形セメント板の相互の目違いは，3mm以内，ALCパネルの相互の目違いは，6mm以内とする
・押出成形セメント板およびALCパネルの伸縮目地は，タイル面の伸縮調整目地と一致させる

(2) 工法一般
・密着張り，改良圧着張り，モザイクタイル張り，マスク張りにおいては，下地を清掃した後に，下地の乾燥の程度に応じて水湿しまたは吸水調整剤の塗布を行う。なお，改良積上げ張りにおいては，吸水調整剤の塗布を行わない
・張付けモルタルの混練りは指定の調合で機械練りする

(3) 壁タイル張りの工法

(a) 密着張り（図8－18）

下地面に張付けモルタルを塗り付け，振動工具（ヴィブラート）を表面に当てタイルを振動させて

張り付ける張り方である。
- 張付けモルタルの下地面に対する塗付は二度塗りとし，合計の塗り厚は5〜8mmとする。また，1回の塗付け面積の限度は2m²以下，かつ，20分以内に張り終える面積とする
- タイルの張付けは，振動工具を用い，タイルに振動を与え，上部から下部へと行い，一段置きに上から下に数段張り付けたのち，間のタイルを張る。たたき込む工法と比較してタイルの充てん性が改善され，接着性の向上が期待できる

(b) 改良圧着張り（図8－19）

下地面とタイル裏面の両方に張付けモルタルを塗り付け，タイルを張り付ける張り方である。
- 張付けモルタルの下地面に対する塗り付けは二度塗りとし，一度目のモルタル塗りはこて圧をかけたしごき塗りとし，その合計の塗り厚は4〜6mmとする。また，1回の塗付け面積の限度は2m²以下，かつ，60分以内に張り終える面積とする
- タイル裏面全体に張付けモルタルを1〜3mmの塗り厚で平らにならし，直ちに張付け，ハンマーなどでタイルの周辺からモルタルがはみ出すまで，入念にたたき押さえを行う

(c) 改良積上げ張り（図8－20）

タイルを下から上に積み上げる伝統的なタイルの張り方で，タイルを張付けモルタルで壁に接着する張り方とは異なる。
- タイル裏面全体に張付けモルタルを7〜10mmの塗り厚で平らに塗り付ける。
- タイルは下から上に積み上げる。1日の張付け高さは，1.5m以下とする。ただし，3丁掛以上のタイルは1.0m以下とする

(d) モザイクタイル張り（図8－21）

下地面に張付けモルタルを塗り付け，ユニットタイルをたたき込んで張り付ける張り方である。
- 下地面に対する張付けモルタルの塗付けは二度塗りとし，一度目のモルタル塗りはこて圧をかけたしごき塗りとする。合計の塗り厚は3〜5mmとする
- 1回の塗付け面積の限度は3m²以下，かつ，20分以内に張り終える面積とする
- ユニットタイルを張り付け，はみ出した張付けモルタルにより目地部分の紙が湿るまでたたき押さえを十分に行う。タイルの張付けが終了したのち，時期を見計らって表紙に水湿しを行って紙をはがす

(e) マスク張り（図8－22）

専用のマスクを用いて，ユニットタイルに張付けモルタルを塗り付け，モルタル下地面にたたき込んで張り付ける張り方である。
- ユニットタイルの裏面にマスクをあて，張付けモルタルを4mm程度の厚みで均一に塗り付けた後，直ちに壁面にユニットタイルを張り付けたたき込む
- タイル裏面に張付けモルタルを塗り付けたタイルは，作り置きしないで，直ちに張り付ける作業手順とする

8.2 タイル工事

・タイルの張付けが終了したのち、時期を見計らって表紙に水湿しを行って紙をはがす

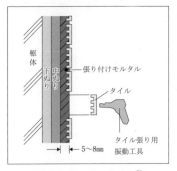

図8-18 密着張り[2)]

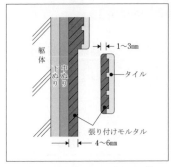

図8-19 改良圧着張り[2)]

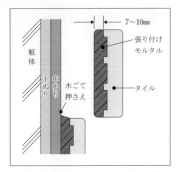

図8-20 改良積上げ張り[2)]

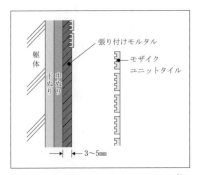

図8-21 モザイクタイル張り[2)]

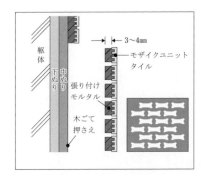

図8-22 マスク張り[2)]

(4) 張付けモルタルの調合

張付けモルタルの調合を表8-4に示す。細骨材は、時期・保管状態により含水率が一定でなく、質量もその都度異なるため、セメントと細骨材の調合は、質量比ではなく容積比としている。

表8-4 現場調合モルタルの標準配合（容積比）

	工法		セメント	細骨材	混和剤
壁	密着張り		1	1～2	適量
	改良積上げ張り	屋外	1	2～3	適量
		屋内	1	4～5	適量
	改良圧着張り		1	1～2	適量
	ユニットタイル	屋外	1	0.5～1	適量
		屋内	1	0.5～1	適量
床	ユニットタイル		1	0.5～1	適量
	その他のタイル		1	1～2	適量

8章　その他の工事

(5) タイル目地の配置

目地割りは設計図書に従い，開口部・設備機器などとの取合いを考慮する。タイル割付け時に目地割りを行うが，標準的な目地幅を**表8－5**に示す。

表8－5　標準的な目地幅

タイルの形状および大きさ	標準目地幅（mm）
小口平，二丁掛	6〜10
三丁掛，四丁掛	8〜12
100角，150角，200角	8
50角，50二丁	5

(6) 目地詰めおよび清掃

目地詰めは，タイル張付け後，少なくても1日以上経過したのち充てんを行う。目地の深さは，タイルのはく離防止のためタイル厚さの1/2以下とする。

清掃は水洗いを原則とし，ブラシなどを用いてタイル表面に汚れが残らないように注意して行う。目地モルタルによる汚れがはなはだしいときは，監理者の承認を得て，工業用塩酸30倍溶液程度に希釈したものを用いて酸洗いの後に，目地部分やタイル部分に塩酸が残らないように直ちに水洗いを行う。

(7) 検査

(a) 打音検査

施工後2週間以上経過した時点で，全面にわたりタイル用テストハンマーを用いて打診検査を行い，その音によってはく離を判断する。打音検査の結果，不具合箇所がある場合には監理者に報告し，施工計画書に基づき適切な処置をする。

(b) 引張接着強度検査

施工後2週間以上経過した時点で，引張試験機を用いて引張接着強度を測定する。試験体の数は，100m^2以下ごとにつき1個以上とし，かつ全面積で3個以上とする。測定するタイルの大きさが小口平より大きい場合は，小口平の大きさに切断し小口平の大きさとする。引張強度検査の全ての測定結果が0.4N/mm^2以上，かつ，コンクリート下地の接着界面における破壊率が50％以下の場合を合格とする。

8.2.3　有機系接着剤によるタイル後張り工法

タイルの接着剤張りは，内壁に使用されることが多いが，はく離やひび割れの不具合が少ないことから，1990年代から戸建住宅の外壁で使用されるようになった。しかしながら，長期の耐久性が懸念されていたため，外壁への使用は制限されていたが，耐久性能に関しても確認されてきたことから

8.2 タイル工事

ビルの外壁等への使用も増えている。

(1) 接着剤
- 外装接着剤張りに使用する接着剤は，JIS A 5557:2010（外装タイル張り用有機系接着剤）の規格に適合する一液反応硬化形接着剤とする
- 内装接着剤張りに使用する接着剤は，JIS A 5548:2003（陶磁器質タイル用接着剤）の規格に適合するものとする

(2) 施工時の環境条件
- 降雨時・降雪時および強風時などタイル工事に支障があるとき，ならびにこれらが予想される場合は，原則として施工は行わない
- 塗付け場所の気温が5℃以下および施工後5℃以下になると予想される場合は，施工は行わない。施工を行う場合は，仮設暖房・保温などによる施工面の養生を行う

(3) 外装接着剤張り工法
- 接着剤は下地に凹凸があると，下地と接着剤との密着性が悪くなるため，モルタル下地の場合は金ごて1回押さえ程度として平滑にする
- タイル張りに先立ち，下地面の清掃を行い，下地面は十分に乾燥させる
- 接着剤は開封後直ちに使用し，製造業者の指示する張付け可能時間内にタイルを張り終える
- 接着剤の塗付けは，壁面に対してくし目ごてを60°の角度を保ってくし目をたてる。裏あしがあるタイルは，裏あし方向とくし目の方向が平行にならないようにする
- タイルの張付けは，手でもみ込んだ後に，たたき板，タイル張りに用いるハンマーでたたき押さえるか，または振動工具を用いて加振して張り付ける

8.2.4 タイル先付けプレキャストコンクリート工法

プレキャストコンクリート部材の製造時に，型枠ベッドにタイルを敷き並べておいてから，コンクリートを打込む工法である。接着の確実性，白樺防止，仕上がり精度の面で信頼性の高い工法であり，高層ビルにこの工法が採用されることが多い。引張接着試験の数は6個以上とし，試験材齢は4週を標準とする。接着力は$0.6N/mm^2$以上とする。

引用文献
1) 日本建築学会，建築工事標準仕様書・同解説　JASS19　陶磁器質タイル張り工事，2012.
2) http://www.danto.co.jp/knowledge/construction/tile-3-1

8.3　木工事

木工事には，木造住宅に代表される木質構造としての木工事，鉄筋コンクリート造，鉄骨造，組積造における内装の下地，木造作および木仕上げ工事がある。

木質構造は軸組構造とパネル（枠組壁）構造に大別することができる。また，生産方式としては，在来工法とプレファブ工法に分けることができる。

本節では，主として木質構造における軸組工法について述べる。

8.3.1　材料

木工事に用いる木材は製材，集成材，合板などがある。

(1) 製材

規格には，針葉樹の構造用製材，造作用製材，下地用製材，広葉樹の製材などがある。

(a) 針葉樹の構造用製材

区分法は日本農林規格（JAS）によって目視区分と機械等級区分の2種類の区分法が定められている。目視区分は構造用製材のうち，節，丸味など材の欠点を目視により測定し，等級区分するもので，機械等級区分は機械で非破壊的にヤング係数を測定し，区分するものである。

1) 目視区分

目視区分による区分および等級を表8－6に示す。甲種木材は主として曲げ材として使用し，乙種木材は主として圧縮材として使用される。なお，甲種木材は断面寸法により，構造用Ⅰ（小断面材）と構造用Ⅱ（断面が36 mm×90 mm以上）に分けられる。

表8－6　針葉樹構造用製材の目視等級区分

区分		用途	等級
甲種構造材	構造用Ⅰ	曲げ材（小断面）	1級，2級，3級
	構造用Ⅱ	曲げ材	
乙種構造材		圧縮材	

2) 機械等級区分

ヤング係数により，E50，E70，E90，E110，E130，E150に区分される。強度は樹種により国土交通省により定められている。

(b) 針葉樹の造作用製材

造作類（敷居，鴨居など）と壁板類があり，等級には無節，上小節，小節がある。

(c) 広葉樹

8.3 木工事

等級には特等，1等，2等の3種類がある。

(2) 集成材

集成材はひき板や割材を繊維方向が平行になるように積層して加圧圧着したもので，割れや狂いが少なく，無節のものが得られる。集成材には構造用集成材，構造用大断面集成材，化粧張り構造用集成材，造作用集成材，化粧張り造作用集成材がある。

(3) 合板

木材を薄く裁断した薄板（veneer）を1枚ごとに繊維方向を直交させ奇数枚張り合わせたもので，表と裏は繊維方向が必ず同じになっている。狂いが少なく，様々な用途に使用される。合板には，普通合板，難燃合板，コンクリート型枠用合板，構造用合板などの規格がある。

(a) 普通合板

普通合板は耐水性により表8－7のように分類される。使用されている薄板自身の性能は変わらないが接着剤の種類の違いにより耐水性が異なっている。

表8－7　普通合板の分類

タイプ	使用個所	接着剤
1類	断続的に湿潤状態になる場所（水廻り）	フェノール樹脂，メラミン樹脂
2類	時々湿潤状態になる場所（一般の部屋）	尿素樹脂

(b) 構造用合板

構造用合板は床，耐力壁および屋根などの構造上主要な場所に用いられる。強度により1級および2級に分類され，耐水性により屋外のように常時湿潤状態となる場所に用いられる特類と屋内用の1類に分類される。

(4) ホルムアルデヒド対策

集成材や合板などに使用される接着剤や塗料にはVOC（揮発性有機化合物）を含むことが多い。ホルムアルデヒドはシックハウス症候群の原因となるVOCの代表的物質である。内装仕上げに使用するホルムアルデヒドを発散する建材は，表8－8のように区分されている。

表8－8　ホルムアルデヒド発散量による区分

区分	表示記号	ホルムアルデヒド発散量（$\mu g/m^2 h$）	備考
規制対象外	F☆☆☆☆	5以下	制限なし
第3種ホルムアルデヒド発散材料	F☆☆☆	5～20	面積制限
第2種ホルムアルデヒド発散材料	F☆☆	20～120	面積制限
第1種ホルムアルデヒド発散材料	—	120超	使用禁止

8.3.2 木材の性質を踏まえた加工，使用方法

木材は乾燥状態により，強度などの性質が大きく異なるため，木材は十分に乾燥させたものを使用する必要がある。一般に使用する木材の含水率は構造用で20%以下，造作用で15%以下，床板などの広葉樹材（堅木）は13%以下にすることが求められている。

また，図8−23に示すように，1本の原木から切り出した木材にも，「心材」と「辺材」および「元口」と「末口」などがある。心材は樹心に近い部分を製材したもので「赤身」ともいう。心材は強度が大きく，耐久性もあり，柱・梁に向く。一方，辺材は心材以外のもので，白太ともいう。強度や耐久性は心材に比べ低いが，化粧用の柱や造作材に向いている。また，角材や丸太において樹心を持つものを「心持材」，樹心を持たないものを「心去材」という。さらに，製材した材料の樹皮側を木表，樹心側を木裏という。また，木の根元の方を「元口」，上部の太さの細い方を「末口」といい，木材が生育途中で反り曲がったとき，外側を「背」，内側を「腹」と呼ぶ。

これらの木材の部位等の特徴を踏まえた加工および使用方法の留意事項を表8−9に示す。

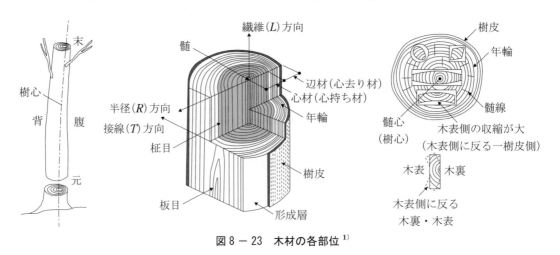

図8−23　木材の各部位 [1]

表8−9　木材の加工および使用方法の留意事項

心持材と心去材	心持材の化粧柱は背割りを入れて使用する
	心持材は強度が大きいことから土台，柱などの構造材，心去材は造作材として使用する
木表と木裏	床などの仕上材では，木表が表にでるように使う
	敷居や鴨居などの溝は木表側に彫ってとりつける
	直射日光が当たる下見板や濡れ縁では木裏側を仕上面とする
腹と背	梁材のような水平材は背が上端にくるように用いる。ただし，床下の大引は腹を上端に用いる
元口と末口	柱材では元口を下にして用いる
	カンナ掛けは木表側は木の末口から元口の方向に，木裏側は木の元口から末口の方向に掛けると逆目が起きにくい

8.3 木工事

8.3.3 接合用金物

(1) 釘

(a) 釘の種類

釘は木材の留め付けにもっとも多く使用されている。釘は JIS A 5508:2009 で規格が定められている。釘は材質，頭部の形状，胴部の形状，胴部径および長さにより区分される。材質による釘の種類を**表 8 − 10** に，形状による釘の種類を**表 8 − 11** にそれぞれ示す。

表 8 − 10　材質による釘の種類

記号	種類
N	鉄丸釘
CN	太め鉄丸釘
GN	せっこうボード用釘
SN	シージングインシュレーションファイバーボード用釘
PN	PN ネイルガン・専用釘
S	ステンレス鋼釘
GNS	せっこうボード用釘（ステンレス）
PNG	ネイルガン専用釘（ステンレス）

表 8 − 11　形状による釘の種類

部位	記号	形状
頭部	F	平頭フラット
頭部	FC	平頭網目付き
頭部	O	丸頭
頭部	DC	皿頭網目付き
胴部	SM	スムース
胴部	SR	スクリュー
胴部	R	リング
胴部	B	バーブ

(b) 釘の使用法

使用する釘の長さは，原則として，打ち付ける板厚の 2.5 倍以上，板厚が 10 mm 以下の場合は 4 倍を標準とする。一方，釘の径は板厚の 1/6 以下とする。また，釘の配置は，木材の繊維に対して乱（ジグザグ）に打つ。

(2) 接合金物

(a) 種類

ボルトを併用して構造材の継手，仕口を補強する接合金物には短ざく金物，かな折れ金物，ひねり金物，かど金物など様々なものがある。このような金物の一例として Z マーク表示金物がある。代表的な金物とその用途を**図 8 − 24** および**表 8 − 12** にそれぞれ示す。

(b) ボルト

構造用ボルト径は 13 mm 以上（軽微な部分は 9 mm）のものを用いる。締付は，ねじ山が 2 山（アンカーボルトは 3 山）以上ナットより突出するようにする。出ない場合は座彫りして納める（**図 8 − 25** 参照）。また，ボルト穴のクリアランスは 3 mm 以内とする。

8.3.4 継手・仕口

軸組工法は柱や梁などの各部材を接合してつくられる。長手方向に接合する方法を継手といい、異なる方向に接合することを仕口という。これらの接合部は弱点となりやすいため、応力の小さい箇所に設ける必要ある。また、継手を設ける際、1m以下の短材で継ぐのはできるだけ避け、継手が集中しないように継手位置は乱または千鳥とする必要がある。なお、代表的な継手、仕口およびほぞの種類を図8-26～28にそれぞれ示す。

8.3.5 壁の軸組

軸組工法における壁は土台、柱、間柱、胴差しおよび筋かいで構成されている。壁を構成する部材における主な留意事項を以下に示す。

(1) 土台

(a) 継手

土台に継手を設ける際、床下換気口、柱、筋かい、アンカーボルトの位置は避ける。また、やむを得ず短材を使用する場合は芯々910mm程度を限度とする。なお、継手は腰掛けあり継ぎまたは腰掛けかま継ぎとする。

(b) 仕口

土台における隅部の取合い部は、大入れこねほぞ差し割りくさび締め、大入れあり掛けまたは片あり掛けとする。また、T字取り合い部および十字取り合い部は、大入れあり掛けとする。

(2) 柱仕口

二階以上の建物において、けた、胴差しなどで中断され軒げたから土台までが繋がっていない管（くだ）柱は、上下とも短ほぞ差しとし、けた、胴差しに短ざく金物で固定する。また、隅柱の土台との仕口は、扇ほぞ差しまたは短ほぞ差しとする。

(3) 間柱

間柱における横架材との仕口は、上部ほぞ差し下部突き付け、または上下とも大入れ、もしくは上部大入れ下部突き付けとする。なお、筋かいでの間柱は切り欠く必要がある。

(4) 胴差し

(a) 継手

胴差しの継手位置は、梁および筋かいを受ける柱間は避け、追掛け大栓継ぎまたは腰掛けかま継ぎとする。

(b) 仕口

通し柱との仕口はかたぎ大入れ短ほぞ差し、もしくは突付け継ぎとし、それぞれ所定の接合金物等により固定する。

8.3 木工事

種類	形状	用途
短ざく金物	t3.2、40、L、S L(mm): 300,330,360,390,420,450	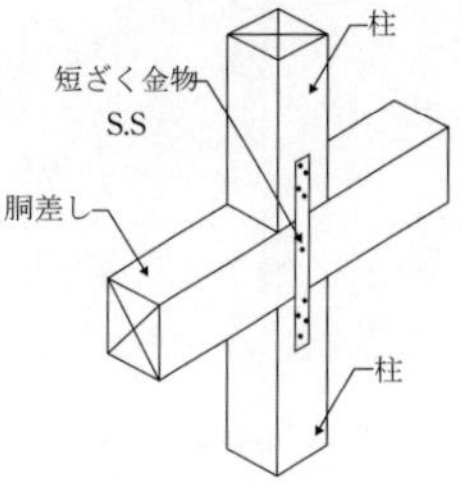 柱、短ざく金物 S.S、胴差し、柱
かね折り金物	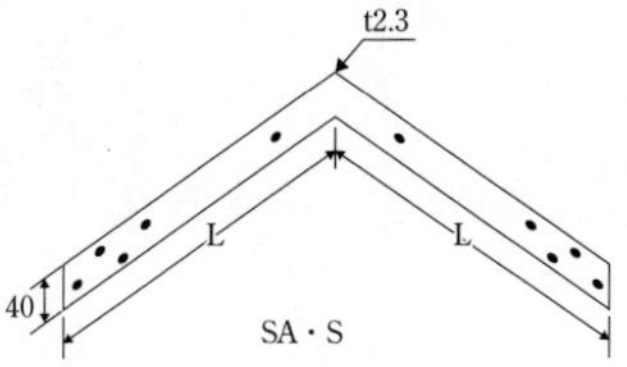 t2.3、40、L、L、SA・S L(mm): 240,270,300,330,360	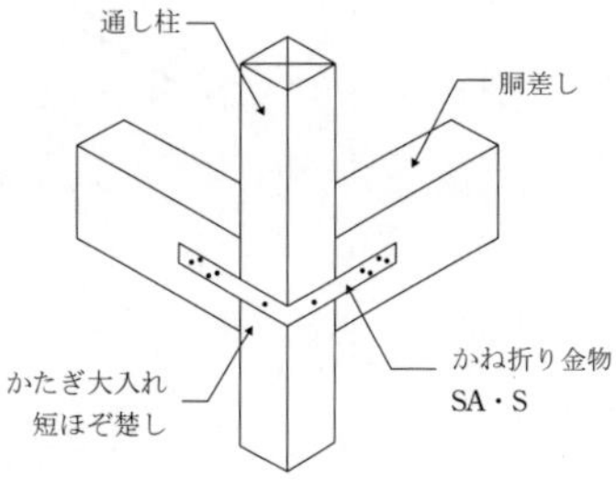 通し柱、胴差し、かたぎ大入れ短ほぞ差し、かね折り金物 SA・S
ひねり金物	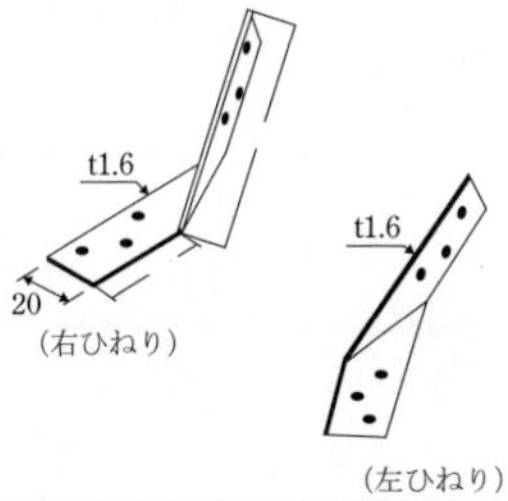 t1.6、20(右ひねり)、t1.6(左ひねり)	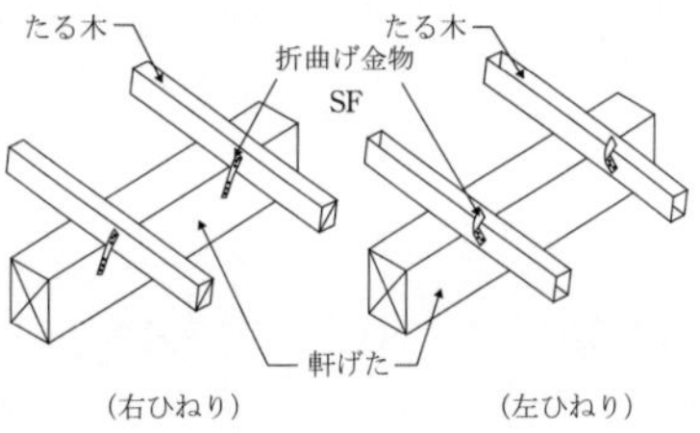 たる木、折曲げ金物 SF、たる木、軒げた（右ひねり）（左ひねり）
くら金物	t1.2、50、100、18、75、175	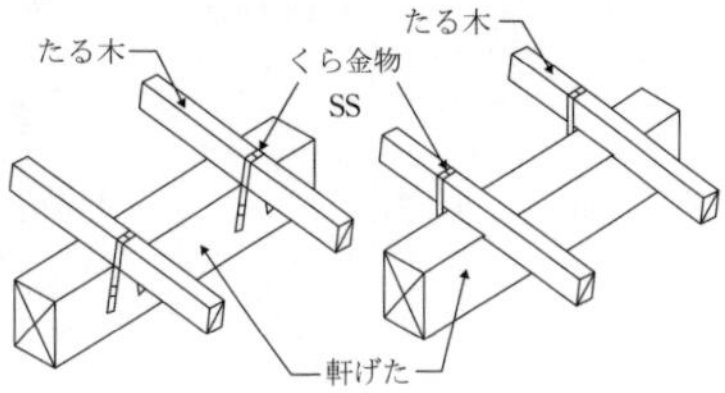 たる木、くら金物 SS、たる木、軒げた
山形プレート	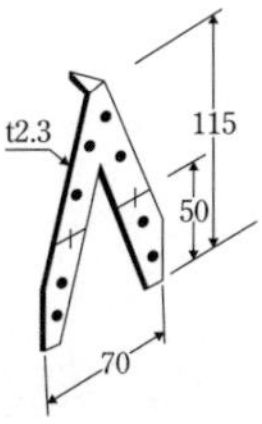 t2.3、115、50、70	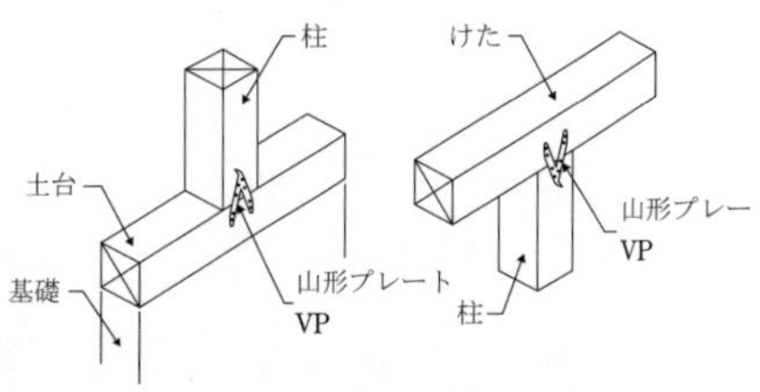 柱、けた、土台、基礎、山形プレート VP、山形プレート VP、柱

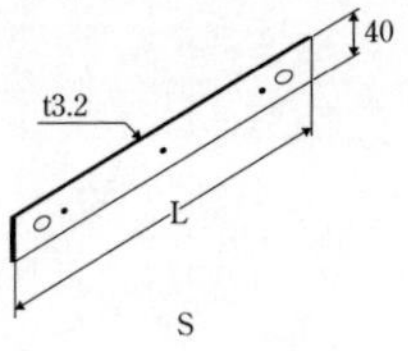

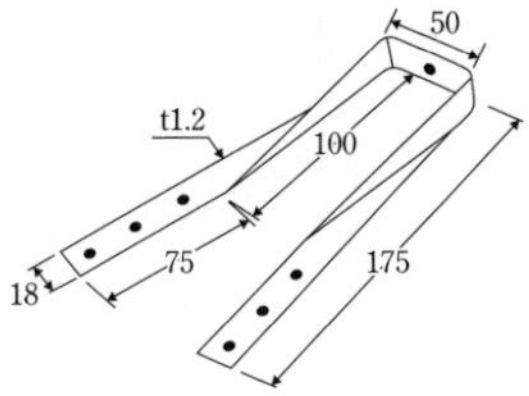

図8－24 金属金物（その1）[2]

8章 その他の工事

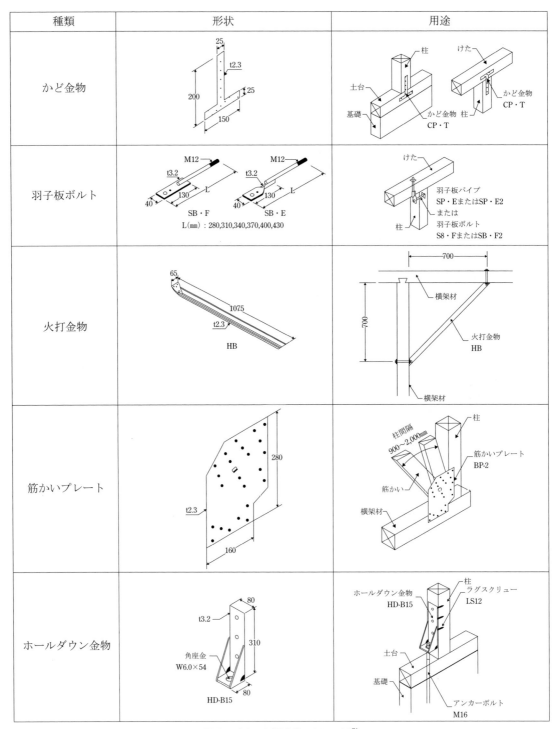

図8－24 金属金物（その2）[2)]

8.3 木工事

表 8 - 12　Zマーク表示金物の用途

金物名	用途
短ざく金物	1, 2階管柱の連結, 胴差し相互の連結等
かね折り金物	通し柱と胴差しの取合い
ひねり金物	垂木と軒げたまたは母屋との接合
くら金物	
山形プレート	柱と土台・横架材の接合
かど金物	
羽子板ボルト	小屋梁と軒げた, 梁と柱, 軒げたと柱, 胴差しと通し柱の連結
火打金物	床組および小屋組の隅角部の補強
筋かいプレート	筋かいを柱と横架材に同時に接合
ホールダウン金物	柱と基礎（土台）または管柱相互の緊結
アンカーボルト	基礎と土台の緊結

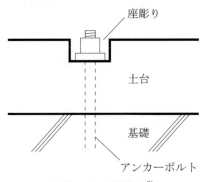

図 8 - 25　座彫り [3]

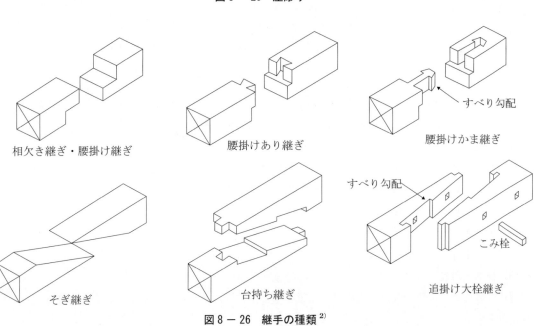

図 8 - 26　継手の種類 [2]

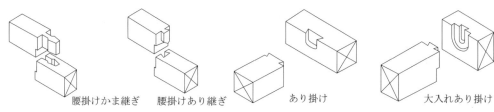

図8-27 プレカットによる継手・仕口の種類[2]

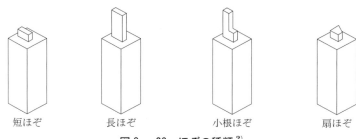

図8-28 ほぞの種類[2]

(5) 筋かい

厚さ30mmまたは45mm以上で幅90mm以上の木製筋かいを用いる場合の仕口は，横架材および柱に突き付け，筋かいプレートなどを使用し，径12mmの六角ボルトおよび長さ65mmの太め釘を使用して接合する。なお，上棟後，正式な筋かいを入れるまでのあいだ，仮に入れる筋かいのことを仮筋かいという。正式な筋かいは外側に入れるので，仮筋かいは屋内側に入れる。また，釘は打ちきらずに，抜きやすいように少し頭を残しておく。

8.3.6 小屋組

小屋組は屋根を構成するための軸組である。小屋組は小屋梁，小屋束，棟木・母屋，垂木および火打梁で構成されている。小屋組の構成部材における主な留意事項を以下に示す。

(1) 小屋梁

小屋梁には丸太材と角材が使用されるが，最近はプレカット工法を適用しやすい角材を使用されることが多い。角材を用いる場合の継手は追掛け大栓継ぎまたは，腰掛けかま継ぎ継ぎとする。また，軒げたまたは敷げたとの仕口は大入れあり掛けとする。

(2) 小屋束

小屋束は上部，下部とも短ほぞ差しとする。

(3) 棟木・母屋

継手位置は束の位置を避け，腰掛けかま継ぎまたは腰掛けあり継ぎとする。また，仕口は大入れあり掛けとする。

8.3 木工事

(4) 垂木
継手位置は乱に配置し，軒先部でひねり金物またはくら金物を使用してけたに取り付ける。

(5) 火打梁
梁，胴差し，けた等の仕口はかたぎ大入れとする。

8.3.7 床組
床組は大引，床束，根太，床梁などから構成される。床組構成部材に関する留意事項を以下に示す。

(1) 大引
大引の継手は，床束心から150mm程度持ち出し，腰掛けあり継ぎ，N75釘2本打ちとする。

(2) 根太
根太間隔は，厚さ12mm以上のフローリングを根太に直交して張る場合を考慮して300mm程度とする。一方，畳床の場合は，畳の厚みの分だけたわみや曲げが軽減されるため450mm程度でよいとされている。

また，根太と床梁・胴差しの上端高さが同一の場合，根太の断面寸法は45mm×105mm以上とし，根太の間隔は500mm以下とする。このとき，床下地板の品質はJASに適合する構造用合板で1類とし，厚さ12mm以上，JISに適合するパーティクルボードで厚さ15mm以上，または構造用パネルとする。床下地板の釘打ちは，N50釘を用い，間隔150mm以下で根太，床梁，胴差しおよび受け材に平打ちして固定する。

一方，根太と床梁・胴差しの上端高さが異なる場合は，根太の断面寸法は45mm×150mm以上とし，根太間隔は340mm以下とする。また，床梁などに直交する根太は渡りあご掛けとする。

(3) 根太を用いない構造用面材による床組
面材は四周囲を床梁・胴差しに直接留め付ける。その際，面材の厚さは24mm以上とし，釘にはN75釘を用い，間隔150mm以下で平打ちして固定する。

8.3.8 面材耐力壁

耐力壁として使用できる面材には，構造用合板（厚さ7.5mm以上，特類），パーティクルボード（厚さ12mm以上），ハードボード（厚さ5mm以上），硬質木片セメント版（厚さ12mm以上），シージングボード（厚さ12mm以上）がある。

面材耐力壁における施工上の留意点は以下の通りである。
・構造用面材は，柱・間柱および土台・梁・けた・その他の横架材に確実に釘で留める
・1階および2階部の上下位置に構造用面材の耐力壁を設ける場合は，図8-29に示すように胴差し部において相互間6mm以上のあきを設ける

- 構造用面材をやむを得ず，梁・柱以外で継ぐ場合は，間柱および胴縁の断面は 45 mm×100 mm 以上とする
- 留付けは N50 釘を 150mm 以下の間隔で打ち付ける
- 土台と柱部の接合部など山形プレートを直接釘打ちするため，面材を切り欠く場合は，図 8－30 に示すように面材の隅部での釘打ちができないため，その近傍に釘を増し打ちする必要がある

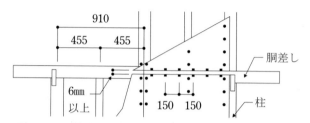

図 8－29 構造用面材の耐力壁を上下階に設ける場合[2]

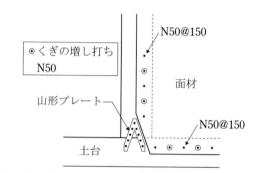

図 8－30 柱脚部における構造用面材のくぎの増し打ち[2]

8.3.9 造作工事

　造作工事は床板張り，敷居・鴨居，壁・天井など多岐にわたる。壁工事において，せっこうボードはクロス類や塗装仕上げなどの下地材，せっこうラスボードは左官仕上の下地として使用されるが，壁胴縁の間隔は，せっこうボードでは 303 mm 以下，せっこうラスボードでは 455 mm 以下とする。また，天井のつり木受けは 900 mm 内外に配置し，野縁の継手は，野縁受け桟との交差箇所を避け，継手位置を乱にして，両面に添え板を当てて，釘打ちとする。

8.3.10 木材の防腐・防蟻処理

　木材は腐朽しやすく，また，シロアリなどの食害にあう可能性もある。建築基準法施行令 49 条の 2 では，土台，外壁の軸組・下地などで地盤面からの高さ 1m 以内の部分には，防腐，防蟻の措置を

8.3 木工事

講じるように定められている。このほかにも浴室の軸組・天井下地，2階浴室の床組（ユニットバス仕様の場合は除く）および土間コンクリートなどの床組で，コンクリートに接する部分において防腐，防蟻の措置を行う必要ある。保存薬剤にはクレオソートを用いられることが多いが，薬剤の塗布もしくは吹き付けは，2度塗りとする。このときの使用量は $1m^2$ 当り 300mL を標準とする。なお，有機リン系シロアリ駆除剤クロリピリホスは居室を有する建築物に対しての使用を禁止されている。

また，木造の床の最下階の部分は，コンクリートのべた基礎などにより，地面から発生する水蒸気の影響を受けない場合を除き，防湿対策として，建築基準法施行令22条により，床の高さを地面から45cm以上とし，床下部分に壁の長さ5m以下ごとに面積 $300cm^2$ 以上の換気孔（ねずみの侵入を防止できるもの）を設置することが定められている。

8.3.11 枠組壁工法

枠組壁工法は，ツーバイフォーとも呼ばれ，2インチ×4インチの断面の製材を用いた枠組に構造用合板を打ちつけた軸組や床組で外力に耐える構法である。特徴としては，構造材の種類が少なく，限られた種類の製材だけによって構成され，複雑な継手や仕口を必要としないため，生産性が高いこと，一方で，通し柱は必要としないが，木材の使用量は在来工法に比べ多くなることなどが挙げられる。

枠組壁工法の施工上の主な留意点を列記すると以下の通りである。
- アンカーボルトの埋め込み位置は，隅角部，土台の継手位置付近，その他，間隔2m以内。土台が基礎と接する面には防水紙を敷く
- 床根太相互の間隔は標準で500mm以下（建築基準法では650mm以下）とする
- 床下張りは，構造用合板で厚さ12mm（パーティクルボードで15mm）以上とする
- 床根太相互の間隔が500mmを超え，650mm以下の場合は，構造用合板で厚さ15mm（パーティクルボードで18mm）以上とする

演習問題

8.3.1　木造住宅における木工事に関する記述のうち，もっとも不適当なものはどれか。
1. 甲種木材は主として曲げ材，乙種木材は主として圧縮材に使用する
2. 水廻りに普通合板1類を使用した
3. 柱材で末口を下にして使用した
4. 敷居の溝を木表側に彫った
5. 床下の大引は腹が上端になるように用いた

8章　その他の工事

8.3.2 木造住宅における木工事に関する次の記述のうち，もっとも不適当なものはどれか．
1. 和室の畳床において根太間隔を 450 mm とした
2. 管柱と胴差しの仕口部にかね折金物を使用した
3. 土台の継手に腰掛あり継ぎを用いた
4. 釘の径は板厚の 1/6 以下とし，釘の長さは板厚の 2.5 倍以上とした
5. 構造用のボルト径は 13 mm 以上とした

8.3.3 木造住宅における木工事に関する次の記述のうち，最も不適当なものはどれか．
1. 筋かい仕口には，筋かいプレートを使用し，径 12 mm の六角ボルトおよび長さ 65 mm の太め釘を使用した
2. 耐力壁として厚さ 7.5 mm 以上，特類の構造用合板を使用し，留付けは N50 釘を 150 mm 以下の間隔で打ち付けた
3. 大引の継手を床束心から 150 mm 程度持ち出した箇所に設けた
4. せっこうボードの壁胴縁間隔を 455 mm とした
5. 枠組壁工法では通し柱を必要としない

解答
8.3.1　3．柱材では元口を下にする
8.3.2　2．管柱と胴差しには短ざく金物が用いられる
8.3.3　3．せっこうボードの壁胴縁間隔は 303 mm 以下とする

参考文献
1) 独立行政法人住宅金融支援機構：【フラット 35】対応，木造住宅工事仕様書平成 27 年版，井上書院，2015．
2) 中川基治：基礎教材　建築施工，井上書院，2015．
3) 松本進，臼井博史：図説やさしい建築施工，学芸出版社，2014（イラスト：田中建史）．

8.4　補強コンクリートブロック造工事

　補強コンクリートブロック造工事は，JIS A 5406（建築用コンクリートブロック）に適合する建築用コンクリートブロックを鉄筋で補強しながらコンクリートまたはモルタルを充てんし，組積して耐力壁を構築する工事である．

8.4 補強コンクリートブロック造工事

8.4.1 材料

(1) コンクリートブロック

コンクリートブロックの代表的な形状を**図8−31**に示す。空洞ブロックは配筋されている部分には必ずモルタルまたはコンクリートを充てんすることを想定したものであり、型枠状ブロックは空洞部全てにコンクリートが充てんされる打込み型枠として機能をもつものである。ブロックの種類を**表8−13**に示す。

(2) 粗骨材

充てん用コンクリートの粗骨材の最大寸法は、鉄筋を挿入する空洞部最小径の1/5以下、かつ、砂利は20mm以下、砕石の場合は15mm以下とする。

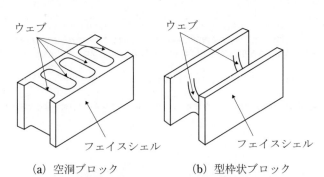

図8−31 ブロックの断面形状

8.4.2 鉄筋の組立て

縦筋は、溶接による場合を除いて継手を設けず、基礎からが梁に達する1本ものとし、上下端は基礎やがりょうに定着する。隅角部・T形取合い部の横筋は、縦筋を拘束するように外側を回し、定着長さを確保する。窓・出入口などの壁端部の横筋は、端部のフックを縦筋にかぎ掛けして結束線で緊結する。**図8−32・33**に取合い部の配筋方法の例を示す。

図8−34に示すように、壁鉄筋のかぶり厚さの最小値は、20mmとする。ただし、フェイスシェルはかぶり厚さに含まない。また、壁鉄筋の重ね継手長さは45dとし、定着長さは40dとする。

8章　その他の工事

表 8 - 13　ブロックの種類および記号 [1]

断面形状による区分	外部形状による区分	寸法精度による区分（記号）	圧縮強さによる区分の記号	透水性による区分（記号）	化粧[7]の有無による区分
空洞ブロック[2]	基本形ブロック，異形ブロック[4]	標準精度ブロック，高精度ブロック（E）	08[5] 12[5]	普通ブロック	あり，なし
			16[5] 20 25[6] 30[6]	普通ブロック，防水性ブロック（W）	
型枠状ブロック[3]			20 25 30 35 40		

注）(2) フェイスシェルとウェブとで構成され，空洞部に充てん（塡）材を部分充てんして使用するタイプ
　　(3) フェイスシェルとウェブとで構成され，縦横の 2 方向に連続した充てん材が充てんできる全充てんタイプ
　　(4) 異形ブロックとは，隅用，半切，横筋用などの用途によって外部形状の異なるブロックの総称をいい，基本形ブロックに組み合わせて使用できるもの
　　(5) 圧縮強さによる区分の記号は，08 を A，12 を B，16 を C としてもよい
　　(6) 特注品
　　(7) 化粧とは，着色，塗装，研磨，切削，洗い出し，たたき，スプリット，スランプ，リブ付きなど，意匠上有効な仕上げを施すもの

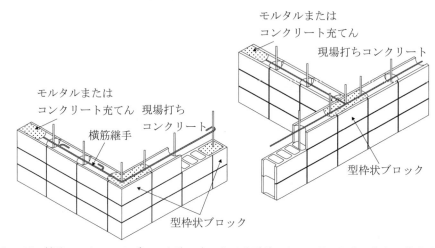

図 8 - 32　補強コンクリートブロック造工事における壁体の L 形・T 形取合い部と配筋方法の例

8.4 補強コンクリートブロック造工事

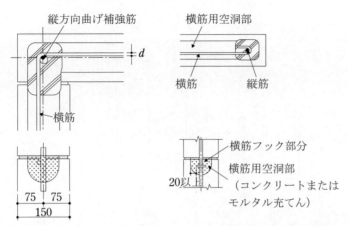

図8-33 補強コンクリートブロック造工事におけるL形取合い部・端部の配筋方法の詳細[2]

図8-34 かぶり厚さ[3]

8.4.3 縦やり方

ブロックが所定の位置に正しく組積できるように，縦やり方を基準とし，これに水糸を張り，この水糸を基準にして隅角部から順次中央部に向かって水平に積む（図8-35）。縦やり方は独立させ、足場等に緊結してはならない。

8.4.4 ブロック積み

1日の積み高さは1.6m以下とし，上下のフェイスシェル厚さに差のあるブロックは，フェイスシェル厚さの大きい方を上にして積む。

8章　その他の工事

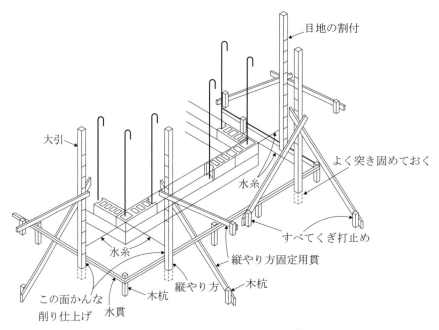

図8-35　縦やり方の建方の例[2]

8.4.5　ブロック壁体空洞部へのコンクリートまたはモルタルの充てん

ブロック縦目地の空洞部は，図8-36に示すように，鉄筋の有無にかかわらずモルタルまたはコンクリートを充てんするが，ブロックの組積2〜3段ごとに行う。モルタルまたはコンクリートと接するブロックの面は，ドライアウトを防ぐため，水湿しを行う。

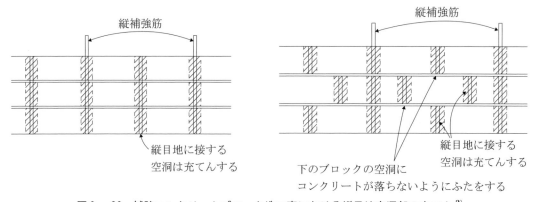

図8-36　補強コンクリートブロック造工事における縦目地空洞部の充てん[2]

8.4 補強コンクリートブロック造工事

横目地空洞部へのモルタルまたはコンクリートの充てんは，ブロックの上端と同一面以上の高さとなるようにする。また，縦目地空洞部へのモルタルまたはコンクリートの打込み高さは，図8－37に示すように，ブロックの上端から5cm程度下げる。

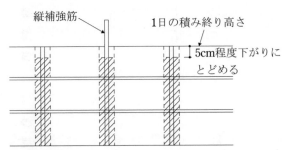

図8－37　縦目地空洞部の充てんコンクリートまたは充てんモルタルの打継ぎ[2]

8.4.6　電気配管

ブロックの空洞部に電気配管を行う場合は，ブロック空洞部を利用し，横筋等の配筋のかぶり厚さに支障がないように空洞部の片側に寄せて配管し，管の出口にモルタルまたはコンクリートを充てんし固定する。上下水道・ガス管は，配管のメンテナンス時に壁を傷つけることになるため，ブロック壁内に埋め込んではならない。

引用・参考文献
1) JIS A 5406-2005
2) 日本建築学会，建築工事標準仕様書・同解説　JASS 7　メーソンリー工事，2009.
3) 国土交通省官庁営繕部監修，建築工事監理指針，(上巻) 平成28年版
4) 国土交通省官庁営繕部監修，建築工事監理指針，(上巻) 平成21年版

8.5　建具・ガラス工事

8.5.1　建具工事

(1) 建具の種類

建具には木製建具，アルミニウム製建具（アルミサッシ），鋼製建具，鋼製軽量建具，ステンレス製建具および，樹脂製建具（樹脂サッシ）などの種類がある。さらに，木製建具には，図8－38に

8章　その他の工事

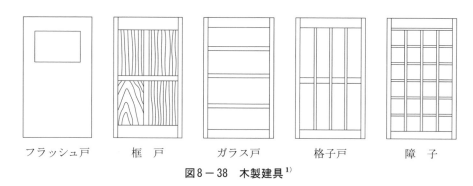

図8－38　木製建具[1]

図8－39　アルミニウム製，樹脂製建具開閉形式

示すように，表面に化粧合板等を張って平らに仕上げた戸を有するフラッシュ戸，かまち（框）・桟・組子の間にガラス戸をはめ込んだガラス戸，縦横格子状に組んだ組子で構成された格子戸，障子およびふすまなどがある。また，アルミニウム製建具や樹脂製建具には図8－39の開閉形式がある。

(2) 建具の保管方法

3.9.2でも示しているが木製フラッシュ戸は反りが生じないように平置きで保管する。ガラス戸・障子・格子戸・障子・ふすまは狂いが生じないように立てかけて保管する（縦置き）。また，アルミサッシ，樹脂サッシは窓に直射日光が当たるのを避け，床や地面に直接置かず，枕木の上にのせ，立てかけて保管する（縦置き）。

(3) 建具工事における留意事項

(a) 木製建具

木製建具の木材には芯去り材を使用し，使用する木材の含水率は，天然乾燥で18％以下，人工乾燥の場合では15％以下とする。また，フラッシュ戸では内部の空気の熱膨張による表面板の反りを防ぐため，上下かまちおよび横骨に空気孔を設ける必要がある。

(b) アルミニウム製建具

アルミニウムは鋼材などの異種の金属と接触すると電食で，また，モルタル・コンクリートのアル

8.5 建具・ガラス工事

カリに接触すると化学反応で腐食するため，鋼材，モルタル，コンクリートに接する部分には，絶縁処理（アクリル，ウレタン樹脂系塗料による塗膜処理）を行う。また，アルミサッシ枠廻りのシーリング処理は鉄骨造の場合では，バックアップ材，ボンドブレーカーを使用した2面接着とし，挙動の少ない鉄筋コンクリート造のサッシ廻りでは，バックアップ材，ボンドブレーカーを省略して3面接着とする（図8－13～15参照）。また，鉄筋コンクリート造におけるアルミサッシ周囲の充てん用モルタルは容積比でセメント1：砂3とし，雨掛り部分に使用するものは防水剤入りとする。なお，モルタルの充てん方法は縦枠ではモルタルとろ流し，上下枠ではモルタル詰めとする。一方，アルミサッシを木製枠へ取り付ける場合のねじはステンレス製とする。

(c) 樹脂製建具

樹脂サッシは熱伝導率が金属の1/1,400と極めて小さく，断熱性に優れ省エネルギー効果と健康の観点から近年急速に普及が進んでおり，全住宅用サッシの1割強を占める。樹脂サッシは外壁面に設置する一般的な外窓用サッシと，金属製サッシの内側額縁に設置するインナー（内窓用）サッシの2種類がありインナーサッシは主に改修用に用いられ断熱と遮音，防音効果がある。また，外部壁面がアルミ，室内面が樹脂で構成されるアルミ・樹脂複合サッシも樹脂製建具に分類され，アルミ・複合サッシを含めると樹脂製サッシは全住宅用サッシの半分を占めている。

樹脂は，アルミニウムと違い，鋼材，モルタル，コンクリートと接触しても腐食しないが，熱に弱いため，溶接時の焼けや過度の溶接により溶けてしまうため慎重に養生を行う必要がある。

樹脂サッシ枠廻りのシーリング処理は鉄骨，木造ともバックアップ材，ボンドブレーカーを使用した2面接着とする。また，コンクリートにおいてもサッシ自体の挙動が大きいため2面接着とする。また，樹脂サッシ廻りの充てんはアルミニウム製建具と同様である。一方，木製下地や額縁へ取り付ける場合も，アルミサッシ同様ステンレス製ビスにて施工する。

(d) 建具金物

建具金物は丁番，ドアノブなどのように建具の戸，枠に付属し，戸の動作円滑，動作制御，位置制御等の役割を担う。建物金具には鋼，ステンレス，黄銅，アルミニウム合金など様々な材質のものがある。以下に建具金物を取り付ける際の主な留意事項を示す。

・アルミニウム製建具や樹脂製建具の金物で亜鉛合金および黄銅製のものは，クロムめっきまたは塗装仕上げを行う
・便所，洗面所，浴室，厨房等に用いる金物はステンレス，アルミニウム合金，亜鉛合金または黄銅製とし，ステンレス以外のものはクロムメッキを行う
・建具用丁番の使用枚数は，建具の高さが2m未満のものは2枚，2m以上，2.4m以下のものは3枚とする
・樹脂製建具用金物は，建具の高さが1400mm未満の時は2枚以上，1400mm以上の時は3枚以上とする
・重量ドアなどに使用されるピボットヒンジ（pivot hinge，輪吊り丁番）は建具の高さが2m未満で上下2個，2m以上の場合は中間吊り金具付とする

8.5.2 ガラス工事

ガラス工事では，各種ガラスの材質や特性を理解したうえで，施工する必要がある。

(1) ガラス工事の用語

ガラス工事では，クリアランス，かかり（掛り）代など独特の用語が用いられている。これらの用語の部位と意味を**図8－40**および**表8－14**に示す。

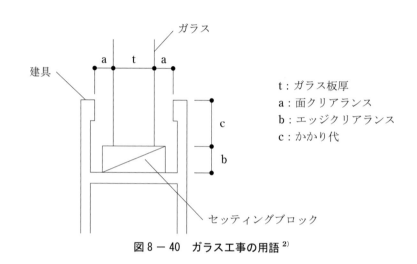

図8－40 ガラス工事の用語[2]

表8－14 ガラス工事の用語

用語	意味
面クリアランス	窓枠の接触による割れの防止，水密性の向上のためにシーリング材を充てんするために設けるスペース
エッジクリアランス	地震時に窓枠が変形したとき，ガラスと窓枠の接触を防ぐために設けるスペース
かかり（掛り）代	ガラスの窓枠からの外れ防止，ガラス切断面の反射を見えなくするために設けるもの（寸法：10mm以上，板厚の1.2倍以上）
バックアップ材	クリアランス部でガラスを固定するとともに，シーリング打設時にシール受けの役割をするもの
セッティングブロック	サッシ下辺のガラスはめ込み構内に置き，ガラス自重を支持するもの

(2) ガラスの取付け

ガラスの取付工法としては，はめ込み構法，DPG構法，MPG構法およびSSG構法などがある。

(a) はめ込み構法

はめ込み構法とは，サッシなど支持枠に所定のクリアランスとかかり代を確保し，板ガラスを不定形シーリング材，定形ガスケットなどのガラス留め材を用いて取り付ける構法である。はめ込み構法

8.5 建具・ガラス工事

には，グレージングガスケット構法，構造ガスケット構法および不定形シーリング構法がある。以下に，各はめ込み構法の特徴を示す。

1) グレージングガスケット構法

グレージングガスケットとは，サッシにガラスを取り付けるための合成ゴムの製品のことで，水密性，気密性を確保する目的で用いられる。グレージングガスケット構法には図8－41に示すように，グレージングチャンネル構法とグレージングビート構法がある。なお，グレージングガスケット構法は，一般に水密性や固定力が低いことから戸建住宅に用いられ，複層ガラスおよび厚さ8mm以上の単板ガラスには採用できない。

①グレージングチャンネル構法

屋内側と屋外側が一体化したガスケットで，浸水した水が滞留しても性能上問題ない場合に採用し，引戸や引違い戸のような動きの大きい建具に使用する。

②グレージングビート構法

屋内側と屋外側が別になったガスケットで，侵入した水や結露水が速やかに排出される構造となっており，FIX（固定）窓のように動きの小さい建具に使用する。

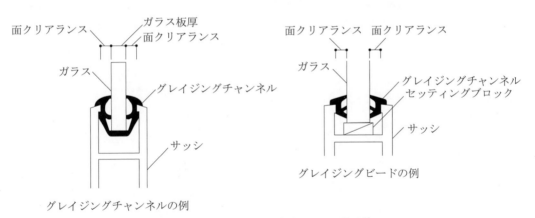

図8－41　グレージングガスケット構法[2)]

2) 構造ガスケット構法

構造ガスケット構法は金属フレームやコンクリート躯体にガラスをはめ込むときに採用する工法である。構造ガスケットはクロロプレンゴムなどの押し出し成形品でつくられており，ガラスの保持力と水密・気密性機能を併せ持っている。構造ガスケットには，図8－42に示すように，金属フレーム取付用のH形ジッパーガスケットとコンクリート取付用のY形ジッパーガスケットの2種類があり，ジッパーガスケットの取付けは原則として，ジッパー側も屋内とする。

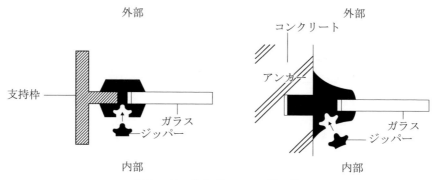

図8-42　構造ガスケット構法[3]

3）不定形シーリング材構法

不定形シーリング材構法とは，金属・プラスチック・木などのU字形溝または押縁留め溝に弾性シーリング材を用いてガラスをはめ込む構法である。

(b) DPG構法 (Dot Pointed Glazing System)

DPG構法の構成図を図8-43に示す。DPG構法とは，ガラスの隅にあけた孔を金物で支持して構造体に留める構法である。サッシ枠なしで大きなガラス面を構成することができるので，アトリウムの外壁やトップライトに使用される。

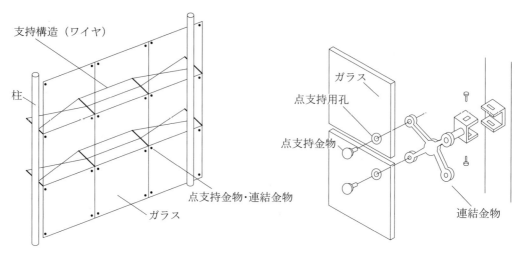

　　DPG構法の全体構成　　　　　　　　　　DPG構法を構成する材料

図8-43　DPG構法[4]

(c) MPG構法 (Metal Point Glazing)

MPG構法とは，DPG構法とは異なり，ガラスに孔をあけることなく，ガラス四隅または辺を円盤

状などの金物ではさみ込むことにより，ガラスを支持する構法である．

(d) SSG 構法 (Structural Sealant Glazing System)

SSG 構法は，図 8 − 44 に示すように，ガラスを構造シーラントと呼ばれる接着剤により支持部材に直接接着固定する構法で，ガラス表面の目地だけで大きなガラス面を構成できる特徴を有している．SSG 構法には構造シーラントの劣化を抑えるために，紫外線透過率が低い熱線反射ガラスや高性能熱線反射ガラスが適している．

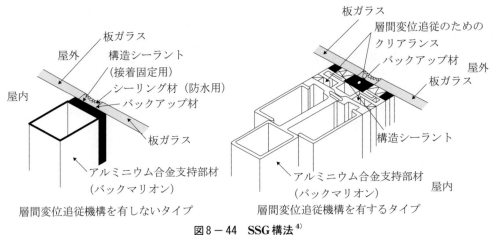

図 8 − 44　SSG 構法[4]

(3) ガラス工事における留意点

種々のガラス工事における主な留意点は以下の通りである．

・防煙垂れ壁には線入り板ガラスまたは網入り板ガラスを使用する
・ガラスの切断に際しては全断面を同時に切断し，その破断面に傷がないクリアカットとする
・外部に面する複層ガラス，合わせガラス，網入り板ガラスおよび線入り板ガラスを用いる下端ガラス溝には径 6 mm 以上の水抜き穴を 2 カ所以上設ける．セッティングブロックによるせき止めがある場合は，セッティングブロックの中間に，水抜き穴をさらに 1 ヵ所追加する
・外部に面する網入り板ガラス等の下辺小口および縦小口下端より 1/4 の高さには，ガラス用防錆塗料または防錆テープを用いて防錆処置を行う
・ガラスブロック工事では，目地寸法は 8 mm 以上，15 mm 以下とし，10 mm を標準とする．また，開口部の幅が 6m を超える場合，6m 以内ごとの間隔に 10 〜 20 mm の伸縮目地を設ける

(4) ガラスの養生・清掃

ガラス工事終了後は，竣工までガラスの破損，汚れ防止のため，張り紙による注意書きとともに塩化ビニル・ポリエチレンフイルムを張り，養生する．ガラスの汚れは水洗いとし，油分などの付着は磨き粉の上澄み液や中性洗剤で清掃する．熱線反射ガラスは柔らかいスポンジなど用いて水洗いする．

8章　その他の工事

演習問題

8.5.1　建具・ガラス工事に関する次の記述のうち，もっとも不適当なものはどれか。
 1. 木製フラッシュ戸，アルミサッシ，樹脂製サッシは立てかけて保管する
 2. 木製建具の木材には心去り材を使用する
 3. アルミサッシ枠，樹脂サッシ枠の周りのシーリング処理は鉄骨造の場合では，バックアップ材，ボンドブレーカーを使用した2面接着とする
 4. 鉄筋コンクリート造でアルミサッシ，樹脂製サッシ周囲の充てんモルタルは容積比でセメント1：砂3とする
 5. 防煙垂れ壁には線入り板ガラスを使用した

8.5.2　建具・ガラス工事に関する次の記述のうち，もっとも不適当なものはどれか。
 1. ガラスのかかり代は，10mm以上とし，かつ，板厚の1.2倍とした
 2. 板ガラスをアルミサッシに取り付けるためにガスケットを用いた
 3. アルミサッシとコンクリートが接する部分に塗膜処理を行った
 4. 障子，ふすまを平置き保管した
 5. グレージングビート構法は，複層ガラスおよび8mm以上の単板ガラスには使用できない

8.5.3　建具・ガラス工事に関する次の記述のうち，もっとも不適当なものはどれか。
 1. H形ジッパーガスケットをコンクリートに取り付けた
 2. MPG構法とは，ガラスに孔をあけることなく，ガラス四隅または辺を円盤状の金物などではさみ込むことにより，ガラスを支持する構法である
 3. 建具の高さが2m以上，2.4m以下のものは，建具丁番を3枚使用する
 4. 外部に面する複層ガラス，合わせガラス，網入り板ガラスおよび線入り板ガラスを用いる下端ガラス溝には径6mm以上の水抜き穴を2カ所以上設ける
 5. ガラスブロック工事では，目地寸法は8mm以上，15mm以下とする。

解答
8.5.1　1. 木製フラッシュ戸は反りが生じないように平置き保管とする
8.5.2　4. 障子，ふすまは狂いが生じないように縦置き保管する
8.5.3　1. コンクリートにはY形ジッパーガスケットを使用する

8.5 建具・ガラス工事

参考文献
1) 鯉田和夫：最新建築施工, 株式会社技法堂, 2008.
2) 国土交通省官庁営繕部監修：建築工事監理指針, 平成19年版
3) 雨宮幸蔵, 他4名：誰でもわかる建築施工, 株式会社彰国社, 2013.
4) 日本建築学会：建築工事標準仕様書・同解説　JASS17　ガラス工事, 2003.

> **コラム　樹脂製建具**

　樹脂製建具（以下樹脂サッシという）は1955年にドイツではじめて開発され，塩化ビニル（以下塩ビという）が持つ加工時の寸法精度，難燃性と剛性の高さにより，それに使われる素材は全てが塩ビ製である。欧米では断熱基準は厳しく，アルミ製建具（以下アルミサッシという）ではその基準をクリアすることが出来ず，樹脂サッシが採用されている。欧米での樹脂サッシの割合は60%前後と非常に高い。

　日本での樹脂サッシは北海道，東北地区などの寒冷地で普及が進んでいるが，全国的にはアルミと塩ビ樹脂を組み合わせた日本独自のアルミ・樹脂複合サッシ（以下複合サッシという）の普及が進んでいる。（一社）日本サッシ協会のまとめによると，2015年度の戸建住宅の樹脂サッシの割合は，複合サッシと併せるとはじめてアルミサッシを上回った。

　日本では地球温暖化対策において，CO_2排出が増え続けている家庭部門での対策が大きな課題となっている。CO_2の排出削減を推進するうえで必須の要件は建物の断熱性能を高めることであり，開口部（窓）は屋内外の熱の出入りがもっとも大きな部位で，戸建てだと一年を通じて5割の熱エネルギーが窓を通じて失われていると言われている。窓に高い断熱性能と気密性を与える上で，樹脂サッシは大きく貢献している。家庭部門のエネルギー使用量を減らすため，日本政府は2020年を目標に大手ハウスメーカー，工務店が建築する50%の住宅をZEH化（ネット・ゼロエネルギー・ハウス，住宅から出るエネルギーを100%以上住宅の中でまかなう考え方）することを目指している。熱の流入が大きい開口部の断熱性能向上は必修の課題で，それを実現するため，更に健康面でも樹脂サッシは欠かせない製品となっている。

樹脂2アクション窓　写真提供 YKKAP

樹脂内窓　写真提供 YKKAP

8.6 設備工事

設備工事には電気設備工事，機械設備工事，防災設備工事および昇降設備工事などが含まれる。

8.6.1 電気設備工事

電気設備には強電設備と弱電設備がある。強電設備には，感電事故の危険性がある受変電設備，電灯コンセント，動力設備など48V以上の電気機器・設備が該当する。一方，弱電設備には放送設備，インターンホン設備，テレビ設備などの48V未満の電気機器，設備が該当する。本項では，強電設備工事における留意事項について述べる。

(1) 電灯・コンセント設備

 (a) スイッチ

スイッチは屋内では屋内側，便所・浴室・倉庫は屋外側に取り付け，取付高さは床上120〜130cm程度とする。また，メタルラス張り等に接するスイッチボックス等は，木板，合成樹脂等で絶縁するか，スイッチボックス周辺のメタルラスを切り取る必要がある。

 (b) コンセント

コンセントは洗面・浴室などの水回りに設置するものはアース付きとし，取付高さは住宅の場合，床上15cm，事務所では床上30cm程度とする。また，換気扇・空調機用のコンセントは設置場所に近いところとする。

(2) 電気配線

電灯・コンセント設備用の電気配線においてコンジットチューブ（conduit tube）をコンクリート中に埋設する場合は鉄筋工事の配筋作業と並行して行わなければならない。また，湿気のある場所に施設するケーブル相互の接続箇所には黒色粘着性ポリエチレン絶縁テープを使用する。

8.6.2 機械設備工事

機械設備工事には給水・給湯設備工事，排水・通気設備工事および空気調和設備工事などが含まれる。

(1) 給水・給湯設備

給水設備が対象とする水には飲料水と雑用水がある。図8−45に示すように給水方式には水道直結増圧方式と受水槽方式がある。さらに，受水槽方式は高置水槽方式，ポンプ直送方式および圧力水槽方式に分かれる。なお，受水槽（飲料水タンク）の保守点検は6面点検できるようにし，図8−46に示すように建築物の部分からタンク天井までは1m以上，点検用マンホールは直径60cm以上必

要なため，底または周壁までは60cm以上離さなければならない。

一方，給湯設備は加熱した水を供給する設備であり，電気，ガス，重油などを熱源とするが，近年は省エネルギーの観点から，ヒートポンプを利用したものが注目されている。

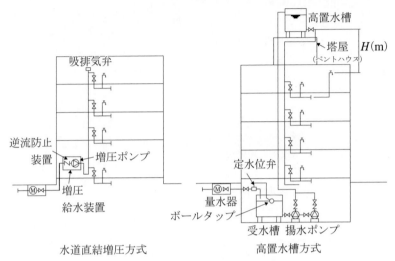

図8－45　給水方式給水方式[1]

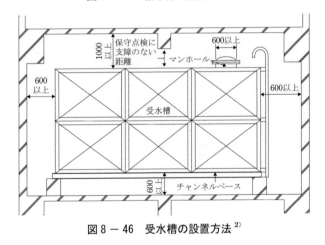

図8－46　受水槽の設置方法[2]

配管材料を表8－15に示す。配管材料は，耐食性，強度，耐久性を考慮して給水・給湯用それぞれ用途に応じた配管材料を選択する必要がある。また，配管工事では給水，給湯横管の配管勾配の違いにより，先上り配管と先下り配管がある。配管勾配は，給水・給湯配管内の空気抜きのために設けるものであり，水道直結増圧方式のように上向き給水方式の場合は，管内空気を蛇口など各器具から逃すように先上り配管とし，高架水槽方式のような下向き給水方式の場合は，管内空気を高架水槽から逃すように先下がり配管とする。なお，給水・給湯配管工事におけるその他の留意事項としては以下のことが挙げられる。

8章　その他の工事

表8－15　配管材料

規格	給水	給湯
水道用硬質塩化ビニルライニング鋼管	○	
水道用耐熱性硬質塩化ビニルライニング鋼管		○
水道用ポリエチレン粉体ライニング鋼管	○	
一般配管用ステンレス鋼管	○	○
水道用硬質塩化ビニル管	○	
耐熱性硬質塩化ビニル管	○	○
水道用ポリエチレン二層管	○	
水道用銅管	○	
銅及び銅合金継目無管		○
水道用被覆銅管		○
ポリブデン管	○	○
水道用ポリブデン管	○	○
架橋ポリエチレン管	○	○
水道用架橋ポリエチレン管	○	○

・給水配管の土かぶりは，一般敷地内 30 cm以上，車両道路 75 cm以上とし，重量車両通路では 120 cm以上とする
・寒冷地での給水配管の土かぶりは凍結深度以上とする
・給水管と排水管を平行にして埋設する場合は，両配管の水平間隔を 500 mm以上とし，かつ，給水管は排水管の上方に埋設する
・洗浄弁型の大便器の給水管径は 25 mm以上とする
・屋内給水管の防露・保温材は特記のない限り，厚さ 20 mmの保温筒とする
・管の取付は，伸縮を妨げないような配置を講じ，適切な箇所で支持し，長い給湯用配管は管の伸縮を妨げないように伸縮継手を設ける
・管の切断は，管径を縮めることのないようにし，管軸に対して直角に切断する
・ウォーターハンマー（水撃作用）を防止するための計画的配慮が困難な場合はエアチャンバーなどのウォーターハンマー防止装置を設ける
・配管が防火区画を貫通する場合は，すき間をモルタル等の不燃材料で埋める

(2) 排水・通気設備
(a) 排水設備

　排水設備が処理する水には，水洗便所から出る汚水，洗面所・浴室・台所から出る雑排水および雨水などがある。配管材料には，亜鉛メッキ鋼管，排水用鋳鉄管および硬質塩化ビニル管等がある。そのなかでも硬質塩化ビニル管や鋳鉄管はもっともよく使用され，屋外埋設用としても使用される。

8.6　設備工事

なお，屋外埋設用としてはコンクリート管（ヒューム管）も使用される。排水管の管径と屋内の排水横管の勾配の関係を**表8－16**に示す。屋内での排水横管の管径が細いほど管の中で汚物が詰まりやすくなるため，勾配を急にする必要がある。一方，屋外排水管の主管の管径は75 mm以上とし，勾配は1/100以上とする。

表8－16　管径と勾配の関係

管径（mm）	勾配
65以上	1/50以上
75，100	1/100以上
125	1/150以上
150以上	1/200以上

また，洗面器・便器等の排水管に接続する器具には，排水管内の臭気・有機ガスの逆流，ハエ，ネズミ等が室内に入ってくるのを防ぐためにトラップを設置する。主なトラップの種類を**図8－47**に示す。トラップには，管トラップ（Sトラップ，Pトラップ（手洗器，洗面器），Uトラップ（横走管の途中）），ドラムトラップ（調髪，美容業の排水），わんトラップ（床排水，浴室の洗い場等），ボトルトラップなどがある。トラップ内には水を溜めておき，水を溜めた部分を封水部，溜めた水を封水という。排水トラップの深さ（封水深さ）は50～100 mmとする。これは，50 mm以下だと管内の気圧変動により封水が破られやすく，100 mm以上だと流れを阻害し，自浄力を弱らせてトラップ底部に油脂が付着しやすくなるためである。さらに，二重トラップ（同一の排水系統で2個のトラップを直列に設けること）とならないように注意する。二重トラップは排水の流れを悪くするとともに，封水が蒸発したり，排水管内の気圧変化，はね出し，吸出し，または自己サイホン作用を起こしたりして封水の効果を消失する破封の原因にもなる。

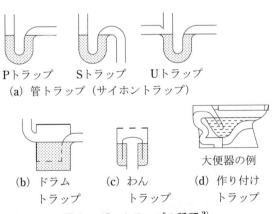

図8－47　トラップの種類[3]

(b) 通気設備

ポンプなどを使用せず，排水管を先下り勾配にして水の流れるままに排水する重力式排水設備では，排水管内の空気を流通させるために通気管を必要とする。通気管は，**図 8 − 48** に示すように，排水立て管の途中に連結させ，排水トラップの封水がなくなるのを防ぎ，悪臭を外部に放出する役目を担う。なお，通気管は雨水配管など他の配管と兼用してはならない。また，通気管頂部は外気に開放する必要があるが，通気管の悪臭が開口部から屋内に侵入しないように，窓から水平距離で 3m 以上離し，窓の上からは 60 cm 以上上げておく必要がある。

(c) 排水桝

排水桝には，雨水桝と汚水・雑排水桝がある。排水桝は排水管内の水あか，泥などが詰まるのを防止し，水がスムーズに流れるようにするために設ける。さらに，排水桝は排水管の掃除口としても利用される。排水桝は配管が 45 度以上の角度で方向を変える箇所，配管の勾配が著しく変化する箇所に設けられる。また，排水管途中の管径 120 倍以内の箇所にも設置する必要がある。雨水管途中に設ける雨水桝は「ため桝」とし，底部には，深さ 15 cm 以上の泥だめを設ける。また，雨水桝の蓋はマンホール蓋，または格子蓋とする。一方，汚水・雑排水桝には，汚物や固形物が引っかからないよう接続する排水管の内径に相応する溝を設けた「インバート桝」を設ける。

(3) 空気調和設備工事（空調設備）

空気調和設備とは，建物内空気の温度，湿度，気流，清浄度を室内用途に適した状態に調和させる

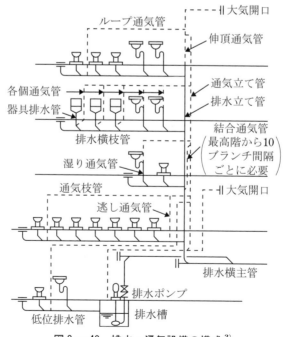

図 8 − 48　排水・通気設備の構成 [3]

8.6 設備工事

ための設備である。空気調和設備は，冷温熱源設備，空気調和機設備，室内端末設備とそれらを繋ぐ配管設備，ダクト設備（熱搬送系設備），換気設備，制御設備などから成り立っている。

(a) 冷温熱源設備

冷温熱源設備には，都市ガスや灯油などを燃料として，温水や蒸気などの温熱を供給するボイラー，冷熱を供給する吸収冷凍機（吸収冷温水機）あるいは電気をエネルギー源として冷熱を供給する冷凍機，冷温熱を供給するヒートポンプや冷却塔などが含まれる。

(b) 空気調和機設備

空気調和機設備には，室内から戻った還気と外気から取り入れた新鮮空気を浄化する空気ろ過機，加湿器，空気を加熱，冷却，除湿する加熱コイルおよび冷却コイル，冷風，温風を送り出す送風機などが含まれる。

(c) 室内端末設備

室内端末設備には，空気吹き出し口，吸込み口，ファンコイルユニットおよび加熱器などが含まれる。

(d) 換気設備

換気方法は，自然換気と機械換気に大別される。自然換気は，風力，浮力などの自然力を利用して行う換気法で機械換気は送風機などの機械力を用いて換気を図る手法である。給気と排気を自然換気および機械換気のいずれ組合せにより行うかによって以下の3種類の換気方式に分けられる。

第1種換気：給気，排気とも機械で行う。無窓居室，実験室，厨房などで用いられる

第2種換気：給気は機械，排気は自然排気で行う。屋内は正圧となり，汚染の侵入を嫌う部屋に用いられる

第3種換気：給気は自然給気，排気は機械で行う。屋内は負圧となり，便所，浴室，台所などで用いられる

換気設備工事における留意事項は以下の通りである。

- 台所のレンジ用フードファンは，グリースフィルター付きとする
- 局所換気設備の給気用ダクトにはグラスウール保温材（厚20 mm程度）の断熱被覆をダクト全長にわたって行う
- 局所換気設備等の換気用の硬質塩化ビニル製ダクトは，外壁より1m以内にある部分ではグラスウール保温材（厚20 mm程度）で断熱被覆を行う
- 換気用ダクトは，住戸内から住戸外に向かって先下がり勾配となるように施工する
- 排気セントラル換気方式の居室の自然換気口は，床上1.6m以上の位置に設け，換気経路上にある住宅内部にあるドアにはアンダーカットその他の通気経路を設ける

8.6.3 ガス設備

ガスには都市ガスと液化石油ガス（プロパン）がある。敷地配管の埋設深さは，一般で300 mm，車

両通行部で600mm以上とする。また，ガス配管と電線管が隣接する場合は15cm以上離して設置する必要があり，ガス配管の支持固定は，地震，管の自重および熱伸縮の影響を考慮して行わなければならない。

(1) 都市ガス設備

都市ガスには天然ガス系，石油ガス系，石炭ガス系がある。都市ガスはこれらのガスを混合したもので，供給圧力により，高圧・中圧・低圧に分類され，発熱量・比重がそれぞれ異なる。都市ガス用のガス漏れ検知器は，都市ガスが空気より軽いため，燃焼器具およびガス栓から水平8m以内，天井面から30cm以内に設置する。

(2) 液化石油ガス設備（プロパン）

都市ガスの供給がない地域で設けられるガス設備で，LPGまたはLPガスと呼ばれる。安全を重視して，一般的には低圧で供給されるが，大量に使用する地域熱供給のボイラーには，中圧で供給される。液化石油ガス用のガス漏れ検知器は液化石油ガスが空気より重いため，水平4m以内，床面から30cm以内に設置する。

8.6.4 昇降設備

昇降設備にはエレベータおよびエスカレータがある。各昇降設備工事における留意事項は以下の通りである。

- エレベータ出入口の床先とカゴの床先との水平距離は4cm以下とする
- エスカレータの踏段の幅は1.1m以下とし，勾配は30度以下を原則とする
- エスカレータの踏段の端から手すりの上端の中心までの水平距離は，図8-49に示すように25cm以下とする
- エスカレータの勾配8度以下のものの速度は50m/分，勾配が8度を超え30度以下のものの速度は45m/分とする

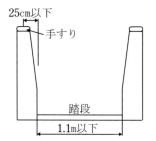

図8-49 エスカレータの手すり位置 [1]

8.6 設備工事

8.6.5 その他

(1) 屋内消火栓

防火対象物の階ごとに設置するものとし，ホースの接続口までの水平距離は1号消火栓で25m以下となるようにする。

(2) 非常用照明

火災時の避難を助けるために居室，廊下，階段などに設置する照明で，誘導灯は専用回線で緑色の灯火としなければならない。

(3) 避雷設備

建築物および工作物の高さ20mを超える部分には設置する。

(4) 漏電火災警報設備

$50m^2$以上，50A以上の施設には設置しなければならない。

(5) 浄化槽

浄化槽の検査は満水して24時間以上漏水しないことを確認する。

演習問題

8.6.1 木造住宅における設備工事に関する次の記述のうち，もっとも不適当なものはどれか。

1. メタルラス張りの壁にスイッチボックスを設置するにあたり，スイッチボックス周辺のメタルラスを切り取った
2. 湿気のある場所に施設するケーブル相互の接続箇所には，黒色粘着性ポリエチレン絶縁テープを使用した
3. 一般敷地内での給水配管の土かぶりを30cm以上とした
4. 洗浄弁型の大便器の給水管の管径を25mm以上とした
5. 給湯管に硬質塩化ビニル管を使用した

8.6.2 木造住宅における設備工事に関する次の記述のうち，もっとも不適当なものはどれか。

1. 屋外排水管の主管の管径を75mm以上，勾配を1/200以上とした
2. 破封の原因となるので，二重トラップとならないように注意した
3. 排水トラップの深さを50〜100mmとした
4. 給水管と排水管を平行にして埋設する場合は，両配管の水平距離を500mm以上とし，給水管は排水管の上方に埋設する
5. 雨水管はため桝とし，底部には15cm以上の泥だめを設ける

8.6.3 設備工事に関する次の記述のうち,もっとも不適当なものはどれか。
1. 木造住宅における通気管頂部は窓より水平距離 3m 以上離し,窓上より 60 cm 以上高い位置になるようにする
2. 木造住宅におけるガス管の埋設深さは一般で 300 mm,車両通行部で 600 mm 以上とする
3. 木造住宅におけるガス管と電線管が隣接する場合は 15 cm 以上離して設置する
4. 木造住宅における都市ガス用のガス漏れ検知機は,燃焼器具およびガス栓から水平 8m 以内,床面から 30 cm 以内の高さに設置する
5. 局所換気設備の給気用ダクトには厚さ 20 mm 程度のグラスウール保温材による断熱被覆をダクト全長にわたって行う

解答
8.6.1　5.　硬質塩化ビニル管は給湯用には使用できない。ただし、耐熱性硬質塩化ビニル管は使用できる
8.6.2　1.　屋外排水管の勾配は 1/100 以上とする
8.6.3　3.　都市ガス用は天井面から 30 cm 以内の高さに設置する

参考文献
1) 中川基治:基礎教材建築施工,井上書院,2015.
2) 第五版建築施工教科書研究会編著:建築施工教科書,彰国社,2012.
3) 井上宇一監修:建築設備第三版,市ヶ谷出版社,2003.

9章

維持管理・補修

9.1 はじめに

9.1.1 維持管理の必要性

わが国では**図9－1**に示したように，高度成長期に建設されたストックが蓄積され，老朽化が進み，年々改修工事の比率が増加している。

地球環境問題，廃棄物問題，低成長時代などの観点から，古くなった建物は作り直すというフロー消費型の社会から，きちんと手入れして長く大切に使うというストック型社会への転換が急務とされている。

これから建築を学ぶ者にとって，「きちんと手入れする」，**維持管理・補修**に対する正しい知識を持つことが必要である。建設した建物が将来どのような姿になっていくのかが理解できれば，新築工事の設計や施工へ劣化軽減対策を反映することもできる。

維持管理の目的として下記の5項目があげられる。

①物理的機能を満足させて，長期の使用に耐えること
②生活様式や環境を快適な状態に保持する
③適切な点検によって補修・補強の時期を適切に設定し，不経済な支出を防ぐ
④災害による損傷・損害の発生を未然に防ぐ
⑤財産として充実させる

維持管理特有の用語を下記に示す。

点検：決まった手順により調べること（健康診断，車検），日常点検（管理者），定期点検（専門家）
調査：点検や事故等により，異常などが見られた場合に，原因を調べること
診断：調査結果に基づき，原因を特定すること
補修：劣化した部位・部材などの性能を，実用上支障のない範囲まで回復させること
補強：劣化した部位・部材等の性能を，もとの性能以上まで回復させること

この章では，基本的な維持管理・補修方法について概説する。

9章　維持管理・補修

9.1.2　建設投資

国土交通省の調査では，建設投資は1992年度の84兆円をピークに約半分程度までに減少したが，2022年度の建設投資は約67兆円と見込まれている（図9－1）。

この中で，建築投資全体に占める建築物リフォーム・リニューアル投資比率は，2001年度で20%であったものが2020年度では約30%と年々増加している（図9－2）。

このことから，良好な状態で建物を使用するうえで，正しい維持管理・補修の知識が重要となっている。

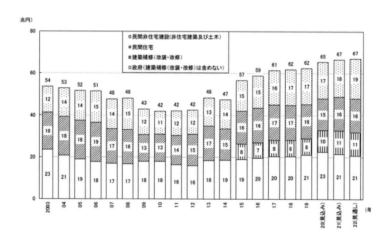

図9－1　建設投資額（名目値）の推移

図9－2　建築物リフォームリニューアル投資額の推移

9.2 保全の範囲と分類

保全は，維持保全と改良保全とに分けられる。維持保全とは，もとの性能や機能は変えずに維持していくことで，改良保全はもとの性能や機能をよりよくすることと考えてよい。日本建築学会「建築物の耐久計画の考え方」(1988) では保全の範囲と分類を**図9－3**に示したように，定義している．

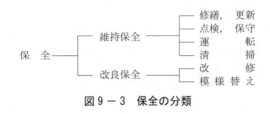

図9－3　保全の分類

図9－4に示すように建築物は建設後の経過年数とともに劣化作用などにより，初期性能が低下していく。建物としての様々な性能が実用上支障をきたすレベル以下になった場合は，補修や更新によって支障のないレベルまで回復させる必要がある。鉄筋コンクリート造建物の性能が低下する劣化因子として，汚れ，軽微なひび割れ・表面剥落が発生した場合は，劣化の進行を抑えるために塗装やひび割れ補修などの維持保全を行う。漏水や，中性化・凍害・有害なひび割れが発生した場合には，放っておくと鉄筋腐食，コンクリートの断面欠損，剥落事故などに繋がり，ひいては構造性能が大幅に低下するなどの重篤な状態になりかねないので，コストと手間をかけた大規模な補修や交換が必要となってくる。

ひび割れをはじめとする劣化症状は**表9－1**に示したように，劣化状態が軽微な時期に補修したほうがコスト的にも安くなるし，劣化の進行も抑えられる。

同じ劣化症状でも劣化原因が異なる場合があるので，的確な診断技術が要求される。

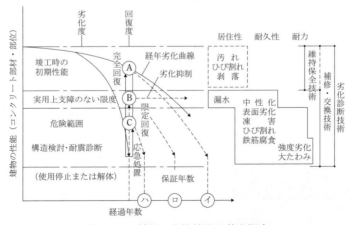

図9－4　補修・交換技術の基本概念

9.3 劣化症状・劣化現象

鉄筋コンクリート造の劣化現象は**図9－5**に示したように，大きく8つに分けられる。

建物の機能として不可欠な項目は，構造耐力の低下と漏水である。例えばコンクリートの中性化そのものはコンクリートの強度などに及ぼす影響はほとんどないが，中性化により鉄筋が腐食するのを抑制していたアルカリ性が失われ，腐食により鉄の体積が2から3倍に膨張し，膨張圧力でコンクリートにひび割れが入ったり，コンクリートが爆裂する。その結果ひび割れ部から漏水したり，構造耐力が低下する，といった連関がある。構造耐力低下や漏水に直接的に作用しない中性化という現象を抑制することは，鉄筋コンクリート造の性能低下を防ぐ意味でも重要な項目である。

表9－1 劣化症状の定義

劣化症状		定 義
ひび割れ	鉄筋に沿う	・面的にみて配筋の位置と思われる箇所に発生するひび割れ。一般に鉛直または水平の直線状のパターンを呈する。鉄筋は主筋のほか補助鉄筋も含む
	開口周辺の	・開口の隅角部から発生する斜めのひび割れ
	網目状の	・網目状（必ずしもきれいな矩形をしているとは限らない）のひび割れ，1m以内に近寄らないと判別できないような微細なものを除く
	その他の	・規則性，不規則性を問わず，上記以外のひび割れ
浮き		仕上材においては，躯体から剥離した状態。躯体コンクリートにおいては，鉄筋のかぶり等が浮いている状態。浮きが仕上材だけか，コンクリート躯体を伴っているかは，打診による識別が困難であるので，1次診断では区別しないで扱う
剥落	仕上材の	・仕上材料が剥がれ落ちた状態
	コンクリートの	・浮いていたコンクリートが，躯体から剥がれ落ちた状態。鉄筋の露出を伴うものと，伴わないものとがある
さび汚れ		腐食した鋼材のさびが流出して，仕上材またはコンクリートの表面に付着している状態
エフロレッセンス		硬化したコンクリートの表面に出た白色の物質。セメント中の石灰などが水に溶けて表面にしみ出し，空気中の炭酸ガスと化合してできたものが主成分
ポップアウト		コンクリート内部の部分的な膨張圧によって，コンクリート表面の小部分が円錐形のくぼみ状に破壊された状態
脆弱化した表面		凍害，すりへりなどにより脆弱化したコンクリートの表面。粉状化を含む
その他の汚れ		カビ，煤煙，コケ類などによる汚れ。エフロレッセンス，さび汚れを除く
漏水痕跡		過去に漏水現象が生じた形跡。エフロレッセンスを伴うことが多い（目視だけでは識別しにくいので問診により確認する）
異常体感		たわみ，傾きにより生ずる異常感。床の振動，建具の開閉感覚などがある（目視だけでは識別しにくいので問診により確認する）

9.4 建物調査・診断

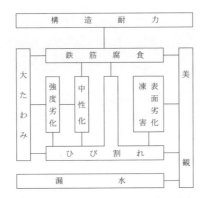

図9−5　鉄筋コンクリート造8大劣化現象の相互関係

9.4　建物調査・診断

　適切な維持管理を行うためには，適切な建物調査・劣化診断を行う必要がある。
　図9−6に建物調査・劣化診断・修繕の手順例を示した。
　建物点検の動機には，使用者などからの通報・クレーム，行政機関などの指導，あらかじめ定めた保全計画に基づく日常点検・定期点検や修繕周期ごとの点検場面がある。この点検動機は自動車の点検動機と共通点がある。
　点検の結果，劣化状態が確認されれば，剥落の危険性など人命などに危害を及ぼすかどうかを考慮し，応急処置の有無を判断する。その後，管理者レベルで修繕要否の判断をし，判断がつかない場合は二次劣化調査，三次劣化調査と高度な判断に進む。修繕が必要と判断された場合，修繕の目的・目標を設定し，改修設計・調査，修繕計画書の作成，改修工事と進めていくことになる。

9.5　鉄筋コンクリート造の劣化現象

　鉄筋コンクリート造の劣化現象で基本となるのが中性化の進行である。
　セメントが強アルカリ性であるため当然ながらコンクリートも強アルカリ性となっている。空気中の炭酸ガスと反応し表面から徐々にアルカリ性を失っていく現象が中性化である（**写真9−1**）。
　鉄の腐食は酸素と水が鉄表面に存在すると腐食が始まる。コンクリート中にも酸素と水が存在するが，鉄は表面が強アルカリ雰囲気である場合に2〜3nm（ナノメートル）の不導体被膜を形成する。不導体被膜が鉄の表面に形成されると腐食電流が流れにくくなり，鉄筋を腐食から防いでいる。
　中性化により鉄表面がアルカリ雰囲気でなくなると，不導体被膜が破壊され腐食環境になり，鉄筋周辺のコンクリートの含水率が3.5%を上回ると鉄筋腐食が始まる。
　コンクリートの中性化は**図9−8**左図および下式に示すように，材齢の1/2乗で進行する。

9章 維持管理・補修

$C_t = A\sqrt{t}$　　C_t：中性化深さ（mm），A：中性化速度係数，t：材齢（年）

中性化速度係数はコンクリートの水セメント比のみならず，コンクリート表面の緻密性，表面仕上げの透気性などで決まる。

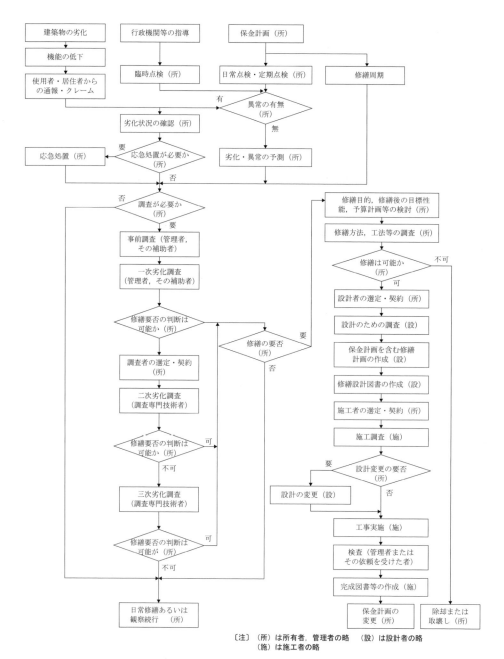

図9-6　建物調査・劣化診断・修繕の手順例

9.6 ひび割れの見分け方

　中性化深さのばらつき，鉄筋かぶり厚さのばらつきを考慮して中性化による鉄筋腐食の割合が決まる。図9－7右図に示すように，初期には中性化のばらつきがあっても鉄筋位置まで達していない箇所がない材齢（図中の「調査時点の中性化分布」）であれば，鉄筋腐食はなく，一定の材齢に達すると（図中の「将来の中性化分布」）かぶり厚さの分布と重なる個所が出現し，重なる割合が鉄筋腐食の可能性が高まったと判断している。重なった割合が20%を超えると構造耐力上問題となるレベルに達し，寿命と判断する。

写真9－1　中性化進行状況

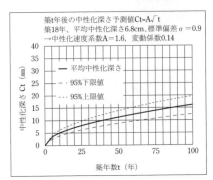
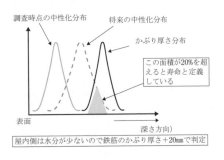

図9－7　中性化による鉄筋腐食面積・寿命の考え方（建築）

9.6　ひび割れの見分け方

　鉄筋コンクリート構造物に発生するひび割れには様々な原因がある。そのうちもっとも多い原因はコンクリートの乾燥収縮によるものである。ひび割れはコンクリートに生じる引張応力と直角方向に発生する。図9－8上図に示したように，柱・梁に囲われた厚さが薄い壁の場合，壁が乾燥しやすいため，柱・梁よりも先に大きく収縮する。この収縮を周囲の柱・梁が拘束することにより，壁に図で示すような方向の力が発生し，結果として図の右側のようなひび割れが発生する。中段の図は上部が直射日光などにより部材温度が上昇し伸びる方向の応力を下部の部材が拘束することによって生じる斜め方向の引張力を表したものである。上下部分で方向が異なる応力が生じている。この応力のままであれば，この建物は時計回りに回転することになるが，杭や自重などにより回転を抑える方向の内

部応力が発生し（図中の上下方向の矢印），その合力として斜め方向に応力が発生する。この斜め方向の応力により梁と壁部材に同時に，ひび割れが発生する温度ひび割れを表している。

下段の図は不同沈下によるもので，左側の部材が下方向に沈下するひずみを中央部分が上向きに支えている。この応力のままであれば反時計回りに回転してしまうが，実際には，回転を抑える方向の内部応力（この図では水平方向）が発生するため，合力の結果として矢印で示す応力状態になり，下層部から上層部まで平行な斜めひび割れが発生することを表している。

このように，ひび割れと直角方向に引張り応力が発生する原因を突き止めれば，ひび割れ発生原因が判明し，適確な補修が可能となる。

図9－9は乾燥収縮によるひび割れ例を示したものである。建物全体でみると，上層階の両側はカタカナの「ハ」の字，下層階はカタカナの逆「ハ」の字。中央部は垂直方向のひび割れが多くみられる。開口部位置にはもっとも近い開口部を結ぶ形でひび割れが発生している。建物全体としてみると図9－8の上図と同じパターンになることがわかる。

図9－10はアルカリシリカ反応の結果生じた膨張ひび割れの例である。

柱部材であれば，せん断補強筋の量よりも主筋の量の方が多いので，膨張を拘束する力は長手（縦）方向が大きくなる。その結果，相対的に拘束力が小さいせん断補強筋と直角方向（柱部材の長手方向）にひび割れが発生する。図の右側には雨にぬれやすい部分のひび割れが多くみられる。このことは，アルカリシリカ反応はコンクリート中のアルカリイオン（Na^+, K^+）と，骨材中の反応性シリカとが化学反応を起こした結果できる生成物（シリカゲル）が水分を含んで膨張した結果によるものであるので，水分を多く含む部位ほど反応が進みやすいことを表している。

図9－11は凍結融解作用によるコンクリートのスケーリングやひび割れの例である。

水は凍結すると約9％体積が増加する。氷が解けるともとの状態に戻る。コンクリートに含まれる水の凍結融解による膨張の繰り返しで，コンクリートの組織が緩んでくる。凍結融解作用はコンクリート表面ほど影響を受けやすく，図9－11に示すようにスケーリングを伴うことが多い。

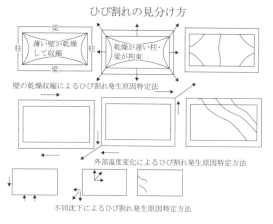

図9－8　ひび割れの見分け方

図9－9　乾燥収縮ひび割れの例

9.6 ひび割れの見分け方

図9－10 アルカリシリカ反応によるひび割れの例

図9－11 凍結融解によるスケーリング，ひび割れの例

　建物内で火災が発生するとコンクリート部材が高温にさらされ，コンクリート強度低下，ひび割れ発生などの劣化が生じる。硬化コンクリート中のセメントの主成分である水酸化カルシウムは500℃以上の高温になると，酸化カルシウム（CaO）に変化し，強度が低下する。**図9－12**に示すように，コンクリートの受熱温度はコンクリートの色で大まかに判断できる。

　コンクリートが直接的原因ではないひび割れの例として，コンクリートに直接埋め込まれたアルミニウムのアルカリ腐食膨張によるものを**図9－13**に示した。アルミニウムは両性金属で酸にもアルカリにも反応し腐食生成物が発生する。セメントが強アルカリ性であることから，アルミニウムと反応し，白色の水酸化アルミニウムが生成される過程で膨張力が作用し，コンクリートにひび割れが発生する。アルミニウムをコンクリートに埋め込まないか，埋め込む場合は直接コンクリートに接しないようにコーティングと防水処理が必要となってくる。

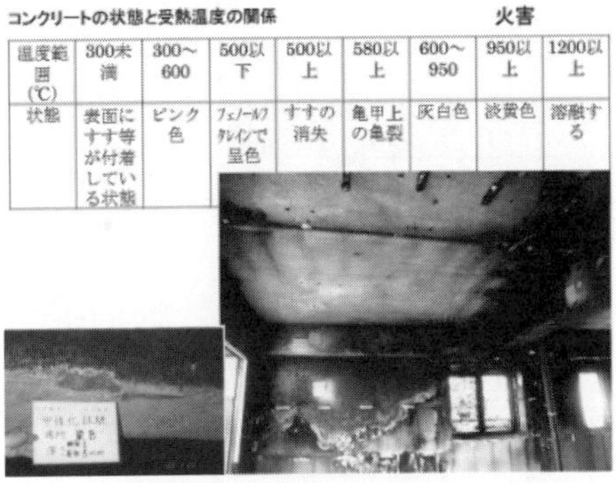

図9－12 火害による変状の例

図9－13 アルミニウム手すりの腐食膨張によるコンクリートのひび割れ

9章　維持管理・補修

9.7　ひび割れ幅の評価方法

　図9-6のフローにおいてひび割れに対応した補修設計を行う。
　表9-2・3に示したように建物が置かれる環境や要求する耐久性に応じて補修の要否の判断が異なる。
　表9-2においては，一般屋外環境下に位置する建物でひび割れ幅が0.35mmの場合，要求する耐久性が20年であれば，ひび割れが部材性能へ及ぼす影響は「中」と判断される。同じひび割れ幅でも塩害・腐食環境下であれば，「大」と判断される。
　防水性・水密性からの影響については，表9-3に示すように，常時水圧が作用する地下室や降雨時に水が作用する外壁および部材厚によって，ひび割れ幅の評価が分かれる。

表9-2　鋼材腐食の観点からのひび割れの部材性能への影響 [1]

環境条件		塩害・腐食環境下	水掛かりあり	水掛かりなし
ひび割れ幅：w (mm)	$0.5 < w$	大（20年耐久性）	大（20年耐久性）	大（20年耐久性）
	$0.4 < w \leq 0.5$	大（20年耐久性）	大（20年耐久性）	中（20年耐久性）
	$0.3 < w \leq 0.4$	大（20年耐久性）	中（20年耐久性）	小（20年耐久性）
	$0.2 < w \leq 0.3$	中（20年耐久性）	小（20年耐久性）	小（20年耐久性）
	$w \leq 0.2$	小（20年耐久性）	小（20年耐久性）	小（20年耐久性）

※評価結果「小」，「中」，「大」の意味は下記の通り
　小：ひび割れが性能低下の原因となっておらず，部材が要求性能を満たしている
　中：ひび割れが性能低下の原因となるが，軽微（簡易）な対策により要求性能を満たすことが可能である
　大：ひび割れによる性能低下が顕著であり，部材が要求性能を満たさない
※※カッコ内の数値は鋼材腐食に対する耐久性の評価結果を保証できる期間の目安としての年数を示しており，(20年耐久性)はひび割れの評価時点から15～25年後程度を保証できる期間の目安として設定したものであり，15～25年の平均をとって示している

表9-3　防水性・水密性の観点からのひび割れの部材性能への影響 [1]

環境条件		常時水圧作用環境下		左記以外	
部材厚 (mm)		180未満	180以上	180未満	180以上
ひび割れ幅：w (mm)	$0.20 < w$	大	大	大	大
	$0.15 < w \leq 0.20$	大	大	大	中
	$0.05 < w \leq 0.15$	中	中	中	小
	$w \leq 0.05$	小	小	小	小

※評価結果「小」，「中」，「大」の意味は下記の通り
　小：ひび割れが性能低下の原因となっておらず，部材が要求性能を満たしている
　中：ひび割れが性能低下の原因となるが，軽微（簡易）な対策により要求性能を満たすことが可能である
　大：ひび割れによる性能低下が顕著であり，部材が要求性能を満たしていない

9.8　補修方法

　ひび割れの補修方法選定にあたっての条件としてひび割れ部の挙動，ひび割れ幅および表面被覆処理がある。直射日光や振動などでひび割れ幅が変化し，ひび割れを固めてしまうと再度ひび割れが発生する恐れがある場合には，ひび割れ幅の変動に対応した工法を選択する。ひび割れ幅によっては充

9.8 補修方法

てん剤が充てんできなかったり幅が広すぎてだれてしまったりするので，ひび割れ幅に応じた材料・工法を選択する必要がある（**図9－14**）。ひび割れ部の処理だけでは不十分な場合や再劣化を防止する目的で表面被覆を行う場合も多い。

※「評価Ⅰで対象とするひび割れ」とは乾燥収縮や水和熱によるひび割れなど，竣工から数年内には収束すると考えられるひび割れをさす

図9－14　ひび割れの補修工法の選定例[1]

ひび割れ部以外の補修工法例を**図9－15**に，補修に用いる材料と成分を**表9－4**に示した。

補修工法には大きく分けて，断面修復，表面被覆，剥落防止，電気化学的な補修方法がある。

各々の工法の中にも用いる材料の種類も複数あるので，劣化状況，劣化原因，作業環境，耐久性，工期，コスト，補修後の維持管理，実績などを考慮して選定する。

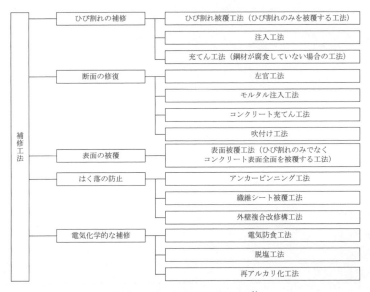

図9－15　補修工法の分類[1]

表9-4 補修材料の種類と成分

種類	種別	主な成分
含浸材	浸透性吸水防止材	シリコーン系，シラン系，アクリル系，変性ポリエステル樹脂系など
	浸透性固化材	無機系：ケイ酸塩，コロイダルシリカ系，ケイフッ化物系など 有機系：エポキシ樹脂系，アクリル樹脂系，ウレタン樹脂系，ポリエステル樹脂系など
	無機質浸透性防水材	［セメント，ケイ酸ソーダ，水溶性シリカ，アルミナ，酸化カルシウム等の混合物］＋［水］または［ポリマーディスパージョン］
	浸透性アルカリ性付与材	ケイ酸リチウム系など
防せい処理材	塗布形防せい材	亜硝酸カルシウム系，亜硝酸リチウム系など
	ポリマーセメント系塗布	SBR（スチレンブタジエンゴム）系，アクリル樹脂系，防せい剤添加系など
	合成樹脂系塗材	エポキシ系，アクリル系，ウレタン系等の樹脂プライマーまたは塗料
	さび転換塗料	リン酸，有機酸，キレート化剤などを配合した塗料
断面修覆材（パッチング材）	ポリマーセメントモルタル	SBR（スチレンブタジエンゴム），アクリル樹脂系。防せい剤添加系などのポリマーセメントモルタル
	ポリマーモルタル	エポキシ樹脂モルタルなど（シラスバルーンなどの軽量骨材を使用したものが多い）
	セメントモルタルまたはコンクリート	セメント，骨材，コンクリート用化学混和剤などを使用した普通セメントモルタルまたはコンクリート
ひび割れ・注入材	エポキシ樹脂注入材	注入用エポキシ樹脂，注入用可撓性エポキシ樹脂
	セメントスラリー注入材	ポリマーセメントスラリー，超微粒スラグセメントなど
	シーリング材	シリコーン系，ウレタン系，ポリサルファイド系など
下地調整材	ポリマーセメントモルタル	SBR（スチレンブタジエンゴム）系，アクリル樹脂系，防せい剤添加系などのポリマーセメントモルタル
	ポリマーモルタル	エポキシ樹脂モルタルなどのパテ材
表面被覆材	浸透性吸水防止材	上記の浸透性吸水防止材と同じ
	塗料	アクリル樹脂系，アクリルウレタン樹脂系，アクリルシリコーン樹脂系，フッ素樹脂系，ポリウレア樹脂などの塗料
	建築用仕上塗材	セメント系，ポリマーセメント系，ケイ酸質系，合成樹脂エマルション系，合成樹脂溶剤系などの薄付け仕上塗材，厚付け仕上塗材，被覆仕上塗材など
	塗膜防水材	アクリルゴム系，ウレタン系などの屋根ならびに外壁塗膜防水材
	成形品	アルミニウムなどの金属並びにGRCなどの被膜パネル（二重壁用），ポリマーセメントモルタルやポリマー含浸コンクリート製の捨型枠（永久型枠）など
その他	各種補強材	ステンレス鋼製アンカーボルト，ラス，繊維，ポリウレア樹脂など
	耐酸材料	硫黄セメント，水ガラス系など
	耐熱材料	アルミナセメント，水ガラス系など
	電気防食用材料	白銀メッキしたチタンネット，カーボンネット等の電極など

9.8 補修方法

写真9-2に示したものは，低圧注入工法の例で，ゴム風船状の治具の中に樹脂（接着剤）を注入し膨らませ，ゴムの復元力を利用して低圧で毛細管現象も利用しながら，ひび割れ部に樹脂を注入する工法である。このほかに注射器型などの治具も多く利用されている。

図9-16は鉄筋腐食を伴う劣化に対する修復目標レベルに応じた補修工法選択例である。劣化原因，劣化の程度のみならず目標とする期待耐用年数（回復目標レベル）も考慮して工法を選定する必要がある。

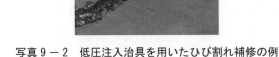

写真9-2 低圧注入治具を用いたひび割れ補修の例

損傷の種類および補修の種類		回復目標レベル			
		暫定	延命(1)	延命(2)	恒久
劣化部分		（モルタル）	（表面被覆 モルタル）	（表面被覆 モルタル 含浸材）	（表面被覆 モルタル）
鉄筋腐食補修工法	コンクリートのはつり	ひび割れ，はく離部分のみ	鉄筋腐食箇所すべて	鉄筋腐食箇所すべて	鉄筋腐食箇所すべて
	さび鉄筋の処理	浮きさびの除去	浮きさびの除去	浮きさびの除去	二種ケレン以上
	含浸材処理	—	—	アルカリ性付与材 塗布型防せい材	—
	鉄筋防せい処理	—	鉄筋防せい材	鉄筋防せい材	鉄筋防せい材
	断面修復	断面修復	断面修復	断面修復材	断面修復材
	表面被覆	—	中性化抑制材料または塩化物浸透抑制材料	中性化抑制材料または塩化物浸透抑制材料	中性化抑制材料または塩化物浸透抑制材料
劣化要因内在部分		無処理	表面被覆	表面被覆 モルタル	表面被覆 モルタル
中性化抑制工法	コンクリートの表面処理	はつりなし，ケレン，清掃	はつりなし，ケレン，清掃	はつりなし，ケレン，清掃	中性化部分除去
	含浸材処理	—	—	アルカリ性付与材	—
	断面修復	—	—	—	断面修復材
	表面被覆	—	中性化抑制材料	中性化抑制材料	中性化抑制材料
塩害抑制工法	コンクリートの表面処理	はつりなし，ケレン，清掃	はつりなし，ケレン，清掃	はつりなし，ケレン，清掃	塩化物浸透部分除去
	含浸材処理	—	—	塗布型防せい材	—
	断面修復	—	—	—	断面修復材
	表面被覆	—	塩化物浸透抑制材料	塩化物浸透抑制材料	塩化物浸透抑制材料

図9-16 回復目標レベルに応じた補修工法の選定例

9.9 耐震改修

耐震改修工法は**図9－17**に示すように耐震工法，制振工法，免震工法に分けられる。各工法における改修後の耐震性能の考え方**図9－18**に示す通りである。

耐震工法は建物のせん断耐力増加を目的とした耐震壁の増設（**写真9－3**），部材のせん断耐力増加を目的としたカーボンシート巻き立て工法（**写真9－4**）や鋼板巻き立て工法（**写真9－5**）のような部材のせん断耐力増加方法がある。

制振工法は地震時により発生する振動エネルギーを（揺れ）を制振装置が吸収し，建物の変形を小さくする仕組みである。制振装置としてのダンパーにはオイルダンパー，低降伏点鋼，ステンレス鋼など多くのものがあり，木造住宅，鉄骨造，RC高層住宅などに用いられている。耐震改修では，超高層ビルの長周期地震動対策として採用されることが多くなっている。

免震工法は地震時に免震装置が地震動による揺れを吸収することで，建物に地震の揺れが伝わりにくくする仕組みである。免震装置としてアイソレータとダンパーの組み合わせで振動を吸収している。

耐震改修として免震装置が用いられる場合，免震レトロフィットが数多く採用されている。

免震レトロフィットは，外観や内装を変えられず耐震補強が出来ない歴史的建築物などに多く用いられている。建物を持ち上げ，地盤面や基礎部分にアイソレータとダンパーを挟み込むものである。

図9－17　耐震改修工法の種類

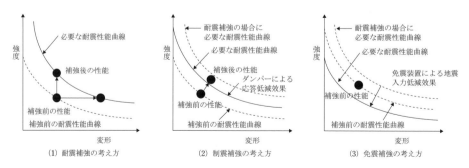

図9－18　各種耐震補強の考え方

9.9 耐震改修

写真9-3 耐震壁増設工法

写真9-4 カーボンシート巻き立て工法

写真9-5 鋼板巻き立て工法

参考文献

1) 日本コンクリート学会：コンクリートのひび割れ調査，補修・補強指針，2013.

10章

解体工事

10.1 はじめに

建設した建物は補修・補強・改造・移築などを繰り返し，様々な理由で，いつかは建物としての役割を終える（耐用性）。図10－1に示したように，耐用性は機能上，経済上，耐久上，環境上のいずれかまたは複数の条件によって決定される。一例をあげると，機能上は生活様式の変化に伴う機能不足，防災，耐震性，省エネルギー，狭小など，経済上は古いまま維持管理するよりも建て替えた方が安くなる場合がある。またテナント集客率向上など，耐久上は漏水，部材の劣化など修復が困難な場合，維持管理費が莫大となる場合など，環境上は道路拡幅，自然災害などがあげられる。このうち日本の建築物の耐用年数はほとんどが経済上で決まることが多い。

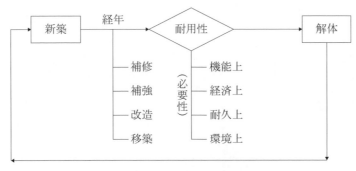

図10－1 解体に至る建物の耐用性

税法上の法定耐用年数は表10－1に示したように建物の構造区分，用途などで定められ，鉄筋コンクリート造事務所で50年と定められているが，多くが経済上の理由で，低層集合住宅の場合はエレベーターなどの機能上の理由でこれよりも短い期間で建て替えられている。木造住宅は22年である。

日本建築学会鉄筋コンクリート工事標準仕様書（JASS 5）では，計画供用期間として短期で30年，標準で65年，長期で100年，超長期で200年を提示している。

表10−1 建物の法定耐用年数（年）

用途・細目		鉄骨鉄筋コンクリート造・鉄筋コンクリート造	煉瓦造石造ブロック造	金属造 肉厚>4mm	金属造 4≧肉厚>3mm	金属造 肉厚>3mm	木造(除簡易木造・合成樹脂造)	木造モルタル塗(除簡易木骨モルタル造)
事務所・美術館および下記以外のもの		50	41	38	30	22	24	22
店舗・住宅・寄宿舎・宿泊所・学校・体育館・病院		47	38	34	27	19	22	20
飲食店，貸席，劇場，演奏場，映画館，舞踏場	木造内装部分の面積の割合が延面積の3割を超えるもの	40	45	35	28	20	22	20
	その他	50						
旅館，ホテル	木造内装部分の面積の割合が延面積の3割を超えるもの	36	42	33	26	18	18	16
	その他	47						
病院		47						
変電所・発電所・送受信所・停車場・車庫・格納庫・荷扱所・映画製作ステージ・屋内スケート・魚市・と蓄場		45	42	35	28	20	18	16
公衆浴場		35	34	30	21	16	13	11
工場（作業場を含む）倉庫	塩気・塩酸・硫酸・硝酸その他の著しい腐食性を有する液体または気体の影響を直接全面的に受けるものおよび冷凍倉庫	26	24	22	16	16	9	7
	塩・チリ硝石，その他の著しい潮解性を有する気体を常時蔵置するためのもの，著しい蒸気の影響を直接全面的に受けるもの	35	32	28	20	15	12	10
その他	倉庫事業 倉庫，冷蔵倉庫	23	35	20				
	倉庫事業 その他	35	34	29	26	18	16	15
	その他	45	40	35				

建物減優賞却資産としての法定耐用年数（大蔵省令耐用年数）

10.2　構造物の解体工法

　構造物の解体工法は構造形式によって**表 10 − 2** に示すように分類される。木造や鉄骨造のように使用部材を再利用するために，新築工事の施工順序の逆の順序で部材を取り外す解体工事になる。組積構造や鉄筋コンクリート構造のように，コンクリートと鉄筋などの補強材が一体となり，容易に分解しにくい部材は破壊に近い取り壊しをすることが多い。

表 10 − 2　鋼材腐食の観点からのひび割れの部材性能への影響（コンクリート工学会ひび割れ指針）

環境条件		塩分環境下	水掛かりあり	水掛かりなし
ひび割れ幅： w (mm)	$0.5 < w$	大（20年耐久性）	大（20年耐久性）	大（20年耐久性）
	$0.4 < w \leq 0.5$	大（20年耐久性）	大（20年耐久性）	中（20年耐久性）
	$0.3 < w \leq 0.4$	大（20年耐久性）	中（20年耐久性）	小（20年耐久性）
	$0.2 < w \leq 0.3$	中（20年耐久性）	小（20年耐久性）	小（20年耐久性）
	$w \leq 0.2$	小（20年耐久性）	小（20年耐久性）	小（20年耐久性）

※評価結果「小」，「中」，「大」の意味は下記のとおりである．
　小：ひび割れが性能低下の原因となっておらず，部材が要求性能を満足する．
　中：ひび割れが性能低下の原因となるが，軽微（簡易）な対策により要求性能を満足させることが可能である．
　大：ひび割れによる性能低下が顕著であり，部材が要求性能を満足しない．
※※カッコ内の数値は鋼材腐食に対する耐久性の評価結果を保証できる期間の目安としての年数を示しており，（20年耐久性）はひび割れの評価時点から 15 〜 25 年後程度を保証できる期間の目安として設定したものであり，15 〜 25 年の平均をとって示している．

10.3　解体に必要な条件

　建物の解体は単純に破壊するだけではなく，安全で効率的で廃材のリサイクル・リユースが可能な解体システムとする必要がある。また，解体中に発生する騒音・振動・塵埃などの公害は出さないようにしなければならない。少なくとも各種公害防止条例などを満足することが重要である。解体工法のメカニズムは大きく分けて，叩く（衝撃），押す（圧力），切る（切断），剥がす（剥離），溶かす（溶解）である。日本におけるこれまでの解体工法の変遷を**表 10 − 3** に示した。過去には鉄球を振り下ろす工法で振動・騒音が激しいモンケン工法などが採用されたが，現在は採用されることはほとんどなく，より静かな工法が採用されている。

　低騒音工法の代表として，コンクリートにあけた穴に生石灰などの膨張を伴う化学反応を起こす静的破砕剤を投入し子割する工法，超高圧の水圧でコンクリートを切断する工法などがある。

　どの工法を採用するかは，安全性・騒音・振動・工期・コストなどを考慮して**図 10 − 2** のような手順で決定する。

　作業効率などの問題で，現在の主流は圧砕であるが，超高層ビルでは切断工法が主流となりつつある。

10 章 解体工事

表 10 − 3 防水性・水密性の観点からのひび割れの部材性能への影響
（コンクリート工学会ひび割れ指針）

環境条件		常時水圧作用環境下		左記以外	
部材厚（mm）		180 未満	180 以上	180 未満	180 以上
ひび割れ幅：w（mm）	$0.20 < w$	大	大	大	大
	$0.15 < w \leqq 0.20$	大	大	大	中
	$0.05 < w \leqq 0.15$	中	中	中	小
	$w \leqq 0.05$	小	小	小	小

※評価結果「小」,「中」,「大」の意味は以下のとおりである.
小：ひび割れが性能低下の原因となっておらず，部材が要求性能を満足する.
中：ひび割れが性能低下の原因となるが，軽微（簡易）な対策により要求性能を満足させることが可能である.
大：ひび割れによる性能低下が顕著であり，部材が要求性能を満足しない.

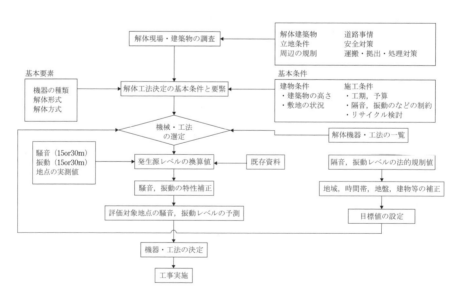

図 10 − 2 解体機器・工法決定のフロー

10.4　解体工事

解体は木材，金属，コンクリート，ボード類などに分けて行う。鉄筋コンクリートの場合は，**写真10-1**に示すようにコンクリートから木材・建具・ボード類を取り外し，鉄筋コンクリート躯体をむき出しにして，圧砕で解体を行う。

圧砕には，**写真10-2・3**に示すようなクラムシェル（蟹の爪）と呼ばれる機械を用いる。解体工事中に騒音・塵埃による公害を低減するために周囲を防音壁で囲う仮設養生を行う。解体に当たっては，作業現場外への建物の転倒や崩壊がないようにあらかじめ構造計算を行い，解体手順を決めている。

都市部に建つ超高層ビルなどの解体は，解体重機が届かない，作業スペースに余裕がないなどの理由で，**写真10-3**に示すような，いわゆる「だるま落とし」的な解体が行われている。この工法には最上階から段々に内部で解体し下に降りていく工法と，地上階部分を解体し上階を下におろしていく工法がある。**写真10-3**では最上階を屋根として残し，その下の階を仮設材でいったん荷重を受け，部材を取り壊す工法で，段々と下階へ降りてくる様子がわかる。

解体以外には建物の移転（曳家）（ひきや）（**図10-4**）が行われることがある。木造家屋では古くからおこなわれてきた工法であるが，近年では小田原城や鉄筋コンクリート造の首相官邸をはじめ2万トン級の鉄筋コンクリート造の曳家も行われてきた。

曳家の原理は，基礎と建物を切り離し，ジャッキで建物を持ち上げ，鋼材やレールを敷き，レール下にコロなどを挟み，トラックやジャッキで水平に押し，目的の場所まで移動する。目的の場所まで移動したら，ジャッキダウンし新たな基礎と接合する。

写真10-1　内装部材の撤去状況

写真10-2　圧砕による解体状況

図10-3　圧砕機

10章 解体工事

写真10-3 上階からの解体状況 　　　図10-4 曳家による移動状況

10.5 廃棄物処理

10.5.1 産業廃棄物

　新築工事や解体工事に伴い廃棄物が発生する。建設関連工事で発生する廃棄物は「建設発生土」と「建設廃棄物」に区分されている。建設発生土は埋め立て処分場不足，交通量軽減，資源の有効利用などの観点から，建設現場で発生する土の有効利用が求められている。工事現場で掘削した土を工事現場外に廃棄する場合，「建設業に属する事業を行う者の再資源の利用に関する判断の基準となるべき事項を定める省令」に定める区分に応じた利用を行う必要がある。建設発生土は，**表10-4**に示すように，土の物性により第1種から第4種まで区分される。第1種と2種は埋め戻しに適している土で宅地造成用の土に利用可能である。

表10-4 建設発生土の利用のための区分

区　分	用　途
第1種建設発生土（砂，礫およびこれらに準ずるものをいう）	工作物の埋戻し用材料
	土木構造物の裏込材
	道路盛土材料
	宅地造成用材料
第2種建設発生土（砂質土，礫質土およびこれらに準ずるものをいう）	土木構造物の裏込材
	道路盛土材料
	河川築堤材料
	宅地造成用材料
第3種建設発生土（通常の施工性が確保される粘性土およびこれに準ずるものをいう）	土木構造物の裏込材
	道路路体用盛土材料
	河川築堤材料
	宅地造成用材料
	水面埋立て用材料
第4種建設発生土（粘性土およびこれに準ずるもの（第3種建設発生土を除く）をいう）	水面埋立て用材料

10.5 廃棄物処理

建設廃棄物は**表10−5**に示すように，工事事務所で排出される事務所ごみと工事に伴うがれき類，金属くず，木くずなどの産業廃棄物がある。産業廃棄物には安定型処分場で処分できる安定型と処分できない管理型，さらには特別な処理や管理が必要な特別管理産業廃棄物に区分されている。特別管理廃棄物は爆発性，毒性，感染性，人の健康または生活環境にかかわる被害を生じる恐れがあるものである。これらの区分を怠ると不法投棄として厳しく処分される。

地球環境保護の観点から廃棄物の再利用が求められている。**表10−6**に示したように廃棄物は種類・発生量・発生物の形態・質量・燃焼性によって処理・再利用方法が異なることがわかる。

環境省大臣官房廃棄物・リサイクル対策部によると，再生利用率が高いものは，金属くず，がれき類，動物のふん尿（いずれも96%），鉱さい（90%）等であり，再生利用率が低いものは，汚泥（9%），廃アルカリ（26%），廃酸（34%），廃油（36%）等である。

最終処分の比率が高い廃棄物は，ゴムくず（32%），燃え殻，ガラスくず，コンクリートくず及び陶磁器くず（いずれも23%），廃プラスチック類（22%）等である。

10.5.2 産業廃棄物関連の法律

産業廃棄物の処理方法が法律で定められている。しかし，不法投棄による環境破壊が行われていることも現実である。建築現場で搬出した廃棄物が不法投棄された場合の責任は，排出者としての建築現場に課せられる。そのため，不法投棄を避けるための仕組みとして，**図10−5**に示すようなマニフェスト（伝票）システムで管理を行う。マニフェストシステムの仕組みは，宅配便で用いる伝票のように建築現場である搬出業者が廃棄物を搬出する際にA~Dの4枚つづりの産業廃棄物管理票（マニフェスト）に必要事項を記入し，Aを保管し，3枚を廃棄物収集・運搬業者に渡す。廃棄物収集・運搬業者は廃棄物処分業者に廃棄物を下す際に，処分業者にC，D票を渡し，B票を受け取る。処分業者は適切な処分を行った後，C票を保管し，D票を排出業者に渡す。現在多くが電子化されており，情報処理センターを介したネットワーク上でやりとりを行っている。このような仕組みで，不法投棄を防止している。しかし，収集・運搬業者，処分業者が適切な処理を行わず不法投棄を行う場合が後を絶たない。処分業者が違法投棄を行った場合の責任は排出事業者にあるので，排出業者は収集，処分業者や処分業者が本当に信頼できる業者かを見極める必要がある。

10章　解体工事

表10－5　建設副産物の区分

建設副産物	建設発生土等	建築発生土	土砂および専ら土地造成の目的となる土砂に準ずるもの / 港湾，河川等の浚渫に伴って生ずる土砂その他これに準ずるもの
		有価物	スクラップ等他人に有償で売却できるもの
	建設廃棄物	一般廃棄物　事務所ごみ	現場事務所での作業，作業員の飲事等に伴う廃棄物（図面，雑誌，医療空缶，弁当がら，生ごみ）
		産業廃棄物（安定型）安定型処分場で処分できるもの　がれき類	工作物の除却に伴って生じたコンクリート破片，その他これに類する不要物 ①コンクリート破片　②アスファルト・コンクリート破片　③煉瓦破片
		ガラスくずおよび陶磁器くず	ガラスくず，タイル衛生陶器くず，耐火煉瓦くず
		廃プラスチック類	廃発泡スチロール，廃ビニル，合成ゴムクズ，廃タイヤ，廃シート類
		金属くず	鉄骨鉄筋くず，金属加工くず，足場パイプや安全塀くず，廃缶類
		ゴムくず	天然ゴムくず
		産業廃棄物（管理型）安定型処分場で処分できないもの　汚泥	含水率が高く粒子の微細な泥状の掘削物 掘削物を標準仕様のダンプトラックに山積みができず。また，その上を人が歩けない状態（コーン指数がおおむね $200kN/m^2$ 以下または一軸圧縮強度がおおむね $200kN/m^2$ 以下，具体的には，場所打ち杭工法・泥水シールド工法等で生ずる廃泥水等）
		ガラスくずおよび陶磁器くず，がれき類	廃せっこうボード，廃ブラウン管（側面部） 有機性のものが付着・混入した廃容器・梱包
		廃プラスチック類	有機性のものが付着・混入した廃容器・梱包
		金属くず	有機性のものが付着・混入した廃容器・梱包，鉛管・鉛板，廃プリント配線盤，鉛蓄電池の電極
		木くず	解体木くず（木造家屋解体材，内装撤去材），新築木くず（型枠，足場材等，内装建具工事等の残材），伐採材，伐根材
		紙くず	梱包材，ダンボール，壁紙くず，障子
		繊維くず	廃ウエス，縄，ロープ類，畳，じゅうたん
		廃油	アスファルト乳剤等の使用残さ（タールピッチ類） 防水アスファルト，重油
		燃えがら	現場内焼却残さ物（ウエス，ダンボール等）
		特別管理産業廃棄物　廃石綿等	飛散性アスベスト廃棄物（吹付石綿・石綿含有耐火被覆板を除去したもの・石綿が付着したシートや作業衣等）
		廃PCB等	PCBを含有したトランス，コンデンサ，蛍光灯安定路
		廃酸・廃アルカリ	廃酸：pH2.0以下，廃アルカリ：pH12.5以上
		引火性廃油（引火点70℃以下）	揮発油類，灯油類，軽油類，溶剤類

10.5 廃棄物処理

表10-6 建築廃棄物の性質と処理・再利用例

分類	種類	発生量	発生物の形態	見掛質量	燃焼性	その他の特徴	処理・再利用
無機物	土砂	大	粉粒状または塊状	中	不燃	ほこりの発生、水による泥状化	埋立て、埋戻し、宅地造成
	コンクリート	大	中塊状または小塊状	大	〃	塩基性、埋立てには小塊とする	埋立て、割栗石、擁壁裏込めなど
	ガラス	小	破片状	大	〃	破片は危険	埋立て、一部回収して再生使用
	煉瓦	一般には:小 煉瓦造は:大	塊状	大	〃		埋立て、ごく一部回収して再生使用
	瓦・タイル	小 or 中	破片状	大	〃		同上
	石材	小 or 中	塊状	大	〃		同上
	土壁・ラスボード下地壁など	中	小塊状	中	〃	ほこりの発生、かさばる	埋立て
金属・金物類	鉄骨 鉄筋	S, SRC造:大 RC造:中	形鋼・部材状 線状	大 中	不燃 〃		溶解製鋼 良品は再生棒鋼、ボルト、かすがいなどに再生、ほかは溶解製鋼
	鉄板	小	一定せず、かさばる	小	〃	(屋根、外壁、塀などの薄板)(パイプ、角棒鋼、チェッカープレートなど)	溶解製鋼
	上記以外の鉄鋼	小	一定せず(板状・パイプ状など)	中	〃		同上
	薄板	最近のビル:大	一定せず(板状)	中	〃	(金属系カーテンウォール、建具、各種建具金物)	溶解製鋼
	間仕切・建具・建具金物	小	一定せず	中	〃	(鉛、銅、合金、ステンレス各種金物など)	仕分けして別々に精錬する
	貴重金属	小		小	〃	(空調機械、電気設備ポンプ類など)	ごく一部を除きスクラップ
	照明器具			中			同上
有機物	設備機材	木造:大	一定せず(かさばる)	小	可燃	腐朽、昆虫による分解	一部再用、他はチップ燃料
	木製建具・家具	小	板状	小	〃	同上	同上
	畳・敷物	小	板状・シート状	小	〃	同上	焼却、ごく一部は再使用
	仕上げシート類	小	シート状(かさがさする)		〃	プラスチックの場合燃焼により毒性ガスを発生	同上
	プラスチック類	小	一定せず	小	〃	燃焼により毒性ガスを発生	埋立て
無機有機複合	アスファルト・コンクリート	壁装:大	塊状	大	中間	還元性悪し	加熱再生して使用、ほかは埋立て

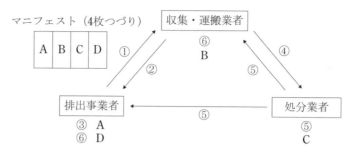

図10-5 マニフェストシステムの仕組み(例)

10.6 循環型社会形成のための法体系

　日本では,社会の物質循環の確保,天然資源消費の抑制,環境負荷の低減を目的として,平成13年1月に「循環型社会形成推進基本法(基本的枠組法)」が施行された。これを受け,平成13年4月に「資源有効利用促進法」,平成22年5月に「廃棄物処理法」が施行された。資源有効利用促進法はリデュース・リユース・リサイクルによって資源の再利用の推進を図るもので,廃棄物処理法は廃棄物の抑制,廃棄物の適正処理などを目的としている。図10-6に示すように,家電リサイクル法をはじめとし,これらの法律に基づいて各産業における具体的な廃棄物のリサイクルが義務付けられている。建築関連では「建設リサイクル法」が該当する。

　建設リサイクルの概念は,図10-7に示すように建築材料の資源採取から解体後の最終処分までの建物の一生の間(計画・設計,施工,維持・管理,更新・解体)の各段階で廃棄物の最小化と再利用の最大化を考慮しようというものである。

　建設リサイクル法の実行ある推進のために図10-8に示すような要素が整備され,建設廃棄物の有効利用として分別解体と再資源化の義務付けを推進している。リサイクルとして対象となる廃棄物はコンクリート塊,アスファルト・コンクリート塊,木材で,有効利用の対象となるのは建設汚泥と建設発生土である。建設リサイクル法には図10-9に示すように一定規模以上の工事や特定建設資材について分別解体や再資源化を義務付けており,罰則規定も設けられており,違反施工業者は公表される。

　対象となる建築工事の規模は,図10-10に示すように,解体工事で床面積80m²以上,新築工事で500m²以上などとしている。

　解体工事における契約手続きとして,図10-11に示すように,工事発注者,工事受注者,行政との間に再資源化や,分別解体を適切に行うことの約束・確認を確実にするための契約・報告・説明・届け出が義務付けられている。

　解体工事には請負金額が500万円未満のものが多く,建設業の許可が不要となる範囲であり,建築

10.6 循環型社会形成のための法体系

物の解体は機械さえあればミンチ解体（分別しないで解体）が可能であり，ミンチ解体が不法投棄に繋がっていた。この不適切な解体をなくすために，図10－12に示すような建設リサイクル法を確実に履行するために，解体工事業者のこれまで，解体業者のなかには法に基づかない解体を行う者をなくす目的で，平成13年5月に知事による解体工事業者登録と監理技術者の専任が義務付けられた。

建築廃棄物を減らすためには，可能な限りリサイクルが欠かせない。そこで，図10－13に示すように，建設リサイクル法では，特定建設資材として，コンクリート，木材，アスファルト・コンクリートを対象として定めている。その他の廃棄物については，効率的なリサイクル技術，回収システムなどが十分に整備されていないことから，まだ対象品目には指定されていない。

コンクリート塊の再資源化については，図10－14に示すように，路盤や宅地などの砕石としての利用，コンクリート用骨材への利用などが進められている。コスト的な観点などから，その割合はほとんどが再生砕石として再利用されているのが現状である。経済的な観点からは，コンクリート用骨材のさらなる枯渇，骨材価格の大幅な上昇，再生骨材の低コスト化などの条件が整わなければ，再生骨材の需要は望めないが，天然資源の有効活用という観点からは，積極的に再生骨材の利用を図るべきである。

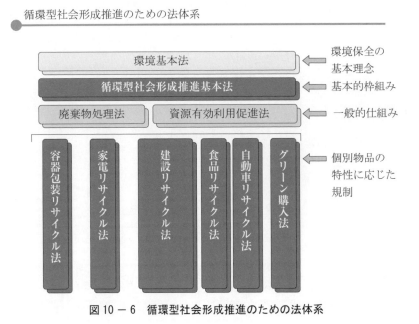

図10－6　循環型社会形成推進のための法体系

10章　解体工事

建設リサイクルの概念

・資源採取から最終処分まで

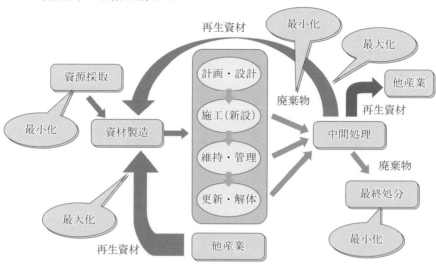

図10－7　建設リサイクルの概念

循環型社会形成推進のための取組み

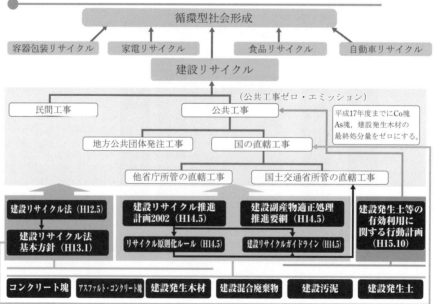

図10－8　建設リサイクル周辺要素

10.6 循環型社会形成のための法体系

建設リサイクルの概要

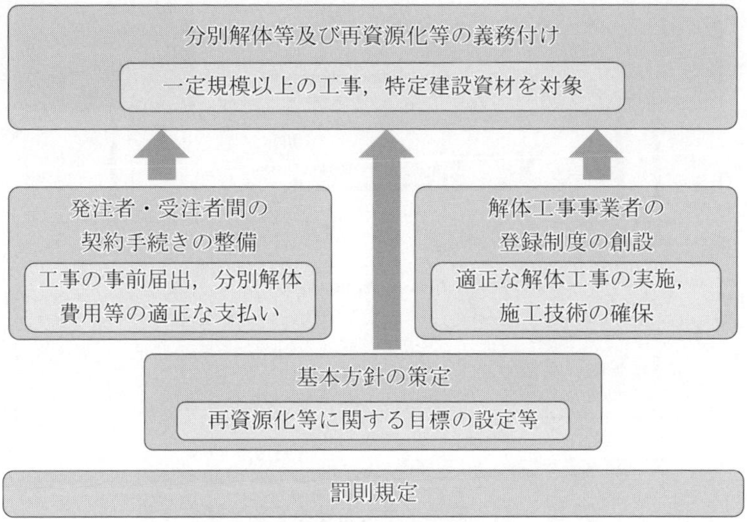

```
                 分別解体等及び再資源化等の義務付け
                 一定規模以上の工事，特定建設資材を対象

  発注者・受注者間の                        解体工事事業者の
   契約手続きの整備                         登録制度の創設
  工事の事前届出，分別解体                  適正な解体工事の実施，
   費用等の適正な支払い                      施工技術の確保

                      基本方針の策定
                    再資源化等に関する目標の設定等

                         罰則規定
```

図10－9　建設リサイクル法の概要

対象建設工事の規模基準（建設リサイクル法施行令第2条）

- 対象建設工事：一定規模以上の解体工事，新築工事等
    - 一定規模［政令］

建築・解体：床面積	80m²
建築・新築：床面積	500m²
建築・修繕・模様替　金額	1億円
土木工作物：金額	500万円
［都道府県条例での上乗せ基準の規定が可能］	

- 解体80m²←建築物解体によって生じる廃棄物の95％カバー
- 新築500m²←80m²の解体と同量程度の廃棄物
- 修繕・模様替1億円←80m²の解体と同量程度の廃棄物
- 土木500万円←建築（民間主体）より高い捕捉率

図10－10　建設リサイクル法対象建設工事の規模

10章 解体工事

発注者・受注者間の契約手続の整備

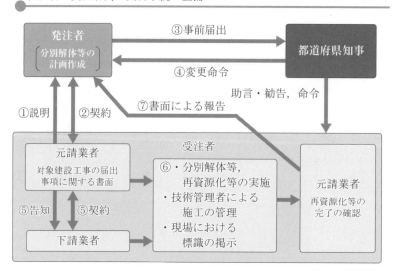

図10－11 解体工事における契約手続き体系

解体工事業者登録制度の創設

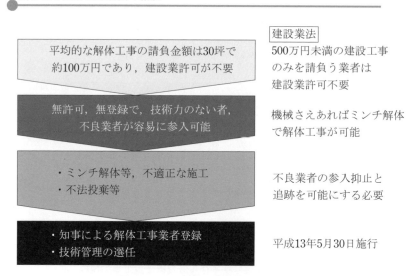

図10－12 解体工事業者登録制度

10.6 循環型社会形成のための法体系

特定建設資材の指定（建設リサイクル法施行令第1条）

・特定建設資材

> コンクリート（プレキャスト版などの二次製品を含む），木材，アスファルト・コンクリート

・特定建設資材廃棄物（特定建設資材が廃棄物になったもの）

> コンクリート塊，アスファルト・コンクリート塊，建設発生木材（抜根，伐採材を除く）

・その再資源化が，資源の有効利用及び廃棄物の減量に大きく寄与するもの
　→特定建設資材3品目で建設廃棄物排出量の8割

・再資源化技術が確立・普及しており，再資源化を義務付けることが，過度の負担とならないもの
　→再資源化建設が整備されている

・他の品目（石膏ボード，塩ビ管等）については，将来の検討課題

図10－13　特定建設資材の指定品目

コンクリート塊の再資源化

約3,400万トン　再生砕石
・再生砕石：100%──全量，再生砕石として利用

コンクリート塊　約3,500万トン

再生コンクリート骨材：加熱すりもみ法（その他，偏心ローター式，スクリュー摩砕方式がある）
（＊300℃で加熱後，摩砕処理して，粗・細骨材とセメントペーストに分離回収する方法）

約5万トン

・粗骨材：35%　┐
・細骨材：30%　┴─再生コンクリート骨材して利用

・細粒分：34%　──土壌改良材，セメント原料として，技術的には利用可能，しかし，土壌改良材はニーズが少ないこと，セメント原料は再生コストが高すぎて現実的には未だ技術開発過程であることが課題

　　このため，現実は投棄されているものもあり

・水分：1%　──加熱による，コンクリート塊からの脱水分

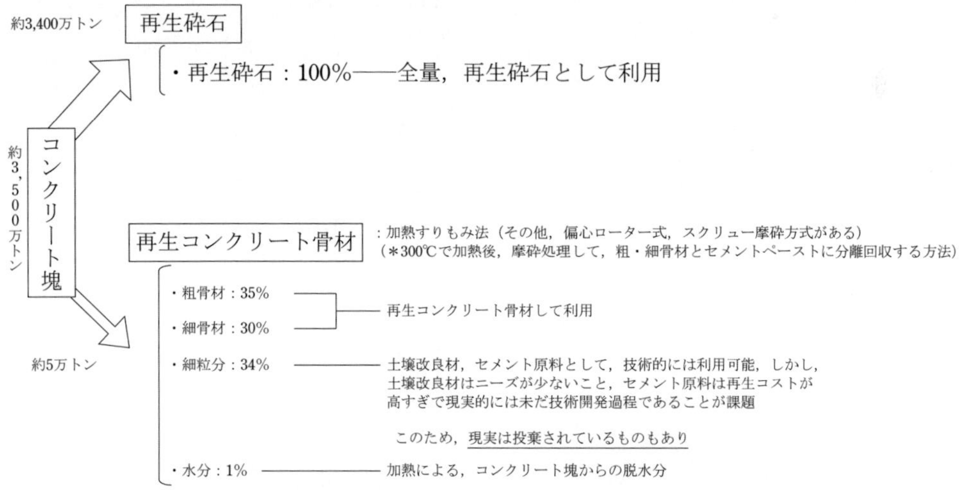

図10－14　コンクリート塊の再資源化

索　引

■英数字■
COHSMS（コスモス）　41
CR　27
JIS形高力ボルト　179
N値　87
PDCAサイクル　29
QC七つ道具　29
VE　27

■あ■
アーク溶接　183
アースアンカー工法　92
アイランド工法　92
あき　138
足場　62
アスファルトプライマー　194
アスファルト防水　194
あばら筋（スターラップ）　135
アポロン　97
アンカーボルト　187
暗きょ工法　106
安定液　99
異形棒鋼(SD, Steel Deform)　132
井桁切梁工法　91
維持管理　245
一般管理費　15
一般競争入札　16
移動式足場　67
ウェブ　181
ウェルポイント工法　107
受入検査　166, 173
請負契約　2, 17
打重ね　169
打重ね時間間隔の限度　169
打継ぎ　170
裏当て金　185
裏はつり　185
上端筋　135
運搬　166
鉛直打継ぎ部　170
鉛直荷重　159
エンドタブ　185
応札　6

大引　156
帯筋（フープ）　135

■か■
開先加工　183
開札　6
改質アスファルト防水　196
解体工事　265
改良圧着張り　206
改良積上げ張り　206
係員　3
重ね継手　140
重ね継手の長さ　140
瑕疵　1, 8
瑕疵担保期間　8
ガス圧接継手　141
仮設　7, 15
型枠の存置期間　161
かぶり厚さ　136
釜場工法　106
仮囲い　58
仮ボルト　189
間隔　138
完全溶込み溶接　184
監理技術者　3
監理業務委託　2
管理者　3
監理者　3
完了検査　8
機械式継手　140
基準巻尺　59, 178
既製コンクリート杭地業　108
基礎　7
基本設計　6
給水養生　172
強制排水　107
競争入札　16
共通仮設　56
共通仮設費　15
強度率　37
切込砕石　122
杭　7
杭周固定液　110

索　引

杭芯出し　116
杭頭の処理　120
くさび緊結式足場　65
躯体　7
クラムシェル　93
ケイ酸質系塗布防水　200
計測管理　100
けがき　178
検査済証　8
建設業　6
建設業法　4
建設投資　246
建設副産物　45, 268
建築確認　6
建築確認申請　6
建築基準法　6
建築工事届　7
建築主事　6
建築生産　1
現場管理費　15
現場代理人　3
現場透水試験　79
鋼材検査証明書（ミルシート）　132
工事請負契約　2
工事原価　15
工事費　6
公衆災害　41
構造体コンクリートの強度　176
孔内水位　79
孔内水平載荷試験　79
合板　155
孔壁測定　119
高力ボルト接合　179
コールドジョイント　169
コーン　157
五大管理　27
コラムクランプ　156
コンクリートポンプ車　167

■さ■

災害防止協議会　38
再生クラッシャラン　122
サイレントパイラー　97
逆打ち工法　92
座金　157
先送りモルタル　167

作業指揮者　39
作業主任者　39
作業所長　3
作業床　61
錆止め塗装　191
サポート　137
三先行工法　76
シート防水　193
シーリング材　201
試験杭　113, 121
止水工法　107
下端筋　135
支柱（サポート）　156
実行予算　7
実施設計　6
湿潤単位体積重量　86
湿潤養生の期間　172
室内土質試験　79
指定確認検査機関　6
地盤改良　7, 123
地盤調査　79
指名競争入札　16
重層下請構造　4
重力排水　106
主筋　135
主任　3
主任技術者　3
循環型社会　270
竣工検査　8
純工事費　15
使用するコンクリートの強度　174
職長　39
諸経費　1
伸縮目地　195
振動ローラー　123
水平打継ぎ部　170
水平荷重　159
水平方向地盤反力係数　79
随意契約　16
数量　12
スカラップ　185
スタッド溶接　190
捨てコンクリート　122
ステンレスシート防水　199
スペーサ　137
墨出し　60

277

索　引

隅肉溶接　185
スライム除去　118
せき板　155
積算　6, 11
施工管理業務　3
施工計画書　7
絶縁工法　194
設計業務委託契約　2
設計図書　5
接着剤張り　208
セパレータ　157
せん断補強筋　136
総合評価方式　6
総掘り　90
側圧　159

■た■
耐火被覆　191
耐震改修　258
タイロッド工法　92
打音検査　208
抱き足場　67
タクト手法　36
建入れ直し　189
建方計画　188
建方方法　188
縦端太（内端太）　156
建物調査・診断　249
縦やり方　225
単価　13
地下水処理工法　105
直接仮設　56
直接工事費　15
地歴調査　83
継手　139
吊り足場　67
ディープウェル工法　106
定着　142
定着長さ　142
鉄筋かご　120
デミングサークル　29
テレスコクラムシェル　93
透水係数　86
度数率　37
トーチ工法　197
特定行政庁　6

特定元方事業者　38
特命　6
特命随意契約　16
土質区分　81
塗膜防水　199
トラックアジテータ　166
トリプルプレートジョイント　112
トルシア形高力ボルト　180
トレンチカット工法　92

■な■
内部振動機　169
内部摩擦角　80
縄張り（地縄張り）　59
荷受け構台　61
入札　16
布掘り　90
根固め液　110
根太　156
ネットワーク工程表　34
年千人率　37
粘着層付改質アスファルトシート　197
粘着力　80
乗入れ構台　61, 84
法付けオープンカット工法　90
法面　90
ノンワーキングジョイント　201

■は■
バーベンダー　146
パイプサポート（鋼管支柱）　157
廃棄物処理　266
バキュームディープウェル工法　107
バケット　167
場所打ちコンクリート杭地業　114
端太　156
盤ぶくれ　104
ヒービング　103
引渡し　8
一側足場　63
ひび割れの見分け方　251
ひび割れ幅の評価方法　254
標準貫入試験　79
フェイスシェル　223
フォームタイ　157
普通ボルト接合　187

索 引

部分溶込み溶接　185
ブルドーザー　94
プレート　123
ベアリングジョイント　112
閉塞　167
ベースプレート　187
変形係数　79
ベンチマーク　59
ボイリング　103
防護棚　71
棒線工程表　34
補修　245
補修方法　254
保水養生　172
本足場　63

■ま■

増張り　195
マスク張り　206
マニフェスト　46
マニフェストシステム　267
丸鋼 (SR, Steel Round)　132
水盛り・遣方　60
密着工法　194
密着張り　205
見積　6, 12
見積合わせ　16
見積期間　6
メンブレン防水　193
モザイクタイル張り　206

■や■

山崩し　36
山積み　36
山留め壁　96
山留め壁自立工法　91
山留め工事　94
山留め支保工　84
油圧ショベル　93
揚重設備　73
養生　172
溶接接合　183
溶接継手　111
溶接の外観欠陥　186
溶接の内部欠陥　186
横端太（外端太）　156

呼び強度　164
余掘り　89

■ら■

ランマー　123
粒度分布　79
劣化現象　248
レディーミクストコンクリート　164
ロールマーク（圧延マーク）　132
六価クロム溶出試験　126
ワーキングジョイント　200
枠組足場　64

memo の欄

(編　著)

原田志津男（はらだ　しずお）　元都城工業高等専門学校建築学科　教授　博士(工学)（1章）（8章）

小山　智幸（こやま　ともゆき）　九州大学大学院人間環境学研究院　准教授　博士（工学）（1章）

(共　著)

位田　達哉（いんでん　たつや）　国士舘大学理工学部理工学科建築学系　准教授　修士（工学）1級建築施工管理技士（2章）

藤崎　俊博（ふじさき　としひろ）　株式会社大林組　大阪本店建築事業部　集合住宅部担当部長　一級建築士（コラム）

小山田英弘（こやまだ　ひでひろ）　北九州市立大学国際環境工学部建築デザイン学科　教授　博士（工学）　一級建築士　技術士（建設部門）（3章・4章）

桜井　悦雄（さくらい　えつお）　西松建設株式会社　建築事業本部　建築技術部　部長（5章）

伊藤　是清（いとう　これきよ）　東海大学　文理融合学部　人間情報工学科　教授　博士（工学）（6章）

浦野登志雄（うらの　としお）　久留米工業大学　工学部　建築・設備工学科　教授　博士(工学)　コンクリート診断士　コンクリート主任技士（7章）

上田　賢司（うえだ　けんじ）　大分県生コンクリート工業組合　技術部長　博士（工学）　一級建築士　技術士（建設部門）（8章）

古賀　一八（こが　かずや）　東京理科大学　火災科学研究所　総合研究員／国立研究開発法人　建築研究所　客員研究員　技術士（建設部門，総合技術監理部門　一級建築士（9章・10章）

建築施工

2018年5月12日　初版第1刷発行	編　著	原田志津男　小山　智幸
2023年9月18日　初版第2刷発行		位田　達哉　藤崎　俊博
	著　者	小山田英弘　桜井　悦雄
検印省略		伊藤　是清　浦野登志雄
		上田　賢司　古賀　一八
	発行者	柴　山　　斐呂子

〒102-0082　東京都千代田区一番町27-2
電話 03（3230）0221（代表）
発行所　理工図書株式会社
FAX 03（3262）8247
振替口座　00180-3-36087番
http://www.rikohtosho.co.jp

Ⓒ原田志津男，小山智幸　2018 Printed in Japan ISBN978-4-8446-0872-1
印刷・製本　モリモト印刷株式会社

　　　＊本書の内容の一部あるいは全部を無断で複写複製（コピー）することは，法律で認められた場合を除き著作者および出版社の権利の侵害となりますのでその場合には予め小社あて許諾を求めて下さい。
　　　＊本書のコピー，スキャン，デジタル化等の無断複製は著作権法上の例外を除き禁じられています。本書を代行業者等の第三者に依頼してスキャンやデジタル化することは，たとえ個人や家庭内の利用でも著作権法違反です。

★自然科学書協会会員★工学書協会会員★土木・建築書協会会員